U0908759

新定位 大团结

——云南建设民族团结进步示范区纪实

主编◎杨福泉

云南出版集团
云南人民出版社

图书在版编目（CIP）数据

新定位 大团结：云南建设民族团结进步示范区纪实 / 杨福泉主编. -- 昆明：云南人民出版社，2017.10

ISBN 978-7-222-16527-4

Ⅰ. ①新… Ⅱ. ①杨… Ⅲ. ①纪实文学－作品集－中国－当代 Ⅳ. ①I25

中国版本图书馆CIP数据核字(2017)第241164号

策　　划：李　维　赵石定
出 品 人：赵石定
责任编辑：刘诚林　陈　亚
装帧设计：马　滨　杨晓东
责任校对：朱海涛
责任印制：洪中丽

新定位　大团结
——云南建设民族团结进步示范区纪实

作者　杨福泉　主编
出版　云南出版集团　云南人民出版社
发行　云南人民出版社
社址　昆明市环城西路609号
邮编　650034
网址　www.ynpph.com.cn
E-mail　ynrms@sina.com
开本　720mm×1010mm　1/16
印张　22.75
字数　250千
版次　2017年10月第1版第1次印刷
印刷　昆明富新春彩色印务有限公司
书号　ISBN 978-7-222-16527-4
定价　58.00元

如需购买图书、反馈意见，请与我社联系
总编室：0871-64109126　发行部：0871-64108507
审校部：0871-64164626　印制部：0871-64191534

云南人民出版社公众微信号

目录
CONTENTS

彩云之南的民族团结进步示范区建设之路（导言）

云南有“七彩云南”“彩云之南”等诗情画意的称谓，云南举世罕见的地理、气候、生物和文化的多样性构成了精彩纷呈的自然和人文奇观，古往今来吸引着无数的人来探奇寻胜，领略云南的诗情画意和敦厚淳朴的各民族风情。

生态环境多样性、生物多样性和民族文化多样性是云南的三大省情特点。这三大多样性经过长期的互动磨合，逐渐形成了“三多一体”相互依存、良性互动、高度融合的格局，成为云南实践科学发展观、建设生态文明、实现可持续发展的优势资源和宝贵财富。云南作为多民族聚居的一个边疆省份，民族工作历来特色鲜明、成就斐然，成为各民族团结和睦相处并共同发展的一个典范省份。多民族聚居的边疆省份云南，是中国多民族国家的一个缩影，也是建构中国“多元一体”和谐民族关系的典型。

一、云南民族形成的历史回顾

云南位于中国西南边陲，是人类最早的发源地之一，也是中国少数民族种类和民族自治地方最多、宗教类型最齐全、民族文化资源最丰富的省份，各民族丰富多彩的历史文化，构成了云南天然的、独有的特色省情，使之成为人类学、民族学研究的一块宝地，也成为一个典型的多民族多元文化和谐相处的乐土。

云南是中华民族的发祥地之一，远在170万年前的元谋人以及后来的昭通人、昆明人、丽江人、西畴人、蒙自人、蒲缥人等旧石器时代古人类智人，成为云南最早的原始人群。距今3100年前的剑川海门口遗址，标志着云南青铜器时代的开始。春秋战国时期的万家坝古墓群里，出现了世界上最早的铜鼓。早在2000多年前就已经有的“蜀（四川）身毒（印度）道”，在战国至秦汉时期就已经开始了云南的对外交流，这条商贸古道起于川西平原，通过大理、永昌（保山）、腾冲到缅甸再到印度远达中亚地区，有“南方丝绸之路”的美誉。这条古道与滇川康藏横断山脉各民族南北迁徙的走廊密切相关。

云南今天的26个民族是经过几千年来的迁徙、分化和融合而逐渐形成的，同源异流、异源合流，是云南如今的各个民族形成的主要形式。早期居住在云南境内的是羌、濮、越三大部落集团或族群。到唐宋时期，“氐羌系统”各个族群逐渐形成了藏缅语族的各个民族，包括今天的彝族、白族、纳西族、哈尼族、傈僳族、景颇族、怒族、阿昌族、普米族、基诺族、藏族、独龙族等；“百越”系统各族群逐步形成了如今的壮侗语系各个民族，包括如今的壮族、傣族、布依族、水族等；“百濮”系统各族群逐渐形成了如今的南亚语系各族，包括如今的佤族、布朗族、德昂族等民族。

此外，早在春秋战国时，就有“楚人”“蜀人”到云南，汉晋以后特别是在明代和清代，又有大批汉族来到云南。元代，蒙古族、回族等大批入居云南；明代，大批汉族、回族随军进入云南；清代则有很多满族进入云南。而有些民族，则是在唐至元明清时期因为避难、战乱、逃荒等诸多原因，先后从川、黔、粤、桂、湘等省区迁徙来云南，如苗族、瑶族、布依族、水族等。到元、明、清三代的社会变化和融合后，云南各民族分布的大体格局已经形成。

由于云南位于中国的西南部，处在南亚热带季风区、东亚亚热带季风区和西藏高原区三大自然区域之间，与之相对应的是中国内地文化、藏文化和南亚—东南亚文化这三个文化区域。云南形成了不同族群分别与不同自然环境和文化接触、融合的走廊，构成了多种文明、多元文化互动的格局，形成了云南独具个性的文化多样性共存的文明景观。

中华人民共和国建立初期，中国少数民族的族称情况十分复杂。在 1953年进行的全国第一次人口普查中，各地自报的民族名称多达400余种。其中最多的是云南省，有260多种。1956年春，在全国人民代表大会常务委员会的主持下，大规模的全国民族调查开始进行，这次民族大调查，为新中国国家民族政策的制定、民族自治区域的划分、民族识别工作等奠定了基础。中国56个民族的确立，就是以这次民族识别为基础的。1979年，基诺族被确认为单一的少数民族，至此，自中华人民共和国成立以来，陆续识别并确认的少数民族共 55 个，其中云南为25个。

这次全国范围内的民族大调查，也为中国民族学、人类学的发展奠定了雄厚的基础，可以说是中国民族工作和具有中国特色的民族研究历程中一个伟大的里程碑。

在通过民族大调查基础上识别而成的中国56个民族中，云南省4000人以上的有26个民族，各民族交叉杂居、分布很广，其分布特征是聚居与杂居相交织，全省129个县（市、区）没有一个县是汉族单独居住，也没有一个县仅有一个民族居住。各地大多数村寨是单一民族聚居，但有些地方也有两个或多个民族杂居的村寨。

二、历史上形成的云南民族关系的几个特点

云南26个民族经过漫长的历史发展过程，民族关系格局逐步形成了以下几个基本特点：一是形成了在全国各省区中民族成分最多， 26 个民族杂居共处的多民族格局。二是形成了大杂居、小聚居、各民族交错杂居的民族分布格局。三是形成了同源异流、异源合流而又源流交错，各民族不断分化融合因而你中有我、我中有你而又各具个性的源远流长的血缘和亲缘关系。四是形成了以汉族为主体又与众多少数民族长期共存的民族人口结构和基层社会结构。五是形成了云南各民族与祖国内地由浅入深、由松散到紧密的不可分割的历史联系。六是形成了云南山坝之间、边疆与内地之间以及各民族之间优长互补、相互依存的经济文化联系，以及坝区民族统治山区民族和大民族统治弱

小民族的政治关系。七是在基于上述特点的基础上，形成了云南各民族占主导地位的相互吸收、相互依存、友好合作、共同发展与不占主导地位的相互矛盾、相互排斥、隔阂冲突以至武力争斗长期共存、交替出现的民族关系格局。八是上述七大特点归结为一个最根本的特点，就是经过漫长的历史发展，云南各民族逐渐成为中华民族多元一体格局中不可分割的一部分。这一根本特点在近代各民族共同抵御外侮的斗争中得到进一步升华，最终形成了云南各民族的中华民族意识。因此，从这个意义上可以说，一部云南民族关系史，实际上就是一部云南各民族逐渐成为中华民族多元一体格局一部分的发展史。

三、新中国成立后云南民族工作的简略回顾

新中国成立初期，大体来讲是从1949年12月至1957年上半年，中国共产党和人民政府带领各族人民，致力于建立人民政权，稳定社会秩序，成立各级民族工作机构，有序开展民族工作，疏通民族关系，促进民族团结；采取有利于少数民族的特殊政策措施，区别内地和边疆，顺利完成民族地区的民主改革；通过开展互助合作运动，引导各族农民走上社会主义的发展道路。而从1957年下半年到1966年的上半年，可以说是云南民族工作曲折发展前进的10年，在这10年中，一方面，中国共产党领导全国各族人民开始转入全面的大规模的社会主义建设，取得很大成绩，积累了建设的重要经验，但在指导方针上也有过严重失误，因此遭到过较大的挫折，云南民族地区同样是这样。

1978年12月，中国共产党召开十一届三中全会，认真清算了“文

化大革命”中及其以前的“左”倾错误，做出了把全党全国的工作重点转移到社会主义现代化建设上来的战略决策，中国从此开始了意义深远的历史转折。省委、省政府坚决执行党的方针政策，采取了一系列调整民族关系、加强民族团结和边疆稳定的政策措施，认真贯彻落实党的民族政策，彻底清除民族问题上“左”的错误思想观念，积极探索化解民族矛盾的新路子，保护和发展民族文化，致力于建设民族文化强省，不断完善民族政策和法律法规体系，扶持人口较少民族加快发展等，逐渐开拓了各民族平等、团结、互助、和谐的新局面，使云南的民族关系进入了历史上最好的时期，云南民族文化也促进了云南社会的和谐、经济的发展。

四、习近平总书记关心的云南民族团结进步示范区建设

早在2011年9月9日，习近平同志对云南民族工作做出了“为把云南建设成我国民族团结进步、边疆繁荣稳定的示范区不懈奋斗”的批示。2015年1月，习近平总书记在云南考察时强调指出：“云南民族关系亲密融洽，云南民族工作成绩突出，这是云南最可宝贵的财富。”总书记再次明确要求云南主动服务和融入国家发展战略，闯出一条跨越式发展的路子来，努力成为我国民族团结进步示范区、生态文明建设排头兵、面向南亚东南亚辐射中心，谱写好中国梦的云南篇章。这是以习近平同志为核心的党中央，着眼新的时代背景和全国发展大局，为云南发展确立的新坐标、明确的新定位、赋予的新使命，也充分体现了习近平总书记对云南各族人民的深切关怀，对云南民族工作

的肯定、鼓励和殷切希望。

习近平总书记指出，中华民族一家亲、同心共筑中国梦是全体中华儿女的共同心愿，也是全国各族人民的共同目标。这一重大论断，赋予了民族工作新的时代内涵和重大历史使命，是习近平总书记关于民族工作重要思想的核心理念，也是党中央治国理政新理念新思想新战略在民族工作领域的具体体现。云南26个民族在历史的发展进程中形成了“各美其美，美人之美，美美与共”的团结和睦风气，新中国成立后中国共产党的民族政策和具体的举措促成云南各族人民共同繁荣发展的可喜局面。习近平总书记对云南的关怀和多次重要指示又进一步促成了如今民族团结进步示范区建设的良好结果，形成了各民族一家亲，同心实现中国梦的强大正能量。

云南是我国一个多民族的边疆省份，到2010年，少数民族人口有1534万人，占全省总人口的33.4%；有8个自治州、29个自治县和142个民族乡，面积占全省总面积的70.2%；有56个民族成分、25个世居少数民族、15个特有民族、16个跨境民族、8个人口较少民族。是全国世居少数民族最多、特有民族最多、跨境民族最多、民族自治地方最多、实行民族区域自治的民族最多的省份。把云南建设成为我国民族团结进步示范区，是总书记交给云南的一项重大政治任务，是党中央、国务院站在全国民族团结进步事业发展大局的高度做出的一项重大战略部署，凝聚了云南4700万各族人民共同的期盼。

云南作为一个多民族、多宗教、多元文化并存的边疆省份，与越南、老挝、缅甸接壤，邻近泰国，既是我国与东南亚、南亚诸国合作的一个十分重要的战略支点和平台，也一直处于反分裂、反渗透、反破坏斗争的前沿。尽管面临着错综复杂的环境和条件，云南在党中央和省委、省政府的领导下，各民族团结齐心，保持了与国家的高度认同，始终保持着民族团结进步、经济社会繁荣发展的局面。

这些年来，省委、省政府认真贯彻落实习近平总书记的重要批示精神，贯彻落实国务院的战略部署，以示范区建设为统领，坚持政治上平等互信、经济上扶持互助、文化上包容互荣、社会建设上共建互享，采取有力有效的举措全面推进全省民族团结进步事业创新发展。坚持“各民族都是一家人，一家人都要过上好日子”的信念，把民族团结进步示范区建设列为全省重要工作。中共云南省第九届委员会第三次全体会议通过了建设示范区的《关于建设民族团结进步边疆繁荣稳定示范区的决议》，明确了示范区建设的思路、目标和任务，提出了建设目标，即要做出“十大示范”，实现“三大跨越”，2015年取得明显成效，2020年全面建成示范区。“十大示范”是在民族经济发展、民生改善保障、民族文化繁荣、民族教育振兴、生态文明建设、民族干部培养、民族法制建设、民族理论研究、民族工作创新、民族关系和谐十个方面做出示范。“三大跨越”是少数民族和民族地区发展实现新跨越、民族团结进步事业实现新跨越、边疆繁荣开放实现新跨越。云南省成立了由省委、省政府主要领导挂帅的工作领导机构，建立健全了示范区建设目标任务考核奖惩机制，不断加大工作推进力度。通过抓点带面，示范引领的方式，按照“重点突破、以点带面、示范引导、全面推进”的思路，启动实施了“十县百乡千村万户示范点创建工程”三年行动计划，建设了一批卓有特色的民族特色示范村镇，全省民族团结进步示范区建设取得了阶段性成效。云南省民族建设团结进步示范区建设抓了6个重点，即不断完善理论指导与建设思路，不断强化民生保障，重点抓好示范带动，致力巩固民族团结，坚持抓好干部队伍建设与基层党建工作。

一个国家、一个地区的不同民族如何实现相互尊重和共同繁荣，共同促进社会的和谐，这是世界性的难题。长期以来，国际上因为不同国家和民族包括思想观念、信仰、习俗、生活习惯等的差异而导致的冲突和纷争很多。云南各民族和谐共处共同发展文化多样性共存和繁荣，为世界上各民族如何实现相互尊重与和谐发展，提供了可资借鉴的经验和做法。特别是改革开放以来，云南少数民族文化保护和发展的成就突出，文化与经济相互促进，很有说服力地证明了我国以民族平等、民族团结、民族区域自治和各民族共同繁荣为基本内容的民族政策的成功，我国尊重民族文化的国策促成云南民族文化多样性的保护和发展，而云南的民族团结和睦互补共生，也为我国的国际形象增添了不少独特的光彩，云南的国际文化和学术交流日益活跃。通过中国学者“走出去”、外国朋友“请进来”的双向交流形式，很多外国朋友对中国丰富多彩的民族文化有了了解，对我国政府扶持少数民族文化发展的具体实在的国策也加深了认识。云南建设民族团结进步示范区，也对国外人士了解我国的民族政策和具体的做法起到了很好的作用。

改革开放以来，云南民族文化在国内外的影响不断加深，丽江古城、“哈尼梯田”、“东巴古籍”等先后获得了世界文化遗产称号，作为多民族聚居区的“三江并流”获得世界自然遗产，提升了云南非物质文化遗产的国际知名度。云南民族文化资源的经济价值不断凸现，随着旅游业和文化产业的发展，丰富多彩的民族文化不仅成为云南的名片和品牌，而且逐步成为云南省经济支柱产业和新的经济增长点。云南文化产业不断繁荣发展，文化产业不断转型升级、提速发展，而民族文化产业是其中的重要组成部分。民族团结进步示范区的建设，进一步促进了云南各民族的经济、社会、生态和文化的和谐发展。

省委、省政府把建设民族文化强省作为经济社会发展三大战略之一，不断地把民族文化资源优势转变为经济优势，积极推动民族文化资源与旅游业相结合，文化形成旅游的灵魂而促进旅游，旅游的发展则反哺文化。多样化的生态产业、文化产业等成为带动农民致富、发展农村经济的切入点。云南通过各种方式，让良好的生态环境和文化直接造福于民族地区各族人民，成为云南的一个突出特点。

五、云南在长期的民族工作实践中积累了保护传承和发展民族文化的多样化做法和经验

云南从1999年就开始了“云南民族文化生态村”建设的实践，当时云南省社科院牵头承担省政府与美国大自然保护协会合作的“滇西北保护与发展行动计划”项目，在滇西北怒江、大理、丽江、迪庆四州市的15个县市进行为期两年的大规模调查研究，规划建设60个民族文化保护村（区）。后来，全省的民族文化与生态保护村建设不断有长足发展，走出了一条民族文化、经济、社会和生态协调发展的路子。

云南在保护和传承少数民族文化遗产、培养少数民族传人方面也做出探索，包括政府扶持，民营企业、民间人士的自发培训，家庭传承，“不离本土”的传承与集中培训传承方式相结合等多样化的扶持培训方式。丽江市还创造了被称为“2004中国经验”的束河古镇保护开发模式，它的“古村落保护和开发新区”分开实施的“双区制”模式，既有在传统古村落基础上的古镇拓展，建盖了不少小桥流水青瓦白墙的纳西民居式建筑，又保留了村落的田园风光和村民传统的日常生活格局，受到国内外专家的赞赏和好评。云南还产生了“云南映象”“丽水金沙”“印象丽江·雪山篇”等长盛不衰并促进本地经济发展、造福民生的演艺业范例，并引发对少数民族民间艺术的传承与创新的关注和广泛的讨论和探索。

云南的不少实例展示了“民族团结进步、边疆繁荣稳定示范村（区）”建设与民族和谐、宗教文化和谐之间的密切关系，比如巍山彝族回族自治县的民族团结进步示范村、回族聚居的永建镇，彝族、回族、汉族、白族、苗族、傈僳族等民族世世代代在这里繁衍生息，是云南省民族宗教大镇之一。永建镇特别是东莲花村完整地反映了回族人民在长期的历史发展进程中，学习、借鉴汉族和其他民族文化而形成的历史原貌。这种尊重和保留历史文化真实的做法，为民族文化强省建设中的回族文化保护和建设提供了非常生动的案例，他们的经验值得各地回族村镇文化建设借鉴。东莲花村始建于清朝初年的清真寺是村内传播回族文化的中心，整个清真寺都是土木结构，把中国传统出阁架斗、雕梁画栋的建筑风格和回族的建筑美学观念完美地结合在一起，回族文化融入中华文化的历史意蕴显得非常厚重和真实。

2015年，有1300亿元省级资金投入到了少数民族和民族地区，比上年增加250亿元。2015年启动了71个整乡推进、496个行政村整村推进项目建设。2015年上半年，云南省民族地区实现生产总值2164亿元，同比增长9.1%。按照习近平总书记指出的，各族群众对党和政府最直观的感受来自身边的党员、干部，来自常打交道的基层组织和基层政权。云南省努力把加强基层组织和政权建设同民族工作统筹起来，提出了“不重视民族工作，不研究民族问题，就不是一个合格领导干部”，在实现现代化中“决不让一个民族掉队，决不让一个民族地区落伍”等战略思想，着力加强少数民族干部人才队伍建设，持续从省级机关和州市、县市区选拔一批熟悉民族宗教工作的优秀干部交流任职、挂职，使在云南工作的各族干部都能熟悉和做好民族宗教工作。

2017年9月6日，《人民日报》登载了中共云南省委书记陈豪的文章《闯出一条跨越式发展的路子来》，从五个方面谈了五年来云南的工作，其中第二方面谈了云南民族工作，文中说：“牢记创建民族团结进步示范区的嘱托，坚持以人民为中心的发展思想，推动各族人民和睦相处、和衷共济、和谐发展。云南是全国民族工作任务最重的省份之一。我们牢记习近平总书记创建民族团结进步示范区的嘱托，坚持‘在云南，不谋民族工作就不足以谋全局’的指导思想和‘各民族都是一家人，一家人都要过上好日子’的信念，把民族地区发展和民族团结进步融入全省发展大局，基础设施、产业发展、基本公共服务等方面的政策、资金和项目更多地向民族地区、边境地区和贫困地区倾斜，建设小康同步、公共服务同质、法治保障同权、民族团结同心、社会和谐同创，奏响民族团结、民族进步合乐。省级财政支出70%以上用于民生保障，启动实施农村危房改造和农村民居地震安全工程，解决和改善了约1164.8万群众住房困难问题，启动实施现代职业教育和县级公立医院及妇女儿童医院扶贫工程，城乡居民基本养老保险制度全面覆盖，鲁甸、景谷地震灾后恢复重建取得决定性成效。把脱贫攻坚作为发展头等大事和第一民生工程，坚持全面攻坚与突出深度贫困地区相结合，'党政领导负主责'，'五级书记抓扶贫、党政同责促攻坚'，深入实施精准扶贫精准脱贫各项工作，农村贫困人口从2012年底的804万人减少到2016年底的363万人。"[①]陈豪书记的这段话高度概括了云南省5年来在创建民族民族团结进步示范区方面所做的工作和取得的成绩。

关于云南省建设民族团结进步示范区，政府相关部门和云南理论界做了很多认真的总结和研究。比如由中共云南省委常委、省委宣传部部长赵金同志牵头组织、由中国社会科学院和云南省社会科学院联合调研撰写的《民族团结云南经验——民族团结进步边疆繁荣稳定示范区建设调研报告》一书，就被国家民委作为中央党校专用教材，提供给中央党校民族干部班学员进行学习研讨。宁夏、西藏等少数民族地区领导干部也将此书总结的十个方面的经验作为处理当地民族和宗教问题、做好民族工作的指导性方法。

但迄今还比较缺乏从具体的民族地区和个案来细看示范区建设做法成就的调研报告，而从具体的案例和地区看示范区建设的成果是非常有必要的。这本书试图发微阐幽，即着眼于从云南省具体的民族地

① 陈豪：《闯出一条跨越式发展的路子来》，《人民日报》2017年9月6日。

区、具体的民族和案例来看这项功在中华民族的繁荣发展，造福于民的工作，想通过一些具体的调研案例，初步让读者能更具体地感受和了解到云南建设民族团结进步示范区的过程、做法以及成绩。

全书从云南“十县百乡千村万户示范点创建工程”三年行动计划的实施中，选取了云南省民族团结进步示范州、示范县、示范乡（镇）和示范村的一些实例，来透视云南省民族团结进步示范区建设的问题。范围包括迪庆藏族自治州、西双版纳傣族自治州、丽江市玉龙纳西族自治县、楚雄彝族自治州武定县、大理白族自治州洱源县、普洱市孟连傣族拉祜族佤族自治县、红河哈尼族彝族自治州元阳县、文山壮族苗族自治州文山市和砚山县、玉溪市新平彝族傣族自治县戛洒镇、怒江傈僳族自治州贡山县丙中洛镇、宁蒗彝族自治县拉伯乡，基本上涵盖了全省主要少数民族聚居的州市县。我们根据具体情况，对不同的案例写作上采取了以客观描写为主、行文又尽量比较生动活泼的纪实文学形式。

在民族团结进步示范区建设的过程中，云南各地在全省统一的政策和规划原则的指导下，也在探索一条如何结合自己区域的地情民情进行因地制宜的探索，因此，在建设的过程中探索出了很多不同的经验与做法，比如迪庆州根据藏区藏传佛教信众多、寺庙多、僧尼多等情况，采取各种有效举措赢得平安藏区的和谐平安，僧俗之间的和睦共处，各民族的和睦相处。大理州洱源县郑家村的7个民族各展所长，相互扶助，形成“七个民族一家亲”、其乐融融的社区氛围。丽江市玉龙县各民族团结齐心建设保护生态发展生态产业，形成了生态和文化相融合的旅游发展态势，在学校和社区的文化传承方面都做得有声有色，而且还通过与邻县各民族的友好协作，推进了跨区域的良性发展。红河州元阳县的哈尼族和彝族把传统民俗中的“牛亲家”互助协作精神运用到梯田的用水和耕种等管理上，形成了当代与时俱进、有利于持续发展的梯田管理机制。普洱市孟连县傣族的“宾弄赛嗨”（“没有血缘关系但像亲戚一样的朋友”）民俗在今天建设民族团结进步示范县中的再丰富和发展，也是非常好的传统民俗与时俱进地发展的生动例子。而从玉溪市新平县戛洒镇的民俗中，我们则从貌似平平常常的汤锅会、土陶制作习俗中，看到了日常的民俗，也可以成为促进民族之间深度交流的因素。怒江州贡山县丙中洛镇的多宗教和谐相处。文山州的文山市和砚山县的民族团结进步示范区建设中，回族和其他民族的和睦友好互助的例子也非常生动。

本书用纪实文学实录和民族学田野调查相结合的写法，列举了很多具体生动的实例，展现了云南省在民族团结进步示范建设中的做法和经验。我觉得，除了从宏观和理论层面对云南建设民族团结进步示范建设进行分析和总结之外，更需要对云南在这项工作中的案例进行更为深入的调查研究，通过对更多案例的分析和透视，来看云南在民族团结进步示范建设中的具体方式方法和经验，以利于把这个事关云南多民族和谐发展前景和给国家提供示范性的工作做得更好。

本书上篇以六个方面从宏观和理论层面对云南民族团结进步工作进行回顾和总结，简要介绍了云南省在民族团结进步示范区建设中的做法和经验。下篇选择性地选取了具有较强代表性的实例，主要是想通过全省一些比较典型的示范点来看云南在民族团结进步示范区建设方面的一些具体做法和经验，特别是党的十八大以来取得的一些成绩。因篇幅所限，无法一一列举所有示范点的建设情况。

大美云南，山青水绿，民族和睦，社会和谐，愿有更多的民族团结进步示范点和更多的民族团结模范人物出现，给中华民族大团结增光添彩，提供可资借鉴的范例。实现中华民族一家亲、同心共筑中国梦的宏伟目标。

上篇

第一章　云南民族工作的历程

一、回望云南民族工作的历程

2013年10月，习近平同志在中央民族大学附属中学迎来100周年校庆前夕，给全校学生的回信中强调："我国是统一的多民族国家。我国各族人民同呼吸、共命运、心连心的奋斗历程是中华民族强大凝聚力和非凡创造力的重要源泉。"中华人民共和国是由56个民族组成的多民族国家，各民族和平共处共同发展进步，是无数人的共同心愿。2015年1月，习近平总书记在云南考察时强调指出："云南民族关系亲密融洽，云南民族工作成绩突出，这是云南最宝贵的财富。"给予云南民族工作高度的肯定。

在全国32个省、区、市中，云南是个独特的存在。全国56个民族，就有26个世代生息于这块美丽的土地。这里是全国民族最多的省份之一。民族众多而能和睦相处，共同进步，这是云南的骄傲。

云南地处中国的西南边疆，有着4000多公里边境线，16个民族跨境而居，和南亚、东南亚人民相比邻。民族政策的落实，民族工作的成败，直接影响到边疆稳定，甚至影响到国际关系的和谐。云南的民族工作在几代民族工作者的辛勤努力下，结出了丰硕的成果。边疆各族人民的政治、经济、文化得到全面发展，生活质量明显提高，民族团结之花盛开在红土高原。各民族在红土高原和睦共居，创造着美好的新生活。在漫长的历史岁月中，26个民族共同创造了云南悠久的历史文化。

回顾历史，是为了追溯一代代民族工作者的精神历程，记住他们为云南民族工作做出的牺牲奉献。回顾历史，更是希望通过这些文字，记载下云南各民族人民60多年来走过的发展道路，切身感受他们追求文明进步事业的心声。

回首翻阅这部厚重历史的时候，我似乎感受到了红土高原的天空下惊雷的悸动，听到了历史深处传来各民族人民追求发展进步的脚步声。它们如同红土高原的春潮，隆隆滚过崇山峻岭，谱写出新世纪发展进步的新篇章。

光辉的历程

认真回顾云南民族工作走过的历程，能帮助我们更好地理解今天的现实。

云南民族工作之所以能有今天的硕果，是因为一直以来有着正确的思想指导并形成了优秀的传统。每个时代都有一批批民族工作者为云南民族工作贡献着青春和力量。更重要的是从新中国建立开始，中共云南省委都能从云南实际出发，针对每一个时期的特点，对民族工作提出具体的指导方针，以保证云南民族工作能“在疏通民族关系、增强民族团结方面”，完成大量卓有成效的工作。

让我们翻开历史之页，具体感受云南民族工作走过了怎样的历程。

在新中国成立之前的云南，因为历史的原因以及复杂的民族关系，云南各少数民族生活在重重矛盾之中。当时主要有三种矛盾：一是帝国主义、国民党残余势力和各民族人民之间的敌我矛盾；二是各少数民族内部封建主、奴隶主和本民族基本群众之间的阶级矛盾；三是民族之间的矛盾和历史隔阂。政治、经济、文化、教育也基本处于落后状态，严重影响着各民族的发展进步。

随着新中国的成立，云南各民族进入一个全新时代，开始了发展进步的历程。

新中国建立之初，中共云南省委就非常重视民族工作，民族问题很快列入了省委的议事日程。相关的工作机构开始一一成立，民族工作进入正轨。

1950年初，中共云南省委就成立了省委民族工作党组，在省委直接领导下负责指导全省的民族边疆工作。1950年7月召开的云南省第一次党的代表会议上，根据云南的特点，大会提出了“民族和睦，加强民族团结，消灭历史造成的民族隔阂，工作稳步前进”的民族工作方针。随后，根据中央和西南局指示，云南省民族事务委员会正式成立，政务院任命云南省政府副主席周保中为云南省民族事务委员会主任委员，省政府副主席张冲和赵钟奇为副主任委员。

1951年1月，省民委机关组建完成，开始正式对外办公。

1952年10月，省委又决定在民族工作党组的基础上成立中共云南省委边疆工作委员会（简称“边委”）。这些组织机构所起作用是非常明显的：“省委边委、省民委建立后，使云南省委、省政府有了专管民族工作的机构。省委边委主要在方针政策上做好调查研究工作，提出意见和建议供省委决策参考。省民委发挥政府职能部门作用，结合当时形势需要，做好民族事务方面的各项工作。这一时期，民族工作部门在疏通民族关系、加强民族团结、加强对敌斗争、保持边疆稳定、民族识别及民族语言文化工作、社会改革等方面做了卓有成效的工作，起到了很好的参谋助手作用。”[①]

新中国建立之初的云南民族工作，有很多重要的目标和任务。但归纳起来主要有以下几个方面的工作最为迫切：

首先要向各民族人民宣传贯彻党的民族平等团结政策，维护祖国统一和边疆稳定。因为历史的原因，千百年来，历代封建统治者奉行的“大汉族主义”对各少数民族的歧视压迫剥削，在边疆各民族和汉族之间造成了深重的民族隔阂。

其次，剿灭土匪，巩固新生的人民政权，也是刻不容缓的任务。蒋介石集团濒临崩溃之前，为在云南建立“反攻基地”，加大对民族地区的武装渗透，政治拉拢和挑拨民族关系，使得“解放”前夕的云南在一些民族地区，尤其是边境地区呈现了更加紧张、敌对的状态。他们时常在边境一带进行骚扰、掠夺，派遣训练特务深入策反，给跨境而居的各族群众带来很大威胁。

在这样的历史背景下，党中央为云南民族工作的顺利开展提供

① 云南省民族事务委员会、云南省民族理论学会编：《云南民族团结进步事业光辉历程》，云南民族出版社2009年7月版，第82页。

了新的思路和条件。比较形象的政策措施之一便是“派下去，请上来”。“派下去”，就是派出访问团深入民族地区进行访问、慰问，直接向少数民族群众传达党和政府的关怀，表达汉族人民的兄弟情谊，宣传民族政策。“请上来”，则是指组织边疆少数民族特别是民族、宗教的上层人士到北京和内地参观，以增进少数民族对祖国的了解，密切边疆民族地区同中央的联系。

据史料记载，从1950年7月到1952年底，中央政府陆续派出了西南、西北、中南、东北内蒙古4个访问团。访问团累计行程达8万多公里，为增进各民族间的了解、疏通民族关系做出了积极贡献。这一盛况在中国历史上从未有过，在中国民族关系史上更是值得记载的大手笔。中共云南省委也派出以省政府副主席张冲为首的一批干部，参加以夏康农为团长、王连芳为副团长的中央民族访问团云南分团（二分团），前后十个月的时间内，访问团访问了云南42个县，往返行程近2万里。

除了“派下去”，“请上来”也是一项重要的民族工作措施。1950年国庆期间，在中央政府的关怀下全国组织了7个代表团，由43个民族（含支系）的159位代表组成，赴京观礼。西南地区是中国的少数民族重要聚居区之一，时任中共中央西南局第一书记的邓小平亲自负责组建西南片区国庆观礼代表团。全国7个代表团中，西南代表团最大，有64人，占全国各代表团总数的41.7%。在西南代表团中，云南代表最多，有52人，占全区代表总数的80.3%，占全国代表总数的29%。从这组数字的对比中，充分体现了中央对云南各民族的关怀。毛主席等党和国家领导人的亲切接见，在全国各地的参观访问，对消除民族头人的心理顾虑和民族隔阂，起到了重要作用。所以才会有1950年12月底普洱区“民族团结誓词碑”的诞生。

它代表着云南民族团结的果实，也意味着云南民族工作取得了丰硕的成果。至今仍然是全国民族团结的表率和象征。有时候数据很能说明问题，“据统计，从1950年至1956年底，全省共组织少数民族参观团104次13413人，包括全省20多个民族的代表。其中：赴北京参观的12次489人，赴重庆的5次521人，赴昆明的87次10903人，在专区内参观学习的1500人次。参观团的成员最初多为民族公众领袖、宗教界人士，以后农民积极分子、各条战线少数民族职工、边疆干部成为参观团的主要成员。”①

尔后，成立云南民族学院，为培养各民族人才建构了平台；推行民族区域自治，实现少数民族当家做主的梦想；坚持分类指导的原则和稳妥的步骤，采取符合各民族实际的特殊政策措施，成功完成了边疆民族地区的民主改革。此外，帮助各族人民发展经济、教育、文化、科技、卫生事业……

新中国建立之初的种种举措，为云南民族工作开创了大好局面，奠定了重要基础。民族工作的光荣传统也在这一历程中逐步形成。一个令人欣慰的结果是：各族人民生活开始消除历史造成的隔阂，生活在平等团结友爱的社会主义大家庭里。这是千百年来各民族的共同期盼，是各族人民美好梦想的实现。

虽然“文革”极“左”年代这一传统受到破坏，民族工作也曾一度陷入泥淖。但随着新时期改革开放时代的到来，云南民族工作经历

① 云南省民族事务委员会、云南省民族理论学会编：《云南民族团结进步事业光辉历程》，云南民族出版社2009年7月版，第82页。

了拨乱反正之后，又开始步入正轨。并在新的时代开始新的追求，实现新的梦想。

云南民族工作新局面

新的历史时期有新的目标和追求，但民族团结是不变的根本，各民族在政治、经济文化上的发展进步也是时代提出的新要求。要实现各民族之间的真正平等、团结，只有大力发展民族地区的社会经济，缩小民族之间的经济、文化发展水平的差距，才能走上共同富裕的道路。

新时期的民族工作，任重而道远。

有与时俱进的民族政策，有一代代民族工作者辛勤努力而留下的光荣传统，云南的民族工作步入了一个全新的发展时期。“改革开放以来，特别是党的十六大以来，云南省委省政府坚持以邓小平理论和‘三个代表’重要思想为指导，深入贯彻落实科学发展观，牢牢把握‘各民族共同团结奋斗、共同繁荣发展’的主题，创造性贯彻党和国家民族工作大政方针，开创了各民族长期和睦相处、和衷共济、和谐发展的良好局面，创造了民族团结和谐的‘云南现象’，受到包括国际社会在内的广泛赞誉。”①

云南民族工作的经验和成果，都是广大民族工作者用心血和汗水换来的。一步一个脚印才走出了一条光明的大道。在促进民族团结、改善民生、民族繁荣方面，从云南各民族发展不平衡的实际出发，近年来先后出台一系列特殊政策和措施，探索出了一条具有云南特色的

① 《团结共谱同心曲 和谐花开彩云南》，《求是》2011年第17期。

民族地区发展之路。

时任云南省省长陈豪在云南省人民政府2016年《政府工作报告》中这样总结“十二五”以来云南民族工作取得的成果：“民族团结社会和谐更加巩固。持续开展‘十县百乡千村万户示范点创建工程’，民族地区主要经济指标和城乡居民收入增速高于全省平均水平，生产生活条件持续改善，民族团结进步边疆繁荣稳定良好局面进一步巩固。”

他在报告中还宣布了“十三五”时期的目标和任务：“促进民族团结进步，建设幸福云南。切实加强和改进新形势下的民族工作，坚持和完善民族区域自治制度，全面贯彻落实党的民族政策，继续实施兴边富民、扶持人口较少民族发展和示范创建等工程，加大少数民族和贫困地区扶持力度，保护发展繁荣民族文化，依法管理宗教事务，实现各族人民共同团结进步、共同繁荣发展。”

在民族政策的阳光雨露滋润下，云南各民族人民的生活正发生着巨大的变化。我在云南七彩大地上从南到北的采访中，处处可以看到民族地区发生的可喜变化，感受到各民族群众从物质生活到精神生活中闪烁的理想和希望之光。上级部门制定的各项政策、措施如同春风化雨，正在他们的生活中一点点地体现出来。让人不由想起杜甫的《春夜喜雨》：“好雨知时节，当春乃发生。随风潜入夜，润物细无声。”

从历史到现实，云南民族工作走过了一条光辉的历程。为全省各民族的发展进步做出了历史性的伟大贡献。在新世纪的阳光照耀下，为美丽中国梦而努力奋斗的理想像彩虹一样充满诗意，民族团结进步之花将绽放得更加绚丽多姿。

二、先驱者的足迹

民族工作是一项伟大的事业，需要很多人为之牺牲奉献。

从新中国成立之初到当下，一代代民族工作者为云南民族工作付出心血和汗水，甚至生命。是他们以自己的辛苦努力为云南民族工作奠定基础，开创局面，积累下宝贵的经验。

民族工作中的“云南经验”“云南模式”，都是传统之树上开出的艳丽花朵。犹如红土高原的山茶，根深才能叶茂；汲取了大地的养分，才能开出满树红硕的花朵。他们，是云南民族工作的奠基者，也是云南民族工作战线永远高扬的旗帜。他们是千千万万云南民族工作者的先驱者和典范。今天我们回顾他们的业绩，既是深情的缅怀，也是学习继承民族工作优良传统的好机会。

这是一支由无数优秀人才所组成的队伍，因为篇幅所限，只能选择他们中间最有代表性的几位人物的事迹，以一滴水见太阳，从中透视出一代代云南民族工作者牺牲奉献的历程，和他们身上永远值得学习的为民族事业而努力奋斗的崇高精神。

“白子将军”周保中

周保中（1902—1964），中国无产阶级军事家、杰出的抗日民族英雄、优秀的共产主义战士。原名奚李元，号绍璜，白族，云南大理人。

兼任云南民族学院院长之职的周保中将军，在百忙之中对云南民族学院的成立，对民族干部的培养同样呕尽心血。《筹办云南民族学院方案》就是他亲自主持下，经省人民政府第22次办公会议正式通过，为云南民族学院的成立奠定了重要基础。他还亲自出席南箐中学校产、校舍的捐赠仪式。亲自安排成立云南民族学院筹委会办事处，从省民委、文教、卫生、省委党校等部门抽调了一批干部到云南民族学院工作。云南民族学院得以顺利成立，和周保中院长的辛勤工作是分不开的。云南民族学院成立后，在他的指示下，又在昆明设立了民族师范学校，专门培养少数民族地区的小学师资。并举办各种训练班，培训少数民族干部。根据周保中的指示，各地、县还选送少数民族青年到中央民族学院和西南民族学院学习。为培养云南的少数民族干部，周保中可谓用尽心力。他在各民族干部中的威望也非常高。

多年之后，马曜先生还清楚地记得当年的情景："周保中同志非常关心云南民族学院的创办和发展，关心民族干部的成长，凡是见过周保中的民院师生，都对他严以律己、艰苦奋斗、忘我工作的献身精神，留下了深刻的印象并给人无限的怀念。"①

"黑虎将军"张冲

张冲（1901—1980），著名抗日将领，有彝族"黑虎将军"之称。1901年1月25日出生于云南省泸西县。少时的张冲读过私塾，后入乡和县城小学读书。他生活的少年时代，正是中国风云变幻的年代，自幼对阶级压迫和民族压迫深有体会，培养了同情劳动人民和富于反抗黑暗势力的精神。他15岁时就曾经有过智退土匪的传奇经历，被当

① 马曜：《周保中与云南统战工作和民族工作》，《大理师专学报》2001年第3期。

地群众誉为“小孔明”。

云南解放后，张冲先后担任云南省人民政府副主席、西南军政委员会委员、西南民委副主任兼凉山临时军政委员会主席等职。曾经深入边疆和大小凉山等少数民族地区，对当地民主改革和社会主义改造的顺利进行发挥了特殊作用。作为一员武将，全国解放后张冲脱下身上的战袍，转入新的革命领域，在云南的水利建设、民族工作、民族教育事业方面开辟新战场，并取得新的成就。

原国家副主席乌兰夫对张冲的人生有过高度总结和评价，他说：“解放初期，张冲同志深入边疆和大小凉山少数民族地区，宣传党的民族政策，调解民族纠纷，疏通民族关系，团结教育少数民族爱国上层人士和国民党起义人员，拥护中国共产党的领导，走社会主义对于促进当时胜利完成少数民族地区的民主改革和社会主义改造发挥了特殊重要的作用。”①

王连芳和《王连芳云南民族工作回忆》

王连芳（1920—2002），回族。直隶（今河北）盐山人。1938年加入中国共产党。新中国成立之初，王连芳担任中央访问团第二分团副团长来到云南。并从此与云南结下深厚情缘，在云南民族工作战线工作奋斗多年。他作为领导者和参与者，亲自见证了云南民族工作初创期的许多重要事件。而且在物质条件艰苦的年代，他们那一代人从事民族工作的艰辛令今天的人难以想象。比如1953年1月，西双版纳傣族自治州成立，当时担任云南省民委副主任的王连芳作为云南省政

① 引自原国家副主席乌兰夫在张冲追悼会上致的悼词。

府的特派代表，亲自赶到景洪（当时叫车里）参加成立大会。那时从景洪到昆明没有通公路，他是骑着马一路披荆斩棘走了整整24天才赶到，其艰苦程度令人非常感叹。

他晚年口述的《王连芳云南民族工作回忆》，是他在云南从事民族工作近半个世纪经历的回顾与总结，也是一部难得的云南民族工作经验历程的优秀范本，记录了新中国成立之初党和政府在云南开展民族工作的许多具体、生动的内容。王连芳作为亲历者和领导者，也是云南民族工作的重要见证者，为后人留下了一份宝贵的精神财富。

2012年8月，国家民委再版了《王连芳民族工作回忆》一书，对云南民族工作的历史经验给予充分肯定，并向国家有关部门和全国各省区市推荐。王连芳的名字，也会永远和云南民族工作历史联系在一起。

以上所述，只是云南民族工作战线的几位优秀代表。

此外还有千千万万从事民族工作的人，曾经为云南各民族的解放、进步贡献力量，甚至牺牲生命。为民族工作能有今天的新局面奠定了重要基础。他们的精神将永远载入云南民族工作的史册。

在新世纪的民族工作领域，更多的人正踏着他们的足迹，学习他们的精神，为云南民族团结事业的繁荣发展而努力工作着。云南民族工作领域已经形成长江后浪推前浪的生机勃勃的态势，为全国的民族工作不断贡献着新的经验和成果。“等闲识得春风面，万紫千红总是春”，云南民族工作正步入一个春光明媚的新时代。

第二章　民族工作中的“云南现象”

一、立体多元的云南民族工作

立体多元的云南

在中国国家版图上，云南犹如一只振翅欲飞的金鸡，忠诚地守卫着西南边陲。云南省会昆明，以悠久的历史和古老美丽的滇池而闻名天下。因其气候温暖，四季如春，享有春城的美誉。彩云之南，四季如春，是对云南大地形象而诗意的赞美。在民间传说和相关史书中，云南的命名还和汉武帝有关系。

据《云南通志》载：“汉武年间，彩云见于南中，谴吏迹之，云南之名始于此。”《南诏野史》也载：“彩云现于龙兴和乡，县在云之南，故名云南。”传说汉武帝年间，武帝曾经做了一个梦，梦见一片吉祥的彩云由南飘来。汉武帝醒来便派人一路追踪，终于查访到了彩云的踪迹。于是这些人跟着这朵祥云跋山涉水，一直找到今天云南的祥云县一带，彩云这才消隐不见。回来后向汉武帝汇报，武帝甚是

惊异。从此便有了关于云南的命名和“彩云之南”的优美传说。

据学者考据，早在春秋战国时期，滇池沿岸就繁衍生息着滇族部落的成员，留下了人类文明的成果。在历史的长河中，当地的土著民族曾以滇池为中心，先后建立过“古滇国”“哀牢国”，创造了悠久的历史文化。著名的高原湖泊——滇池，犹如一面巨大的明镜，依偎在红土高原的怀抱，闪烁着迷人的光芒。水是人类文明的脉搏，滇池以它宽阔的胸怀养育了一代代边地子民。

从地理学的角度看，彩云之南体现出鲜明的立体多元特色。

如果往云南西北部行走，这里地势雄伟，雪峰并立，尤其是海拔6740米的卡瓦格博雪峰以它充满神性的光辉震撼每一个朝圣者的灵魂。往南则一路下行来到海拔仅为76.4米的河口谷地，这里红河水蜿蜒流淌，芭蕉林的绿波覆盖大地，可以感受到浓郁的亚热带风情。山峰、坝子，高原、河谷，蕴藏着大自然赐予云南人的丰富宝藏。丰富的自然资源为云南带来了“植物王国”“动物王国”“有色金属王国”“药材之乡”的美誉。

它的西北部和西藏相邻，可以经“茶马古道而进入西藏”；它的北部以金沙江为界和四川隔江相望，以“三川半”特色而闻名。它的东北部则因连绵起伏的乌蒙山脉和贵州接壤，东部和广西比邻而居。可以说云南的一半省界依偎在祖国温暖的怀抱，和藏、川、黔、桂四省区结下深厚情谊。而它的另一半土地处于西部和南部的边界，则有长达4060公里的边界分别与越南、老挝、缅甸等东南亚国家相邻，16个民族分布在国境线沿线。这里也是国际关系的前沿，在全球化经济时代它是中国面向西南开放的重要桥头堡，正在与东南亚各国的经济交往中发挥着重要作用。

是历史的机遇把云南推向中国对外开放的重要窗口。

如果从高空俯瞰，云南犹如一块巨大的地毯，起伏着五彩的波澜。这是一块多姿多彩的土地，也是一块多情而美丽的土地。26个民族在这里世代和睦共居，共同创造着幸福美好的生活。他们以自己的辛勤劳动为七彩云南增添着新的成果，谱写着历史的新篇章，也为中国乃至世界提供着建立新型民族关系的全新范本。

立体多元的云南民族

云南的七彩大地，还以民族众多而闻名于世。

中国是由56个民族组成的多民族国家，云南的土地上就世代生息着26个民族。其中云南独有、人口较少的民族有布朗族、普米族、阿昌族、怒族、基诺族、德昂族、独龙族、景颇族等8个民族。民族不分大小，都是七彩云南的优秀儿女。从高山到河谷，从坝子到丘陵，26个民族世世代代忠诚守护着红土高原，守护着国家遥远边关，创造了悠久而丰富的历史文化。他们的身姿犹如红土高原纷飞的彩蝶，诗意而迷人。

民族形态的丰富多彩，立体多元，也是云南大地的重要特色。

在云南很多民族的创世史诗或神话传说中，都可以找到关于人类起源的相似解释，它们体现了云南各民族自古以来密不可分、亲如兄弟的关系。上天似乎格外垂怜这块遥远而神奇的红土地，赐予了它丰富、多元的生命存在。从动物、植物到人类的形态，都可以感受到“物竞天择，适者生存”的自然法则。不同的地理和自然环境，诞生了不同的族群；不同的族群又形成形态各异的历史、文化；千百年来，任云飞云卷，岁月变幻，云南各民族在这块远离中原的边地自在生存，互相渗透，形成了你中有我我中有你、多民族和谐共生的独特状态。

在云南的乡村甚至城市，一个家庭由几种民族组成，一个人同时会讲几种民族语言，都不是什么稀奇的事。因为大家都是从天神的葫芦里或洞穴中走出来的亲兄弟，谁也离不开谁。

云南的民族多以“大分散小聚居”的状态分布，长期以来各个民族之间形成了互相依存的关系。虽然民族不同，生活习俗有异。但是对美好生活的向往，对民族团结的追求却一直都是共同的理想和目标。

立体多元的云南民族工作

云南的“立体多元”特色，犹如一个变幻无穷的魔方，从不同的角度可以展示给人不同的效果与特色。

在多姿多彩的后面，也有因为自然环境、历史条件等因素造成的差异与不平衡。比如傣族居住的多为坝区，这里土地肥沃、气候温和，有的地方一年可以产两季水稻。这里水流潺潺，鲜花盛开，傣家竹楼和小卜少风姿绰约的身影如诗如画，人民幸福地生活在大自然温暖的怀抱。而佤族、拉祜族等民族居住的山区则偏远险峻，充满原始的神秘与艰险，直到新中国成立之时这里仍然沿袭着刀耕火种的原始生产方式，给民族的发展进步造成很大阻碍。

再如藏族、白族、纳西族等民族居住的地方自古以来交通就比较发达，商业贸易也随之兴盛，历经千年而形成了有名的“茶马古道”，成为连接西南地区和西藏的重要通道，也为沿途各民族的经济发展带来了生机。而独龙族居住的地区却因为山高水远而藏于深山，直到1999年9月9日才通公路，成为中国56个民族主要聚居区“最后一个通公路的地方”。

所以应该看到云南“立体多元”的特色后面，是各民族发展的差异与不平衡。而这一切也决定了民族工作部门在制定政策、开展工作上也必须体现出“立体多元”的态势，针对不同民族的情况采用不同的方式，才能帮助各民族真正发展进步，走上共同富裕的康庄大道。

云南省民委从成立那天起，就认真面对云南省情，对各民族充满差异的生存状态有充分的理解和尊重，并在长期的工作实践中经摸索出一套有针对性而且行之有效的方针政策。具体说来，“坚持分类指导，促进协调发展”就是新时期云南民族工作重要的指导思想。在坚持国家民族政策的大前提下针对云南实际，云南省民委提出了“一山一策，一族一策”的特殊发展思路和措施。有的民族需要发展经济，有的需要实施“安居工程”，有的需要脱贫致富，有的需要解决交通问题……

云南民族政策的“立体多元”所追求的目标，概括起来就是——“各民族共同团结奋斗、共同繁荣发展”。只有边疆各民族人民繁荣进步，国家才能长治久安。这既是一个口号，也是一项重要的行动，是根据云南实际而形成的发展“模式”。虽然“模式”这个词有时难免让人想到各种程式，但是在民族工作中，相应的模式也是推广运用经验的方式之一。

事实证明，只有尊重、理解各民族在长期历史发展中形成的“立体多元”特色，尊重客观存在并制定出适合现实发展的政策，才能真正帮助各民族人民摆脱贫困，走上发展进步的幸福道路。

立体、多元，求实、创新，这就是云南民族工作一直遵循的基本原则。作为一个多民族省份，自从新中国成立以来，云南每个时期都会有一些和民族发展关系密切的政策出台。虽然解读政策是一件比较枯燥的事情，一般人大概不会有这种兴趣。但是如果要真正理解云南民族工作的历程，总结出相关经验，从各个时期共产党制定的民族政策入手，不失为一个特殊的角度[①]。

略举一二为例：

1949年9月，在任第二野战军前委书记的邓小平指挥下，二野前委发出《关于少数民族工作的指示》，指出解放军进入云南的目标是：“求得民族间的和谐，而不是去那里发动阶级斗争。”为团结各民族人民、消除民族隔阂做了重要铺垫。

1950年，云南民族工作的方针是依据中央提出的“团结第一，工作第二”，以及“慎重稳进”的原则。在这些原则指导下，云南被划分为边疆和内地，有针对性地制定不同的政策。

1955年，民主改革开始，基本原则是“和平协商”，体现了对民族上层利益的保护。有的地区则根据情况，以“直接过渡”的形式进入社会主义。

……

改革开放新时期，民族工作的重点由政治转向经济建设，同时民

① 20世纪50年代上半期，被称为云南民族工作的“黄金时代”。新时期以来云南民族工作的大好局面，可以视为第二个“黄金”时代的到来。

族团结的法制建设、民族团结的宣传教育等等，也是制定民族政策时的重要内容。历史之轮驶入新世纪，更是向各民族人民展现了更加美好的发展前景。

习近平总书记一直高度重视云南的民族团结进步工作，多次做出重要指示。2015年，习近平总书记考察云南时为云南发展确立了“三大战略定位”，要求云南努力成为我国民族团结进步示范区，为我们指出了搞好云南工作必须先抓好民族团结进步这个关键。民族团结进步工作事关云南省发展全局，事关全国民族团结进步事业大局。

2015年以来，省委、省政府建立健全了示范区建设领导小组及工作机制，制定出台了《关于加强和改进新形势下民族工作的实施意见》《关于加快建设民族团结进步示范区的实施意见》《云南省民族宗教法规建设规划（2015—2020年）》《云南建设我国民族团结进步示范区规划（2016—2020年）》和《云南省宗教事务管理办法》等规定，形成了“党委领导、政府负责、部门协同、社会参与”的示范区创建格局。

所有的一切努力，都是为了让云南各民族过上更加美好幸福的生活。

2017年4月17日，云南民族团结进步示范区建设工作推进会在昆明举行。省委书记、省民族团结进步示范区建设领导小组组长陈豪出席会议并讲话，省长、省民族团结进步示范区建设领导小组常务副组长阮成发主持。这次会议再次强调，要牢牢把握各民族共同团结奋斗、共同繁荣发展的民族工作主题，按照“建设小康同步、公共服务同质、法治保障同权、民族团结同心、社会和谐同创”的要求，突出重点，全面推进示范区建设迈上新台阶。

云南的民族团结进步示范建设，正张开风帆加大马力，向着共同富裕之路奋勇前进！

二、民族工作是云南的大局

云南特色的历史跨越

因为云南是多民族省份，民族工作渗透于党和政府方方面面的工作之中，二者是水乳交融不可分割的密切关系。

所以，中共云南省委历来都是从全省大局的角度来开展民族工作，在不同阶段制定适合云南省情的相关政策。单是进入新世纪以来，云南就有很多和民族发展进步有关系的方针政策出台。

2012年7月19日，“云南民族团结进步边疆繁荣稳定示范区建设”在昆明全面启动。中共云南省委主要领导以及省军区、武警主要领导出席大会。这是云南民族工作的一次重要使命，它意味着党和国家对民族工作的高度重视，把民族工作提升到一个多民族国家“各民族团结进步”“边疆繁荣稳定”的政治高度加以重视。这也是云南民族工作的一次长远规划，体现出了决策者充满理性的发展思路。按照规划，云南的示范区各项建设到2015年要体现出明显的建设成效，到2020年则要全面建成示范区，使民族地区的发展和民族团结进步事业，以及边疆的繁荣开放都实现新的跨越。

在云南，“跨越”这个词也体现出独特的云南特色。

因为历史、自然条件等原因造成的差距，各民族在物质和经济方面的发展不可能完全同步。正视差距和不平衡性，才是科学的态度。所以“跨越”式发展也就成了云南民族工作中的一种特殊现象。同时也是执政党民族政策的形象体现。

可以说从新中国建立之初起，云南各民族就以不同方式实现着“跨越”。

因为这里民族众多而且社会形态各异，发展上呈现出严重的不平衡性，只有在正确的方针政策指引下，通过“跨越”才能缩小差异，实现共同发展进步的长远目标。所以，云南各民族通过新中国成立后的第一次跨越，实现了政治上的平等。有的民族从原始社会形态，有的从奴隶制形态，有的从封建制形态一起跨越进入社会主义，再通过民族自治等方式实现了当家做主的梦想。

“边疆繁荣稳定示范区建设”，可以视为云南各民族在21世纪时代背景下的第二次“跨越”。而且这一次是在国家实施区域发展总体战略和国内外经济结构调整等机遇的背景下，推进各民族政治、经济、文化教育等方面的全面发展。是物质发展与精神发展同步进行，对各民族群众的民生问题进行改善，提供相关保障。只有亲自深入云南各民族地区的现实生活，踩在红土地上闻着泥土的气息，才能真切地感受到第二次“跨越”给他们的生活带来的希望与变化。

目前云南的民族团结进步示范区建设已经初见成效。

云南作为一个多民族大省的特殊性就体现在政府制定的每一个政策，都和各民族的生产生活、发展进步紧密相关。而各民族的生活发展进步了，民族团结进步事业才有真正的保障，社会才能繁荣稳定，边疆才能长治久安。

在云南，民族工作既体现在各种大的决策上面，也体现民族村寨那些具体的事物上面。这是民族工作的两头。而连接两端，让上级的各项政策落到实处，则需要民委工作部门的广大干部为之付出辛苦的努力。

我在民族地区进行采访调查的过程中，也亲身感受体验到了民委部门工作的深入细致。经常会有村民指着村里的路对我说：这条路是民委家修的，那个项目是民委家带来的。

“民委家”这个特殊的称呼，成了民族地区群众对各级民委干部和民委工作的最好肯定。因为民委系统的所有工作都围绕一个目标：帮助各民族群众走上发展、富裕之路，让民族团结之花开得更加鲜艳。

而民委在各族群众心目中，也代表着党和政府的形象和地位。民委是党和政府开展民族工作重要的参谋助手，民委也是各民族群众心目中的“民族之家”。我曾在不止一个州（市）或县（市、区）的民委干部那里听到这样的故事：一些山区的民族群众进城办事如果遇到困难，他们想起来找的部门首先就是民委。一些困难的家庭孩子考上大学没有学费，他们也会来找民委帮助解决。即使没有事，有的群众也会到民委去坐坐，喝杯茶，聊聊天，让民委“民族之家”的功能在现实生活中体现得非常生动和具体。

民族工作是云南的大局

民族工作的全局性，还体现在云南各个部门、各个领域的重视与参与。

民族政策的制定需要提供各种来自基层的参考，其中对民族地区的各种调研就是为上级领导了解民情、制定政策提供参考的重要途径。所以每年来自各个级别的很多部门都会有人奔走于云南民族地区，亲自调研、了解第一手资料。

据我所知，从党政系统到政协、人大、新闻、教育等机构，每年都有不定期的调研任务。都能从调研中获得大量第一手资料或数据，为上级制定民族政策提供重要参考。

省委、省政府曾经向全省广大干部提出“在云南，不重视民族工作，不研究民族问题，就不是一个合格的领导干部”的要求。处理民族问题的水平，也成为衡量各级党政领导执政能力的重要标准，考察提升干部的重要内容。这在全国也是不多见的。正是省委、省政府的高度重视，云南的民族工作上升到了新的高度。

2011年，国家民委、中央统战部、《求是》杂志联合调研组在对云南民族地区的工作、生活进行深入调研后，充分肯定云南民族工作的重要经验之一就是“坚持从全局和战略高度研究部署民族工作，不断推动民族工作与时俱进”。

每一届省委、省政府都高度重视民族工作，这是云南的光荣传统。民族工作是云南的大局，这已经是基本的共识。

对那些为云南的民族团结进步事业做出重要贡献的人们，党和政府也会给予他们应得的荣誉。从1983年开始，云南召开全省第一次民族团结进步表彰大会，对那些为民族团结进步事业付出努力、取得成绩的代表进行表彰，至今已经表彰七届。各州（市）也有表彰的制度，对广大在基层为民族团结进步事业努力工作的干部给予肯定和鼓励。

在云南，表彰民族工作中的先进，已经成为制度。

在云南，“民族团结光荣”“为民族团结而工作光荣”，已经形成全社会的共识。民族工作是云南的大局，是云南边疆繁荣稳定、团结进步的重要基础。对一个多民族大省来说，民族工作是重中之重，是社会发展的基石。正是基于这样的高度重视，云南才会出现民族团结进步、边疆和谐稳定的良好局面。

三、繁荣稳定的新边疆

美丽多情的云南

云南因为地理位置偏远，民族众多，在交通不便的年代，在外界眼中犹如披着一层神秘的面纱，也留下了一些有趣的笑话。比如外省就曾经有人以为云南人全都穿着民族服装，住在竹楼里，出门骑大象，后院养孔雀。

后来出现了一批表现边疆生活的电影，如《神秘的侣伴》《山间铃响马帮来》《五朵金花》《阿诗玛》等等，对云南美丽的自然山水和民族风情有了更具象的表现。让外界对云南有了直观的了解，也增添了许多浪漫的想象。美丽多情的金花、阿鹏，阿诗玛、阿黑，成了云南民族文化形象的重要代表。所以在大理你会见到年轻的女孩子都可以叫金花，小伙子都自称是阿鹏。而在风景区秀丽的石林，女孩子都叫阿诗玛，小伙子都叫阿黑。

从文艺作品传达给外界的信息中，彰显了云南的美丽多情和丰富多彩。

借着改革开放时代的东风，云南的旅游事业蓬勃发展。越来越多的人带着美好的心愿来到云南，看自然风光，品民族风情。大理、丽江、西双版纳、香格里拉……天南地北的人们深深沉醉在云南立体多元的自然山水和民族风情中。

甚至在边远的怒江峡谷中，也随时可以见到背包客的身影。在丙中洛的村道上，在一个叫秋那桶的怒族村子里，经常可以见到来自四面八方的旅游者。福贡县一个叫“老姆登”的怒族村子里甚至还有美国旅游者的身影。一位怒族旅馆经营者告诉我，一个在昆明生活的美国家庭已经打电话预订了他家的房间，说过些天要来老姆登“过春节”。

我想，云南吸引中外旅游者的地方除了自然风景和民族风情外，应该还有一个重要因素，那就是云南是稳定繁荣的边疆，有自由开放的社会环境。在民族地区行走的游客，他们对这里的治安情况是放心的，对民族地区淳朴的风俗更是情有独钟。到处能看到友好的微笑，能听到温和的声音，看到独特的景色。在这里能让因为城市生活而备感疲惫的心灵得到放松，让灵魂获得复归纯净的快乐。

这就是云南的独特魅力。

即使像我这样能花将近一年时间，走遍云南8个民族自治州和很多民族村寨的人，也不敢说对云南各民族的发展进步有了全面的了解。要从总体上了解现实中云南各民族人民的发展进步，繁荣稳定的大好局面，最有发言权的应该是民委部门。他们是云南民族工作的直接领导者和参与者，也是云南各民族发展进步的最好见证者。

从云南省民宗委和云南省民族理论学会共同编著的一本专著里，可以找得到最全面、权威的结论。这部褚红色封面、厚达490页的著作，对云南各民族60年来的发展历程有着全面、细致的梳理、总结。它的书名叫《云南民族团结进步事业光辉的历程》，记录了从1949至1996年云南民族事业的一行行深深的足印。从整体总结到专题研究，从州市总结到基层经验，全面涵盖了新中国成立以来云南民族事业走过的光辉历程。

我们在现实生活中为云南的美丽多情而自豪的时候，很少有人想到，我们其实是在享受着几代民族工作者的心血和成果。如果没有执政党正确的民族政策的指导，没有几代民族工作者的辛苦努力，就不会有今天繁荣稳定、团结进步的云南新边疆。

可以说云南各民族的团结进步和发展繁荣，永远是一项伟大的事业，也是几代民族工作者心血造就的重要成果，需要我们倍加珍惜。

繁荣稳定的云南

“繁荣稳定”，是近年来从新闻媒体上听得最多的词语之一。

它既是对现实发展的总结，也是一种很切实际的社会理想。通俗地讲，就是能让一个时代的各民族人民安居乐业，享受到国家改革开放的成果，各种权益得到有效保障，才能真正体现“共同团结奋斗、共同繁荣发展”的时代主题。

无论从全国范围还是世界范围看，民族问题都是一个地区需要认真对待的重要问题。世界上一些地区不断出现纷争甚至燃起战火，很多时候就是和民族问题有直接关系。利益和差距，隔阂和冲突，都是引发民族矛盾的导火索。

云南作为一个多民族共居的民族大省，多年来一直保持着团结稳定的态势，为国家的边疆稳定做出了重要贡献，这是有目共睹的事实。特别是近年来国家加大对民族地区的资金投入，让各民族人民能分享到改革开放的成果，更是给云南民族地区带来了更大的发展动力和全新的面貌。

云南边疆的“繁荣稳定”，体现在各民族群众生活的方方面面。

首先繁荣一定和发展紧密相关。而民族地区如何发展繁荣，在很大程度上取决于政府的政策措施和力度。云南的少数民族除了居住在坝区的一些民族生存条件比较好之外，还有很多民族的群众居住在自然条件差的山区、河谷地带，生存条件艰难，发展受到种种限制，这是必须正视的客观存在。

在我走过的一些民族村寨，时常能听到老百姓说一句话：“这几年党的政策好，项目资金多，生活变化快。”这绝对不是套话，我不是政府官员，他们没有应付我的义务。我自己在民族地区行走的过程中，也真实地看到了这些资金所产生的具体效应。

云南大学的宋家宏教授曾经给我讲过一个小笑话，他说某次他和哈尼族作家存文学到怒江开文学方面的一个会议，走在街上时就有坐在街边的民族群众热情地跟他们打招呼，还问他们：“你们这回下来，又带了什么项目来？”

从一件小事可以感觉到“项目”这个概念在民族地区已经深入人心。而在新的发展时期，政策这个抽象的概念又往往和具体的“项目”紧紧连在一起。

政策、项目，到底给民族地区老百姓的生活带来了什么样的新变化?

考察老百姓的生活水平，物质方面不外乎体现在“衣、食、住、行”这些方面。我在每个地区的行走过程中都有意识地从这几个方面进行具体观察，希望从生活的诸多细节中去理解边疆“繁荣稳定”的具体含义，真实感受边疆的各民族群众生活中发生的变化。

各民族群众能过上丰衣足食的生活，这就是社会安定、边疆和谐的基本条件。而这个目标的实现除了来自国家政策和资金最切实际的支持外，也是很多献身民族发展进步事业的人为之努力奋斗的结果。正因为在云南“民族工作是大局”，正因为省委、省政府有着“不谋民族工作，不足以谋全局”的工作思路，正因为有无数民族工作者无私的牺牲奉献，才会有今天民族地区的繁荣稳定局面。

上下一心，共同努力，让民族团结进步之花盛开于红土高原，这就是民族工作大局中“云南现象”最生动的写照。

第三章 “云南模式”的内涵

一、“云南模式”的孕育与诞生

彩云之南有一个美丽的地方，这是对云南七彩大地诗意生存的表达。

云南是个一年四季鲜花盛开的地方，即使是十二月来到云南，北方已经是一片冰天雪地，云南照样用温情四溢的怀抱拥抱你。山茶花已经含苞初绽，野樱花灿若云霞；滇池的碧波轻轻拍打堤岸，吟唱着无声的歌谣。这个远离中原的边疆民族大省，以它独特的方式为中国宏大的版图增添着华彩，为新世纪发展进步的中国主题交响乐奏响最动人的乐章。

时间之页翻到21世纪，在党和国家政策的指引下，在四千多万各民族人民的共同努力下，云南的民族团结进步事业掀开了新的篇章。26个民族共同创造、共同维护的民族团结大业开出了和谐美丽之花，把古老的红土高原装点得更加生机盎然。“团结共谱同心曲，和谐花开彩云南”，是中央有关部门对云南民族团结进步事业的肯定和褒奖，也形象地总结描绘了云南民族工作的丰硕成果。这是一项伟大的事业，是几代民族工作者理想的心血浇灌下成长起来的一片鲜花盛开的原野。

2011年，国家民委、中央统战部、《求是》杂志联合调研组在对云南民族地区的工作、生活进行深入调研后，充分肯定云南民族工作的重要经验之一：“改革开放以来，云南省委省政府认真贯彻党的民族工作方针政策，坚持从云南实际出发，7次做出关于加强民族工作的决定，构建了一套中国特色、云南特点的民族工作模式。”①

所谓“云南模式”，既是中央有关部门领导对云南民族工作的高度褒奖，也是云南各条战线的民族工作者在长期实践中探索出的有益经验和方法。它包含了什么样的丰富内涵？有些什么值得总结的经验成果？这些问题都是我在深入生活采访中随时在思考的问题，它们引领着我的脚步去云岭大地的山山水水间寻找答案。

我走进现实中的云南大地，尝试着去采撷几朵鲜花，与您分享它的芬芳与美丽。看一看广大云南民族工作者是如何以自己脚踏实地的努力，从实践中创造提炼出广受赞誉的“云南模式”，为全国的民族工作提供了可供参考的典型范例。

水乳交融的云南各民族

民族团结是一项伟大的进步事业，它需要全社会的参与和努力，也需要有社会为之营造一个良好的民族团结的环境、氛围。从日常生

① 引自中华人民共和国财政部《云南贯彻落实〈扶持人口较少民族发展规划〉调研报告》对云南民族工作的高度评价。

活的每一个细节去实现各民族之间的三个“离不开”。这是一项全社会参与的、长期进行的工作。

作为一个民族众多的省份，民族团结的重要性怎么强调都不过分。而民族团结意识的养成并不是一朝一夕之功，是一个众多人为之长期努力的结果。

从大的社会环境看，中国的《宪法》“序言”早就明确规定：“中华人民共和国是全国各族人民共同缔造的统一的多民族国家。”《宪法》总纲第四条又规定：“中华人民共和国各民族一律平等。国家保障各少数民族的合法的权利和利益，维护和发展各民族的平等、团结、互助关系。禁止对任何民族的歧视和压迫，禁止破坏民族团结和制造民族分裂的行为。”

这一切都是中国民族团结进步事业的基本保障。

而在现实生活中则需要以更多生动形象的方式、手段来推进这一事业的健康发展。有一首名为《爱我中华》的歌就唱出了各民族人民的共同心声，也是对《宪法》中有关民族内容的形象演绎：“五十六个星座五十六枝花/五十六族兄弟姐妹是一家/五十六种语言汇成一句话/爱我中华爱我中华爱我中华。”

生动形象的歌词加上优美的旋律，把民族团结的道理化作了涓涓细流，滋润着听者的心。其中还借鉴了云南民族音乐的成分，“嘿罗嘿罗嘿罗嘿罗嘿罗嘿罗”就是云南民族民间音乐中常见的辅助吟唱。中国自古就是个重视家庭关系的国度，把各民族的关系比喻成“一家人”，从心理上拉近了彼此的关系，也表明了各民族之间水乳交融不可分割的血肉联系。

在云南的26个民族中，早已经达成了“各民族是一家”的基本共识。“一家”，意味着血缘和精神上的不可分离，也意味着现实生活中的彼此需要和互助关系。云南民族关系的和谐氛围，体现在生活的方方面面。尤其在一些多民族杂居的地区，已经形成一种彼此离不开，你中有我我中有你的亲密关系。

云南各民族在长期的相处中，已经建立了友好互助的亲密关系。并且在婚姻关系中得到生动体现，通婚就是他们彼此信任、互相依赖的重要表现。

在香格里拉藏族地区就有很多由多民族构成的家庭存在。我在采访迪庆州民委副主任陈文光时，他先是告诉我他在表格中填的民族成分是汉族。然后说他的家庭其实是个民族大家庭，因为父亲是汉族，母亲是藏族。他的妻子是白族，弟媳中有纳西族、傈僳族。所以每年他家里的节日都比较多，要过好几个民族的节日。比如春节、藏历年、傈僳族的“阔时节”……每个节日大家都一起过，一起喝酒庆祝，共享欢乐。听起来真是令人羡慕。

在西双版纳州勐腊县的边境线上有一个叫回都村的村子，虽然只有50多户人家，却由8个民族组成。而且几乎每个家庭都有3个以上的民族构成，却生活得幸福美满，亲密和谐。“多民族的幸福大家庭”在云南民族地区得到了生动的实现。

我在勐海县布朗山采访时，曾经遇到过三个布朗族姐妹。她们一起合伙开办了一家名为“布朗缘”的农家乐，姐妹共同经营。交谈中她们笑着告诉我，三姐妹嫁的男人都不是布朗族，大姐玉弯嫁了个僾尼人，二姐玉坎嫁了个布依族，三妹玉娟嫁了个汉族。大家日子都过得很和谐很幸福，生的孩子也都聪明可爱。

在云南这样的例子很多，无论城乡都有很多由多种民族组成的家庭，都过着幸福的生活。婚姻家庭中的多民族关系，其实最能体现云南民族团结的本质：平等团结、关爱互助。因为大家都是同一个大家庭的成员，这是云南民族关系最生动形象的写照。

全社会共同参与

有人会问：现实生活中云南各民族之间这种"互相离不开"的亲和关系，是怎么建立起来的？有些什么样的经验和做法？

一个最重要的经验就是：云南的民族工作是全社会共同参与的一项重要工作。民族团结的宣传教育已经做到"常态化、群众化、网络化"，成为一个重要的传统。如果追根溯源，应该是从新中国成立之初省委、省政府和民族工作部门就重视民族团结的宣传教育。尤其是《宪法》中关于民族关系的规定，让各民族人民更加明确了民族团结的重要性。在新时期新的形势下，民族团结的宣传教育依托于先进的科技手段，在更广泛的范围内展开。它不是应时应景的活动，而是一项全民共建的长期工作。

比如云南的很多民族自治地方，专门设立了"民族团结月"，每年围绕不同主题开展丰富多彩的活动，让民族团结事业深入人心。

在迪庆藏族自治州制定的《云南省迪庆藏族自治州民族团结进步条例》中，就将每年的9月和9月12日分别定为迪庆州"民族团结进步月"和"民族团结进步日"。2010年首届活动的主题为"民族团结亲如一家"，在香格里拉的独克宗广场隆重拉开序幕，除自治州各部门领导出席外，省民族事务委员会副主任曹孟良出席仪式。活动中发放了民族团结进步宣传资料，诸如《民族团结读本》《西藏读本》等方便携带的“口袋书”。州歌舞团表演了以民族团结进步为主题的文艺节目。全国各地的游客们也纷纷参与活动，汇入欢歌起舞的队列中。既增长了民族团结的知识，又亲自感受了迪庆藏族民族团结的欢乐场面。开展民族团结进步月活动，直接促进了迪庆州深入实施“和谐安州”的战略，促进了各民族和睦相处、和衷共济、和谐发展。

2016年10月，德宏州第34个民族团结月如期开展，此次团结月以“精准脱贫，决不让一个民族掉队”为主题。德宏州民族团结的经验之一就是“历届州委、州政府始终把民族工作摆在事关全局的重要位置来抓，30多年来，建立健全了民族团结进步工作长效机制”。正是在德宏州各级各部门和各民族群众的共同努力下，有长达30多年坚持不懈的奋斗，民族团结事业才开出了鲜艳的花朵，结出了丰硕的成果。走在芒市宽阔、整洁的街头，站在棕榈树浓荫的遮蔽下，安宁的生活如同一条河流诗意地流淌着。心底自然涌起“有一个美丽的地方”的优美旋律，情不自禁地会深深祝福这里的各民族人民，永远生活在幸福之中。

在云南除了自治州外，一些乡镇也会结合自己的实际情况开展类似活动。红河州开远市的小龙潭镇早在2012年11月就开展了“民族团结宣传月”活动。小龙潭镇地处开远市西北部，是一个集汉族、彝族、苗族等14个民族混居的地区。当地领导、群众已经意识到民族团结直接关系到当地政治、经济、文化等方面的发展，所以“民族团结宣传月”的基本方式，就是在各民族群众中以多种形式开展民族团结宣传教育活动。如关于民族知识的有奖问答，宣传材料的发放，表演生动活泼的文艺节目。以群众喜闻乐见的形式，达到了民族政策和知识的宣传教育效果，让“三个离不开”的思想深入人心。

通过形式多样的宣传活动，已经在各民族心里播下了团结和谐的种子，很多人都懂得一个基本的道理：只有实现了各民族的大团结，才会有一个安定和谐的社会环境，才能共同繁荣共同进步，创造出更加美丽的新生活。很多高深的理论到了老百姓那里，其实都会化成一个浅显的道理：无论哪个民族，都是兄弟姐妹，是一个大家庭的成员。

所以，在云南的各民族中，民族团结已经是一个基本常识。民族工作已经成为全社会共同的责任和义务。除了民委部门外，很多部门的工作中都包含着和民族工作有关系的内容。在一些边境村寨，“军民共建”“警民共建”民族团结事业，早已经形成一道独特的风景。在城市一些社区的服务中心，设立“民族窗口”为少数民族办事提供方便，也已经蔚然成风。民族工作的“常态化”“群众化”，是云南民族团结事业健康发展的重要基石。

而近年来随着现代科学技术的进步，民族团结事业还出现了“网络化”的倾向。

每个州（市）、县（市、区）、乡（镇），甚至一些有条件的村级组织，都开始利用网络的技术手段进行民族团结的宣传教育，文字、图片的介绍，自然风光的展现，使少数民族的历史、生活、民俗风情以更多样化的方式进入大众的视野。在增进了解、沟通交流方面，网络正发挥着它独特的优势。尤其是一些风景优美的民族地区，那些留下深刻印象的外地游客会通过网络留下自己的评价和感受。我在去怒江贡山县的丙中洛镇之前，就在网上先看了一些外地游客的旅游观感，对丙中洛的情况有了形象的了解。他们把丙中洛称为“人间天堂”“人神共居的地方”，言语间对那里的自然风光和淳朴的民风民情充满无尽留恋。

“常态化、群众化、网络化”的方式，把云南的民族团结事业推上一个新台阶。也使民族工作成为全社会共同关心的大事，每个人都在以自己的努力为民族团结之花浇水、除草，使它能绽放出美丽和谐的花朵。

民族团结从儿童抓起

在云南，民族工作的社会化还体现在传统的建立和传承上。

一些地方已经开始把“民族团结从儿童抓起”作为民族工作的内容之一，以多种多样的形式开展活动。让孩子们从小培养起民族团结的意识，长大后成为民族工作的中坚力量。这个过程也是建立、传承民族团结传统的过程，是一个长期的过程。

文山州砚山县平远镇的“田心民族学校”，就是其中的一个典型，下篇案例中将详细进行介绍。

孩子的心灵是最纯洁的，他们会在从小受到的教育中种下民族团结友爱的种子，在潜移默化中生根开花，培养起维护民族团结的自觉意识。十年、二十年后，民族团结的重任将由他们这一代人来接力，那将是一个各民族更加团结和谐的时代。

在云南的一些小学、甚至幼儿园里，“民族团结从娃娃抓起”也以各种方式生动地开展着。玉溪市元江县是个多民族地区，民族文化形态丰富多样。元江县东峨小学的少数民族学生成分比例也比较高，学校充分利用这一有利条件，在学生中分批分期学习民族舞蹈。从2009年起就先后以白族舞蹈《阿勒勒》和彝族烟盒舞《朗采合》的音乐替代了传统的课间操。镇少先队辅导员自编了节奏感强、民族特色鲜明的舞蹈，在课间时教学生跳。这一活动深受学生的喜爱，在跳舞的同时既活跃了校园气氛，又增强了对民族文化的自信心。

目前全省很多民族地区的小学都已经开始推广学习民族舞课间操，在娱乐中学习关于各民族的基本知识，在学习中健康成长。

昆明市金星社区，有一所“云南省民族团结示范学校”——金星小学。这里的学生在课间操时也在跳民族舞。比起传统课间操的动作，民族舞生动活泼，形式多样，更受学生的喜爱。昆明市官渡区幼儿园是关上中心社区民族团结进步示范教育基地。这里就曾开展过“小手拉大手”的主题活动，在老师、家长的带领下，孩子们通过文艺表演、手工艺品制作等方式开始接触、了解各民族的文化、习俗，从小开始培养民族团结的基本素质。这才是真正的“从娃娃抓起”。

在云南，“民族团结从儿童抓起”并不仅仅是一句口号，而是早已经化成实际的行动。寓教于乐，寓教于幼，这是夯实民族团结基础的有效行动。就这样通过生动多样的形式，把民族团结的传统一代代地传下去。从孩子们牙牙学语的时候开始，从学生们翻开课本的时候开始，民族团结的意识就已经如同阳光般照进了他们幼小的心灵。

中国特色、云南特点，正是云南民族工作的成功实践。

二、民族团结的坚固基石

云南作为一个多民族共居的省份，民族团结已经不仅仅是一项社会性的日常工作，更是一项关系到全民利益的伟大事业，是边疆繁荣稳定的重要基石。在民族地区深入采访时，我在切身感受民族生活的种种新变化的同时，也在思考着：什么是民族团结事业的基石？如何才能保证这一伟大事业的顺利发展，带给各族人民长治久安的幸福？这些问题只有深入社会现实，从各族群众的具体生活中才能寻找到最真实的答案。

尊重、平等是民族团结的基石

在一个文明现代的社会，人与人之间，民族与民族之间都需要尊重和平等。

美国心理学家马斯洛早在1943年就在他的专著《人类动机的理论》一书中，提出了著名的“需求层次理论”。他认为人的需求是一个由低到高的发展层次，在基本生存条件得到满足后，就会向更高的心理需求发展。其中“被爱被尊重”是人类共同的特质。

在各民族的团结事业中，尊重、平等是重要的基石。无论任何一个民族，都希望得到别人的关爱与尊重，和他人处于平等的地位。现代社会的文明意识中也包含了平等、尊重的理念。和封建传统中等级制度下的尊卑观念相比较，这是一种开放进步的思想意识。人生而平等，民族生而平等。在一个文明社会中，每个民族都有自己应该享有的合法权益，有自己发展进步的理想诉求。

在新中国成立之前，云南各少数民族深受大汉族主义和封建统治者的压迫，民族关系处于多重矛盾之中。是中国共产党平等的民族政策为各民族人民带来了新的理想和希望。60多年的发展历史表明，正是共产党坚持了“中华人民共和国各民族一律平等”的原则，并以《宪法》的形式得到保障，才使中国的56个民族第一次实现了政治上的平等诉求，体现出作为中华民族大家庭成员应有的地位和尊严。

在21世纪新的历史时期，民族之间的尊重和平等又体现出新的内涵。通过60多年来的共同努力，各民族之间政治上的平等已经实现，而经济、文化上的平等正在成为新的目标和努力方向。

采访中，一位基层干部一语道出了民族之间尊重平等的实质：让各民族群众活得有尊严，有幸福感，有理想有追求。这才是真正的平等和尊重。

这是随着时代的发展进步体现出的对“平等、尊重”概念的新诠释，体现了更高的境界和层次。也为新时期的民族工作提出了新的要求。

尊严和幸福感是联系得比较紧密的一对词语，人受到别人的尊重，权利得到保障才能活出尊严，享受到幸福感。在物质贫困的年代，吃饱穿暖就是幸福。而在21世纪这个飞速发展进步的时代，中华民族的精神正呈现出更高层次的追求。这是时代的进步，也是各民族的进步。

现实生活中云南的26个民族，都有着自己独立的历史、文化、民族风俗习惯。他们的权利是否得到保护，生活是否有保障，民族的风俗习惯是否被尊重?

各个民族因为文化、习俗上的存在诸多差异，尊重的前提之一应该是通过沟通交流，使各民族在历史、文化、生活习俗等方面达到互相理解和包容。每个民族的生活方式都是历经千百年岁月而形成的，包含了这一民族成员的理想追求、生活审美等因素。社会主义的先进文化，就是一种有包容精神的文化。各美其美，才能美美与共。

“现在的政策好”，是我在采访中听得最多的一句话。

它们出自基层干部和各民族群众之口，是他们发自内心的真实表达。而“政策好”的体现之一就是能提供一个良好的发展环境，让人追求平等、尊重的愿望得以实现。无论种地还是经商，他都能从中体会到幸福。每个人都能通过劳动得到社会的承认，得到他人的尊重，自己也从中获得一份成功的快乐。从采访对象明快的笑容中，就可以体会到他们生活的幸福感有多强烈。

事实证明，无论任何民族的个体或整体，都有得到尊重的愿望。而互相尊重是实现平等的首要条件，也是民族团结的重要基础。

物质基础是民族团结的动力

物质基础也是实现民族团结的重要保障之一。

“繁荣”和“进步”是密切相关的两个词语。所谓“繁荣”从字面上看，指草木的茂盛状，也指经济生活、物质生产的发展昌盛。在一个物质匮乏的时代，人的生存条件得不到基本保障，民族团结的实现也会面临重重困难。

我在基层采访的过程中，也慢慢从一些具体的事物中感受、体验到民族地区物质生活的新变化。一些看似简单的事物，其实蕴含着深刻的道理。

比如乡村的村道。

没下基层之前，不太懂得所谓“道路硬化”的含义。在新农村建设或民族团结进步示范区建设中，都有一项指标：乡村的道路硬化。在城里人看来，不过就是铺几条水泥路的小事，但在乡村，却是一件值得大写特书的大事。

有中国的很多乡村，多年来的生活环境都是以“自然”特色为主，包括道路大都是自然天成的泥土路面。一旦赶上雨季，乡村的道路便会泥泞不堪，行走艰难。那种艰难是生活在城市的人很难想象的。所以很多人家都备有雨靴，这在乡村将会非常适用。皮鞋、布鞋，在雨季的乡村都会面临非常尴尬的境地。很多农民干脆选择赤足，下地或行走时才能减少些麻烦。

道路硬化，就是为乡村铺设水泥路面。有的村子还修了主干道、辅道，以保证每一户农户之间进门可以脚上“不带泥”。这么一个并非奢侈的愿望，在今天的很多民族村寨都已经基本实现。包括一些比较偏远落后的村寨，也修建了水泥村道。虽然进村一看，牛羊还在屋檐下吃草、猪狗仍然卧在道上，但少了一份泥水的侵害，乡村环境也有了很大改善。

生活环境的改变，既是现代文明生活方式的要求，也代表着各民族民众美好生活理想的实现。同时也缩小了城乡之间的差别，是各民族人民“共享改革开放成果”的具体实现。

再如乡村的饮水问题。

乡村自古都是饮用井水，偏远的山区还要人担马驮。所以才会留下一句“吃水不忘挖井人”的俗语。语气中透露出对水的渴望和对帮助者的感激。

因为条件所限，乡村井水的卫生质量或多或少还会存在一些问题，比如由于泥沙多而混浊，比如水面漂着的落叶、小虫子。有的地方的所谓“井”，不过是个天然水塘，还存在人畜共饮等问题。除了条件艰苦，在一定程度上还会影响到人的身体健康。

这些情况在民族地区同样存在。而且山区情况更加严重。所以，在近年开展的“民族团结进步示范区”建设活动中，都有一项改变乡村饮用水的任务。

在我所到过的民族地区山寨中，已经基本实现了饮用自来水，每家都有一条铁质水管通到门前，人畜的饮用水已经非常方便。

在红河州红河县三村乡一个叫“下衣洞”的偏远的哈尼族山村，也实现了让村民喝上自来水的目标。有的人家甚至屋里屋外都安了水管。水牛卧在村子的巷道上，抬起头懒洋洋地看我们一眼，又低头去继续沉思默想。家庭主妇开了水管洗衣服，盆里溅起一片飞扬的水花。山村生活的安详宁静中，已经悄然增加了一些全新的内容。

还有乡村的住房问题。

在中国的乡村，建房绝对是一户农家的大事，甚至是人生的目标和理想。

近年来，在经济发达地区，房屋的建造代表着一方经济的繁荣程度。我们判断一户人家经济水准的方式之一，也同样是看他的房屋的质量，是新的两层砖房，还是低矮的传统式土墙瓦顶房？二者之间的差距是非常明显的。

但是因为经济条件所限，山区民族地区的老百姓的居所一般还是停留在“初级阶段”的状态，住房上也体现着“不平衡”性。一些先富起来的村民建起了二层钢筋水泥小楼，一些经济条件差的农家还居住在低矮的旧屋内。

从建房屋的审美上，也可以体现出少数民族对现代化生活的向往：希望住上和城里一样的小楼。建筑样式基本和城镇建筑相同。一些地方的民族民居是政府帮助修建的，也照顾了民族的审美心理，在院墙、屋顶材料上体现出民族喜爱的色彩。比如麻栗坡老山一带新建成的瑶族民居，就以鲜艳的色彩而引人注目。

我在红河县蛭玛乡牛红寨，还见到村里最漂亮的一栋小楼，村干部介绍说是村民朱莫福家新建成的。他家是一个大家庭，有十三口人，都以打工为主。这是一栋蓝色墙面的二层小洋楼，在山村青山绿水的衬映下格外醒目。三楼阳台上还搭起半层阳台，应该是一栋二层半的小楼。二楼装上了大玻璃窗，三楼有白色的围栏，整个建筑格局和城市没什么区别。而且几乎是别墅式的风格，远远看去确实是山村一道美丽的风景。

但是这里是远离城市的偏远的民族村寨，而且曾经是以乞讨而闻名的牛红寨。这栋小楼看起来就格外有深意。我很想见见朱家的人，听听他们讲讲生活的经历。但村里人说他家的人都在外面打工，因为钱都用在修房上了，得去打工挣钱。远远看去这栋小楼确实刚刚完工，场院还来不及平整，台阶下晒着些柴禾。

对一个乡村人家来说，建一栋漂亮的小楼，等于实现了一个人生的理想。然后再带着新的理想去打工、劳动、挣钱，为新的生活而努力奔走。但是无论他们走得多远，无论打工生活有多么艰辛，故乡那栋蓝色的小楼都会成为他们梦乡最美丽的风景。

乡村的村道上不时能看到牛羊的身影，会踩到牛粪，空气中散发着一股田野、炊烟、牛羊粪便混合的特殊气息。这才是农村，贴近大地最真实的存在。但那些新建的水泥楼房又给乡村带来了不一样的新变化，它们是一种生活理想的代表和象征。少数民族地区群众生活的变化，就是这样具体而又生动。

站在这里的土地上，你才真正感知到他们确实正沿着一条洒满阳光的道路，实实在在地向前进步着。随着国家各项惠民政策的落实，各民族群众不会再为资源的分配而发生争斗。他们会比谁家的房子更漂亮，谁家挣的钱最多，谁家的日子过得最和美。

物质基础的改变，为民族团结进步事业提供了重要动力。也使“共同繁荣进步”的理想一点点变为现实。虽然这个过程还比较缓慢，还需要更多人的努力，但是它却让人看到了全新的希望。

第四章 “七个率先”看创新

一、敢为人先的创新精神

具有中国特色、云南特点的“云南模式”中还体现出一种敢于创新的精神。

从历史发展的角度看，云南处于古代南方丝绸之路要道，拥有面向“三亚”、肩挑“两洋”的独特区位优势，是“一带一路”建设中的重要省份。从区位看，云南北上连接丝绸之路经济带，南下连接海上丝绸之路，是中国唯一可以同时从陆上沟通东南亚、南亚的省，并通过中东连接欧洲、非洲。

而其中所涉及的地域如德宏、西双版纳、怒江等都是民族自治州，各民族群众长期以来对外和周边国家和睦相处，对内则创造了民族团结、边疆稳定的大好局面。为“一带一路”的发展建设提供了坚实的基础。

同时也为云南民族工作提出了新的要求，需要承担起更重要的任务：带领、帮助云南的26个民族团结一心，发展进步，共同为实现美丽的中国梦想而奋斗。

只要深入到民族工作的实际中就会发现，云南的民族工作部门和广大民族工作者在实践上总是走在时代前列，不断创造出属于“全国首创”的经验，既脚踏实地，又敢为人先。云南能成为全国民族工作战线的一面旗帜，依靠的正是这种可贵的探索创新精神。云南民族工作的可贵之处就在于：站在时代的潮头，探索创新，不断进步。

因为云南多民族共居的特色，因为云南民族工作的立体和多元，每个历史阶段都会出现很多新问题，等待着民委部门的人去研究探讨，去实践中摸索实验。所以，对民族地区各项工作的深入调研，已经是云南省民委一项长期的工作和任务。经验来自于实践，创新来自于使命感的驱动。作为一个多民族的省份，云南有责任有义务为全国的民族工作探索道路，提供经验。

“七个率先”就是云南民族工作实践的总结和升华，是云南从上到下重视民族工作、不断努力创新的具体体现。它们为全国的民族工作提供了全新的模式和经验。既有鲜明的云南特色，又有可供借鉴的时代特色和中国特色，包含了无数民族工作者的心血和汗水。

二、解读“七个率先”

率先实行民族团结目标管理责任制

什么是“目标管理责任制”？

说通俗点就是每个岗位上的人都明确地知道自己的职责是什么，

自己应该做些什么，一旦出了问题应该负什么样的责任。各司其职，各理其事，形成一个科学的管理网络。云南省民宗委历来都坚持从云南民族工作实际出发，把民族工作当成全社会的大事齐抓共管，取得了很好的效果。民族团结目标管理责任制，就是他们从实际工作中探索出的一个行之有效的方法。自1999年开始实行，已经实行了十多年时间。

这种管理方法最初带有探索实践的意味，1999年省民委只是和全省16个州（市）的民委签订责任书，实行两级民委共管的责任制。第二年开始扩大范围，州（市）民委和下属县（市、区）民委签订了责任书。到第三年的2002年，民委部门又和一些协作关系密切的乡镇、街道办、工厂企业签订制作书，形成了全社会齐抓共管民族工作的运行机制。

由试行到全面铺开，一步步证明了这种新的管理机制的科学性和可行性。它的好处就是每个环节都有专人负责，每个岗位都有明确的责任目标和管理义务。

具体方法就是：“目标管理、逐级考核、标准量化、百分考评的方法。”

具体效果是：“党政动手，各尽其责，依靠群众，化解矛盾，维护稳定，做到小事不出村，不出厂矿，大事不出乡镇，矛盾不上交。”通过全社会的力量和各部门的参与，全面保证了民族团结大业的正常运行，为云南边疆的繁荣稳定创造了新的运行模式。

每年年初由省民委领导和各地州民委签订责任书，地州民委再和下面的相关部门签订责任书，形成层层关联的管理机制。期间省民委还要派出检查组到各地州进行监督检查，了解责任落实情况。一年结束时根据条款进行考核，再根据考核情况兑现奖惩。为此，省民委和各州（市）都设立了专项经费，用于管理和奖励。

在各州（市）采访的过程中，我曾经就“民族团结目标管理责任”的问题问过一些民委或者乡镇干部的态度，他们一致认为这种办法好，目标明确，责任落实到部门和具体的个人。虽然肩上的担子更重了，但从全省民族团结的大局看，却能形成一个巨大的管理网络，为民族团结的管理提供科学的运行机制。

而民族团结目标责任书的签订，形成了每个人都有责任，每个人都会负起责任的良性循环。这正是为什么多年来云南没有因为民族问题发生过重大群体性事件的原因所在。

自2011年起，根据形势发展的需要，“民族团结目标管理考核办法”中还增加了新的内容，要求各州（市）“认真做好城市民族工作和开展民族关系分析暨团结稳定形势研判”等内容和评价指标，增强了民族团结目标管理责任制的针对性和实效性。

而每次召开的全省民族工作会议期间，省民委还要召开“全省民族工作关系暨团结稳定形势研判会”，做到对全省民族工作的形势有清楚、理性的分析把握。各州（市）还根据《云南省民委系统涉及民族方面突发事件应急预案》修订了本单位的应急预案，使解决民族问题的方法措施更加完善。

参加过“全省民族工作会议”之后，我才明白云南为什么多年来能保持民族团结的大好局面，真正理解了“没有因为民族问题发生一次重大群体性事件”这句话沉沉甸甸的内涵。正是因为从上到下有一套科学的管理体系，各级各部门有那么多人各司其职努力工作，才有今天云南边疆繁荣稳定的大好局面。

率先制定民族区域自治法的地方性法规

云南是全国民族自治地方最多的省份。

全国30个民族自治州，云南就占了8个。云南全省民族自治地方共有8个自治州、29个自治县、142个民族乡，面积占全省面积的70.2%；25个少数民族中，有18个实行区域自治。是实行民族区域自治的民族最多的省份。制定健全的法规制度，使民族工作全面进入有法可依、依法办事的轨道。

单行条例内容涉及宗教管理、自然资源开发利用、旅游发展、民族文化保护等多项内容。为民族地区坚持实行依法管理和法律法规的完善提供了重要保障。特别是一些自治州、自治县制定的针对性、操作性很强的单行条例，不但丰富了云南民族法律法规体系，也对维护自治地方合法权益，推动自治地方经济社会发展起到了重要作用。

比如关于《云南省文山壮族苗族自治州丘北辣椒产业发展条例》，就让我感到很意外。为辣椒而立法？起初听到会觉得有些好笑，但经过了解之后才慢慢理解，小小的辣椒其实和丘北人的生存发展有着密切关系。为辣椒立法，其实是对人的生存发展的保护。

深入了解之后才体会到，为一个小小的辣椒而立法，体现的却是法制社会的文明进步。既有周密的产业保护措施，对生产加工也有严格的规范约束。比如《条例》第三十六条规定：“任何单位和个人不得在丘北辣椒的晾晒、烘烤、储藏、运输、加工过程中添加非食用物质和滥用食品添加剂。”这样才能使丘北辣椒的“无公害”品质得到保证，成为受消费者欢迎的“放心辣椒”。

《条例》的奖惩都很分明，实现了真正的“有法可依”。

那些初看起来似乎枯燥无味的法律法规，其实也是有人情味的，文字后面是一个丰富的世界。它们让各民族群众的权利得到保障，在法制的轨道上向着文明时代顺利前进。

率先开展免费义务教育

“读书不要钱”，听起来像是一个美丽的神话。

但在云南民族地区，却是实实在在的事实。我在香格里拉的乡村就听到当地人说过这样的话：“现在的孩子不但读书不要钱，还能领工资。”当时听了不大相信，以为是在说笑话。但当地的村民和干部都说是真的，现在的娃娃赶上了好时光，读书像上班一样。

后来才搞明白他们所说的“领工资”，是指国家每月发给在校学生的伙食费补助。一个孩子上学先是免去学费，然后国家再管吃喝，家庭就基本没有什么负担了。所以，香格里拉藏族地区的入学率基本在98%左右。当地一位干部说：“不敢说百分之百的入学率，因为藏区情况特殊，有的人到一定年龄要出家当喇嘛。但99%的入学率是能保证的。”

云南对民族教育的重视，一直都是有目共睹的。教育可以改变个体的命运，教育可以提高一个民族的素质，这已经是基本的共识。

教育对人才成长的重要性，早已经深入人心。我在一些乡村的墙上曾经见到过这样的标语：“上到初中，再去打工。”虽然简单直白了些，但却包含着深义。一个完成初中学业的人进到城市打工，具备一定的基础知识，才能更好地学习专业技术，提高生存的能力和质量。这些道理在民族地区，也已经是基本常识。

这一切和省委、省政府以及民族工作部门对教育的高度重视是分不开的。

从20世纪90年代开始，云南就率先在边境一线实行“三免费”义务教育。

所谓“三免费”指的是学生入学后免交课本费、文具费、学杂费。这些不多的费用对城市家庭来说来可能不算个问题，但对贫困地区的家庭来说却是比较大的负担。有的孩子会因为交不出这些费用而失去上学的机会。

在一个文明的社会，接受教育是每个公民的基本权利。改变民族地区的落后状况的方法有很多种，但其中教育是最基本的手段。只有人的知识增加了，受教育程度提高了，才能从根本上改变落后的面貌。毋庸讳言，政府部门承担着改变云南民族教育落后现状不可推卸的重任。自2000年以来云南省已经投入4000多万元资金，使8个边境地州、25个边境县的20多万名贫困儿童享受了免费义务教育。

“三免费”教育的直接效果，就是基本上消除了边境地区适龄儿童失学、辍学的现象。同时减轻了家庭、学校和基层组织的负担。各民族群众的眼睛是明亮的，心灵是纯洁的，他们称这项工程为“民心工程”“德政工程”。

现在云南的免费义务教育，已经由边境民族地区扩大到更多的民族聚居地方，并结出了丰硕的果实。行走在香格里拉的蓝天白云下，当地人告诉我那些最漂亮的建筑都是学校。通过实地行走，我才真正理解了藏区老百姓说的孩子上学还“领工资”的真实含义。这些措施对民族地区教育的效果非常明显。“基本没有辍学现象”“初中入学率百分之百”，是各项政策认真落实后取得的具体成果，也是许许多多人共同努力的结果。

等时间过去十年、二十年之后，教育的效果就会充分地体现出来。那些接受了义务教育成长起来的各民族孩子们，将会成为民族地区有用的人才。

希望在孩子身上，这是人类最美丽的理想。

率先实施扶持人口较少民族发展的特殊政策

“决不让一个民族掉队”，这是云南省民宗委对党中央和各民族群众的郑重承诺。尤其对其中的一些“人口较少民族”，给予了更多的关怀与温暖。

按照国家新的相关规定，人口在30万以下的民族称为“人口较少民族”。

云南25个少数民族中，“人口较少民族”共有8个，分别是：独龙族、德昂族、基诺族、怒族、阿昌族、普米族、布朗族、景颇族。这8个民族中，人口最少的是独龙族，现在还不到1万人，人口最多的是景颇族，也只有10万人左右。

也是在2005年，国家专门制定了《扶持人口较少民族发展规划（2005—2010年）》。并规定人口较少民族聚居村要在2010年达到“四通五有三达到”的考核验收标准。

所谓“四通五有三达到”，其实是对民族地区硬件设施的具体要求。四通：通路、通电、通广播电视、通电话。五有：有学校、有卫生室或卫生所、有安全饮用水、有安居房、有稳定解决温饱的基本农田或牧场。三达到：即人均粮食占有量、农民人均纯收入、九年义务教育普及率达到国家扶贫开发纲要和“两基”攻坚计划的要求。

在城市或经济发达的农村，这些都是正在或已经实现的目标。但在大部分人口较少民族生活的地区，却还是些比较奢侈的希望。很快，在国家规划出台的基础上云南结合省情实际，制定了《云南省扶持人口较少民族发展规划》。“政策力度之大、投入资金之多、覆盖范围之广，在人口较少民族发展史上前所未有。”

通路、通电、通电话、通广播电视，这些在城市生活中早已经具备的生活条件，现在终于在边疆的基诺族、布朗族、景颇族、普米族、独龙族、阿昌族、德昂族、怒族人家逐步实现。有卫生室、有安全饮用水、有安居房、有文化室、有稳定解决温饱的基本农田和经济林地的“五有”目标，则是促进各民族群众在经济、文化上发展进步的重要手段。

“扶持”这个词所体现的基本含义有“帮助、支持”之意，对那些人口较少民族来说，他们是中华多民族大家庭不可分割的成员，帮助扶持他们走上繁荣发展的道路，是各级各界不可推卸的责任和义务。试想一下，当我们的城市生活已经步入21世纪的高科技时代，享受着现代社会的一切便利条件之时，那些居于高山河谷中的民族却还生活在原始落后的生活状态之中，我们能心安吗？

我所理解的扶持，不是简单的帮扶，而是一次“跨越”性的国家行动，是为各民族群众在经济、生活条件等方面全面“提速”的重要举措。作为中华人民共和国的公民，他们有权利享受到国家改革开放的成果，过上有现代气息的文明生活。

只是短短的几年时间，扶持的效果却非常明显：人均收入提高了，十多万人摆脱贫困。粮食增加了，吃穿住行都有保障。孩子们能安心去上学，家长能安心去生产，安居乐业不再是一种奢求。

云南太大，民族太多，以我个人的能力实在不可能一一走遍。但我在采访过程中，先后到过独龙族、德昂族、景颇族、普米族、布朗族、基诺族、怒族生活的村寨。那里的发展变化都给我留下了深刻的印象。在怒江峡谷乘车行走的日子，沿江两岸不时会见到一些漂亮的村寨闪入眼帘。当地人告诉我，那就是近几年在政府帮扶下实现整村搬迁的怒族村子。他们都是从条件落后的高山上搬下来，生产生活条件有了很大改善。

“十二五”期间，云南规划筹集资金68亿元扶持8个人口较少民族，主要将实施基础设施建设、特色产业培育、民族文化发展等6项工程。新的扶持目标为：到2015年力争在人口较少民族聚居的自然村实现“五通十有”和“一减少、二达到、三提升”。

和原来的“四通五有”比较，“五通十有”又增加了新的内容：通油路、通电、通广播电视、通电话和宽带、通沼气，有安全饮用水、有安居房、有卫生厕所、有高产稳产基本农田地或增收产业、有学前教育、有卫生室、有文化室和农家书屋、有体育健身和民族文化活动场地、有办公场所、有农家超市和农资放心店。

其实其中提到的一些内容，在人口较少民族聚居地已经或正在实现。新的内容中让我比较感兴趣的是把"通宽带""学前教育""农家超市"这些内容写了进去，它们代表的是民族地区生活环境和生活质量的又一次提升和进步。

率先提出并实现了25个少数民族在省直部门都有一名厅级领导干部

全省25个少数民族在省直部门都有一名厅级干部，这是一个在全国范围内也堪称率先的创举。它所产生的影响和意义是深远的。

从2003年起，云南省采取"重点培养、小步快跑、交流使用"等措施，实现了全省人口在5000人以上的少数民族在省直机关至少有1名厅级干部的目标。这是各民族共同管理国家事务的重要标志，在全国产生了深远的影响。

有一次我到邻近的四川西昌开会，就听到当地一位干部说："你们云南的民族工作做得好，就是重视民族干部的培养，每个民族都有了自己的厅级干部。"这时我真正体会到云南民族工作的"名声远扬"。

在芒市永欠村采访时，我还意外来到了德昂族第一位厅级干部赖永良的家中。准确地说应该是他的老家，或者他弟弟的家。但赖永良90多岁的老母亲也生活在这里，这里应该是他的"根"之所在。当地村民一提起他都说他当年读书如何刻苦努力，是村里孩子的榜样，现在则是德昂人的骄傲。

主人不在家，只有几个孩子在客厅看电视，一位90多岁的老人躺在廊檐下的沙发上睡觉。一条黑狗在院子里盯着客人，还好不咬人。

同去的人开玩笑说，这条狗也是见过国家领导人的。

原来温家宝总理曾经到过赖家视察，墙上有温总理向赖家老母亲合掌问好的照片。这张照片让我凝视良久，不由心生感慨。一位共和国总理，竟然深入到遥远的边疆德昂族人家，以那么和蔼的态度那么温情的笑容向一位老人家问好。而且老人坐着，温总理站着，场面非常自然温馨。

毕业于云南民族学院汉语言文学系的赖永良，也是永欠村第一位考上大学本科的学生。毕业后曾在德宏州潞西县县委办公室、潞西县委党校工作，后来担任德宏州人大农业环保资源工作委员会工作任主任。2003年8月担任了云南省科协党组成员、副主席，是德昂族历史上的第一位厅级干部。赖永良还是德昂族研究会会长，全国人大代表。在全国人大代表会上他曾经就德昂族群众上学难、就医难的问题发出过呼吁。

每个民族都有自己的厅级干部，这在全国也是首创。我遇到的一些不同民族的群众说起这一点都表示很满意，说这是各民族在政治上平等的体现。

一位基层民族干部说得好：光在嘴上说民族平等是不行的，要有实际行动。每个民族都有自己的厅级干部，就是看得见摸得着的事实，老百姓非常欢迎！

这就是云南民族工作又一个创造性的成果。

率先颁布了规范民族团结进步的首部法规：《云南省迪庆藏族自治州民族团结进步条例》

2010年5月28日云南省第十一届人民代表大会常务委员会第十七次会议批准了《云南省迪庆藏族自治州民族团结进步条例》，自2010年7月1日起施行。为此我曾专门采访了省民委原主任格桑顿珠。

格桑顿珠说，这个条例的颁布对建构“和谐的香格里拉”、促进迪庆州的民族团结工作都将起到重要作用。作为从迪庆州走出来的领导，他对云南藏区的情况是最有发言权的。那么，这个条例的“亮点”体现在哪里呢？

格桑顿珠说，这个条例涵盖了保障平等权利、促进繁荣发展、尊重风俗习惯、维护团结稳定等内容，但是保障各民族共同发展，是条例规定的重点内容之一，比如条例明确提出，州内人口在1000人以上的民族都应配备1名以上干部担任处级领导职务。该条例的另一个亮点是将每年的9月和9月12日分别确定为迪庆州民族团结进步月和民族团结进步日，将围绕不同主题开展系列活动。为引导民族团结进步事业，这个条例还将表彰相关的模范集体和个人制度化、规范化，明确规定：州各级政府应当定期召开民族团结进步表彰大会。条例第五条规定：“州、县人民政府应当将民族团结进步事业纳入国民经济和社会发展规划，作为精神文明建设和公民道德建设的重要内容。”

让民族团结事业“制度化”和“规范化”，正是这个条例的意义所在。我在迪庆藏自治州采访时，也多次听到当地的干部群众说起对这个条例的感受。

藏族群众说："这个条例很好，它让民族团结事业更有保障了。"

民委干部说："民族工作有法可依了，今后开展工作起来会更便利。"

一位外地游客说："听说这里每年都要搞民族团结进步月和进步日的活动，像过节一样热闹呢！以后有时间还要来香格里拉旅游，而且要专门选在搞活动的时候来。"

提起迪庆，更多的人想起的是香格里拉，浓郁的藏族风情，世外桃源一般的美丽景色。作为一名旅游者，他所关心的是将独特的风景和风情纳入眼中。而作为长期生活在这里的各民族群众，更关心的却是社会的长治久安，生活的平安幸福。作为这里的党政部门，思考的却是如何把迪庆建成"全国最好藏区之一"和"全国藏区跨越发展、长治久安示范区"的重大问题。正是有来自各方面的共同理想和愿望，才会有这一重要条例的诞生。

除了这部全国首创的《云南省迪庆藏族自治州民族团结进步条例》外，2011年9月11日，迪庆州还颁布了全国首例《藏传佛教寺院管理条例》，对深化寺院法制宣传教育，开展平安和谐寺院创建活动，建立寺院管理长效机制起到了良好的效果。在松赞林寺景区管委会，常务副局长李向勇给我介绍了宗教管理方面的情况。他说管委会成立于2007年，是全国第一家管理藏传佛教的机构。既是加强管理，也是新对藏区宗教工作的新探索。表面看来不过是个管理机构，其实这里是宗教工作的前沿。李局长打了个比方，如同村民小组面对的是村民，我们直接面对的是僧人和寺院。

从他的谈话中我渐渐明白，这个管委会既是管理机构也是一个特殊的服务机构。那些身着红袍的僧人，他们既是神的使者，同时也是生活在尘世的国家公民。管委会的任务之一，就是要让僧人作为公民的权利义务得到保障。所以管委会要给他们买“五险一金”，还要为他们接受教育提供条件，在善法学校里他们要学习藏文，基础汉文，还要学习政治、时事，佛学经典。相当于世俗中的“义务教育”。

僧人居住的地方，要做到通水、电、路，环境卫生要有专人管理。管委会还要考虑僧人的经济收入，为他们改善生活条件提供保证。比如“以寺养寺”的资金来自于寺院门票收入的一半，让僧人能从中受益。有的僧人每年可以有七八千元的收入，不但养自己还可以为他的家人提供些帮助，解决他的后顾之忧。

包括松赞林寺相邻周边村子的两百多户人家，管委会也要考虑他们的利益，解决一些村民的就业问题。有的人招进来做保安，有的做环卫人员，既保证了民生，也改善了他们和寺院的关系，是一举两得的好事。

了解了这些复杂的情况后，我开始理解李副局长脸上那一丝凝重的表情。如同他说的，这份工作责任重大，好像坐在火山口上，责任大压力也大。最后他笑着说：“当然我们都在努力，为藏族的平安和谐出力是应该的。2009年管委会就被评为‘香格里拉县综合治稳暨平安创建活动先进单位’，这就是上级和社会对管委会工作的承认和肯定。”

在香格里拉建塘镇，有一个有名的“月光广场”，每天傍晚都有很多当地群众在此欢歌起舞，其间还会有一些来自全国各地的游客参与其中。站在广场上，举头看着晚霞染红的天边，再看看身边手拉手轻歌曼舞的人群，感觉这就是对条例的最好注解。

平安、和谐、幸福，团结进步，这是对香格里拉现实生活的真实写照。

率先制定了《创建全国民族团结进步示范区的“十三五”规划》

以上我在民族地区所感受到的，都是“十一五”“十二五”以来的民族地区的发展成果，它们带给人欣喜的感觉。但是如果以清醒的态度观照云南民族地区的情况，还应该看到成果后面不可忽视的发展差距和存在的问题。

所以为了云南各民族群众的发展进步，在国家“十二五”规划的基础上，云南省人民政府率先制定了《创建全国民族团结进步示范区的“十三五”规划》，为下一个五年提出更高要求，实现更让人鼓舞的发展目标。

“十二五”规划表明，5年中云南拟投入728亿元，完成8项主要任务，实施8大重点工程56个具体项目，确保到“十二五”末，云南少数民族和民族地区经济社会发展迈上5个大台阶，把云南建设成为“我国民族团结进步边疆繁荣稳定示范区”。

这一规划是科学发展观的重要体现，体现了“坚持以人为本，全面、协调、可持续的发展观，促进经济社会协调发展和人的全面发展”。

我所理解的“以人为本”，在云南就是要把各民族人民的利益放在首位，不断满足人们物质和精神方面的需求，促进人的全面发展。所谓“全面”，体现的是发展的系统性和完整性，是文明精神在不同领域的实现。

“协调”则是统筹城乡协调发展，各个领域和范畴都是发展的一盘棋，有着不可分割的内在联系。“可持续”直接推动的整个社会走上一长生产发展、生活富裕、生态良好的文明发展道路。

云南的民族工作取得了可喜的成绩，但更可喜的是政策制定者身上体现出的理智、清醒的态度。并没有因为取得的成绩而沾沾自喜，而是以制定规划的方式为民族地区的发展画出更美丽的发展蓝图。

“十三五”规划中明确提出：“坚持和完善民族区域自治制度，坚定不移执行党和民族政策，充分发挥各民族在创建全国民族团结进步示范区中的主体作用，切实加强和改进新形势下的民族工作，把发展作为解决民族问题的根本途径，坚持建设小康同步、公共服务同质、法治保障同权、民族团结同心、社会和谐同创，以团结促进步，以进步筑牢团结纽带，促进全省民族和谐，共同富裕。”

“十三五”规划中分别从构筑民族共有精神家园、推动民族地区加快发展、弘扬和传承优秀民族文化，建立健全维护民族团结的长效机制等方面对创建全国民族团结进步示范区进行了科学规划。

这一切，让人民对“十三五”规划的结果更加充满期待。

“七个率先”是云南民族工作大胆创新、勇于探索的具体体现，它们是结合云南民族工作实际探索出的成功经验，对云南民族地区的发展建设起到了重要的促进作用。所以新中国成立六十多年来，云南虽然民族众多，却没有发生过一起因民族问题引发的重大群体性事件，为边疆的繁荣稳定做出了重要贡献。保持了民族团结、边疆稳定、经济发展、社会进步、各族群众生活不断改善的良好局面。

第五章　建设民族团结进步示范区

一、责任和使命

历史赋予的伟大使命

习近平总书记在考察云南工作时，对云南的发展建设非常关心。他要求云南要努力成为我国民族团结进步示范区、生态文明建设排头兵、面向南亚东南亚辐射中心，“三个定位”战略目标是总书记对云南发展问题进行深入考察调研后得出的科学结论，既明确了云南在国家发展全局中的战略地位，又指明了云南发展的特殊道路。所以，把云南建设成为我国民族团结进步示范区，是总书记交给云南的一项重大政治任务，是党中央、国务院站在全国民族团结进步事业发展大局的高度做出的一项重大战略部署，凝聚了云南4700万各族人民共同的期盼。

在民族工作这一特殊领域，云南敢为人先，开拓进取，取得了令人瞩目的成绩。“云南现象”“云南模式”“云南经验”等概念的提出，意味着云南民族工作已经被历史地推到了前台，将赋予云南重要的责任和使命。

早在2011年 5月6日，国务院就批准出台了《国务院关于支持云南省加快建设面向西南开放重要桥头堡的意见》，提出把云南建设成为“我国民族团结进步、边疆繁荣稳定的示范区”的战略定位。建设示范区是实施桥头堡重大战略的重要载体，是桥头堡建设的五大战略定位之一，它拉开了云南示范建设的帷幄。

示范，意味着要为全国的民族做出榜样，提供学习借鉴的经验和事迹。

示范，也意味着云南多年来在各民族团结进步、边疆繁荣稳定方面所做的努力得到了国家的肯定和重视，其中的经验、模式经过实践的检验已经升华为可资借鉴的典范。这是云南民族工作的骄傲，也是一种沉甸甸的责任和使命。

云南虽然地处边疆，但是在民族工作领域却一直保持着优良的传统、领先的态势，无论是新中国成立之初，还是改革开放的新时期，云南民族工作部门都坚持民族理论与民族工作实践相结合，在探索中前进，在实践中不断总结经验和方法。它们是几代民族工作者心血和汗水的结晶，也印证着云南各民族团结进步的历史足迹。

把云南设成为“我国民族团结进步、边疆繁荣稳定的示范区”，是新时期党和国家对云南民族工作提出的新的高度，确立的新的奋斗目标。

在云南，民族工作一向都是全社会的大局，是各级部门齐抓共管的重要任务。这次的“示范建设”也是如此，国务院的“意见”出台后，对云南的民族工作将起到重要的促进作用，省委、省政府高度重视，一系列紧锣密鼓的行动把云南的示范区建设推到前台：

省委、省政府很快发布了《关于建设民族团结进步边疆繁荣稳定示范区的意见》，决定以“示范区”建设为云南省民族工作的总目标，以“十个示范”为“示范区”建设的灵魂和核心。

中共云南省委第八届十一次全会把“立足云南，服务全国，建设民族团结进步、边疆繁荣稳定的示范区”作为总目标。国家民委和云南省政府在北京签署《国家民族事务委员会　云南省人民政府关于建设民族团结进步、边疆繁荣稳定示范区的合作协议》，这是云南民族工作的一块里程碑，具有重要的时代意义。

2012年5月25日，中共云南省第九届委员会第三次全体会议通过《关于建设民族团结进步边疆繁荣稳定示范区的决议》。

7月19日，云南省建设民族团结进步边疆繁荣稳定示范区动员大会在昆明隆重召开，这次大会的意义非同寻常，它既是一次全省的动员大会，也是示范区建设全面启动的标志。

示范区建设的启动，犹如一阵春风吹过云岭高原，为云南各民族人民带来新的发展希望，也是云南民族工作的新起点。它代表着云南民族工作的各个方面都要走在全国的前列，到2015年，示范区建设要取得明显成效；到2020年，要在十个方面全面建成示范区，实现“三个跨越”：少数民族和民族地区发展实现新跨越，民族团结进步事业实现新跨越，边疆繁荣开放实现新跨越。

一位在基层多年从事民族工作的干部在交谈中曾经很感慨地对我说，这些年民族政策已经很好了，给民族地区群众的生活带来了很多具体实在的变化，如果到2020年示范区建设全面实现后，那应该又是一番值得期待的全新景象啊！

更重要的是，示范区建设不仅仅为云南各民族的生活带来新变化，还要为全国的民族工作做出示范，探索出新的经验和模式。这是云南民族工作义不容辞的责任和使命。为确保示范区建设卓有成效地开展，中共云南省委、省人民政府适时制定了《云南建设我国民族团结进步示范区规划（2016—2020年）》。

示范区建设深入人心

云南示范区建设的大幕已经拉开。

从昆明到边疆的民族村寨，各项工作有条不紊地开展。从民族地区的基础设施到各项民生工程，都在紧张有序地进行着。一批批示范村寨以全新的面貌出现，从房屋外观到生活环境，从生产结构到产业调整，从人的物质生活到精神生活，一切都在发生变化。

示范区建设，带给各民族人民的是美好生活的理想和希望。

中国梦不再仅仅只是梦想，而是真实具体地实现着。我在采访过程中，从雪域高原到怒江峡谷，从大理洱海之滨到丽江坝子，从奔腾的红河之畔到秀美的文山大地，看见了那么多村寨的新面貌，感受了那么多民族群众脱贫致富后的新生活。示范区建设的成果实实在在地进入我的视野，带给我无尽的感慨与喜悦。

但是对整个社会而言，并不是每一个人都对示范区建设的意义、过程、成果有清楚的了解。示范区建设的宣传力度还需要加强，通过网络等新媒体的宣传让更多的人关心、参与到示范区建设中来，为云南的美好明天而努力和自豪。让示范区建设深入人心，家喻户晓，成为云南人生活中的一件大事。

只要用心去找会发现，在云南各地州（市）、县（市、区）的网络中，都有关于示范区建设的新闻和动态。各种形式的创造、探索也让人耳目一新。比如文山州马关县在创建活动中就很有特色，创造了“干群共建”“企村共建”“军警民共建”“村户共建”等方式，把示范区建设变成全社会共同参与的工作。

地处祖国边关的麻栗坡县，在示范区建设中也在努力突出自己的特色和亮点，开展了“四项活动”：它们分别是“面对面·血肉情”活动，融洽党和各民族群众的血肉联系；“手拉手·兄弟情”活动，促进各民族间的相互融合交流；“心连心·鱼水情”活动，密切各民族群众的党群和干群关系；“肩并肩·爱国情”活动，激发各民族人民守土固边的爱国热情。

宣传形式和方法的丰富多彩，使“民族团结进步边疆繁荣稳定”示范区建设活动深入到各民族群众心里，再化为实际行动，共同为实现这一伟大的目标而共同奋斗。

二、“实验田”与中国梦

示范区建设是全国民族工作的“实验田”

云南的“民族团结进步、边疆繁荣稳定”，早已经是有目共睹的事实，26个民族共同生活在广袤的红土高原，守卫着国家漫长的边境线，谱写了一曲共同团结奋斗共同繁荣进步的时代赞歌。所以，云南有责任和义务为全国的民族团结工作做出示范。

2013年4月，新上任的国家民委主任王正伟率国家民委调研组来到云南，先后到文山壮族苗族自治州、红河哈尼族彝族自治州、大理白族自治州、丽江市等地调研，对云南的民族工作做了指示，提出“要加快民族团结进步、边疆繁荣稳定示范区建设步伐，结合云南实际，积极探索民族工作有效途径，完善体制机制，巩固和发展民族团结良好局面”。

王正伟4月12日在“云南民族工作调研座谈会”上的讲话中再次对云南的示范区建设的意义给予高度肯定，指出：“建设民族团结进步、边疆繁荣稳定示范区，是中央交给云南的光荣使命，是云南发展的重要机遇”；“把云南示范区建设好，不仅是云南的大事，也是全国民族工作的大事”。

王正伟主任对云南的民族工作给予了高度肯定和评价：“在民族工作上，云南历来是出成绩、出经验、出理论的地方。示范区建设，体现了云南民族工作‘敢为天下先’的精神。这项工作刚刚起步，是一个全新的探索，一定意义上是‘试验田’。我们要共同调查研究，不断总结提炼，努力把实践转化为经验，把经验升华为理论，让这块‘试验田’发挥更大的作用。”

王正伟主任的讲话，是对云南示范区建设的支持和鼓励，也揭示了云南民族工作示范区建设的性质——“实验田”，它的作用就是要做到“把实践转化为经验，把经验升华为理论”，为全国的民族工作提供可资学习借鉴的经验和理论。

所以云南的示范区建设在思路和实施步骤上体现了探索的精神，

在不同阶段设置了具体的目标和任务。主要目标是在“民族经济发展、民生改善保障、民族文化繁荣、民族教育振兴、生态文明建设、民族干部培养、民族法制建设、民族理论研究、民族工作创新、民族关系和谐”一共十大方面为全国民族工作做出示范。计划在2015年取得明显成效，到2020年全面建成“民族团结进步边疆繁荣稳定示范区”。

全面建成后的示范区，具体体现在三个方面实现新的跨越——“民族地区发展、民族团结进步事业、边疆繁荣开发”。每一个跨越都是一个梦想的实现，犹如三个阶梯，顺序而上，最终实现各民族共同繁荣进步的伟大理想。

梦想描绘起来很激动人心，但具体的工作还需要从上到下很多人的共同实践和探索。

在2013年全省民族工作会议上我听到了对2020年的远景描绘：民族地区要实现“翻两番、增三倍、促跨越、奔小康”的目标。在一系列的数字后面，一个美丽幸福、稳定和谐的新边疆正在建设之中。它的远景如同东方初升的太阳，充满了新鲜的生命活力，闪烁着希望的光芒。

“中国梦是人民的梦”

“中国梦”是一个被频频提起的话题，也是新的中国领导集体政治理想的集中表现，为各民族的发展进步带来了新的希望。

什么是中国梦？

2012年11月29日，中共中央总书记、国家主席、中央军委主席习近平和中央政治局常委李克强、张德江、俞正声、刘云山、王岐山、张高丽等来到国家博物馆，参观《复兴之路》基本陈列，回顾近代以来中国人民为实现民族复兴走过的历史进程，号召全党同志承前启后、继往开来，把我们的党建设好，团结全体中华儿女把我们国家建设好，把我们民族发展好，继续朝着中华民族伟大复兴的目标奋勇前进。

习近平总书记深情地说："我坚信，到中国共产党成立100年时全面建成小康社会的目标一定能实现，到新中国成立100年时建成富强民主文明和谐的社会主义现代化国家的目标一定能实现，中华民族伟大复兴的梦想一定能实现。"

2013年3月17日，习近平总书记在十二届全国人大一次会议闭幕式的讲话中，谈到了他所理解的"中国梦"，他说："实现全面建成小康社会、建成富强民主文明和谐的社会主义现代化国家的奋斗目标，实现中华民族伟大复兴的中国梦，就是要实现国家富强、民族振兴、人民幸福，既深深体现了今天中国人的理想，也深深反映了我们先人们不懈奋斗追求进步的光荣传统。"

"中国梦"的本质内涵是实现国家富强、民族复兴、人民幸福、社会和谐。当代中国所处的发展阶段，决定了全面建成小康社会是"中国梦"的根本要求。所以习近平总结说："中国梦归根到底是人民的梦，必须紧紧依靠人民来实现，必须不断为人民造福。"

要在2020年实现少数民族地区全面建成小康社会的"幸福梦"，与习近平总书记讲的"中国梦"的追求是一致的，它们都是远大理想的具体实现。

一个人要有梦想，才能飞翔。一个国家和民族，也要有自己的梦想，才能实现复兴的大业。梦想是发展的目标和方向，而深化改革开放，推动科学发展，才能不断夯实实现中国梦的物质文化基础。云南的示范区建设，就是从物质文化的角度全面提升民族地区发展进步的重要举措。它所产生的效果非常明显，它所带来的远景也非常诱人，让人看到了边疆繁荣发展、各民族共同进步的梦想正在化为实现。

以红河哈尼族彝族自治州为例，这是一个民族众多、物质基础薄弱的地区。它的特点可以概括为“多山区、多民族、贫困深、边境线长、原战区、区域发展不平衡”。全州3.29万平方公里的面积上，就有2.8万平方公里是山区。所谓山区，意味着山高坡陡，贫穷落后，自然的客观条件无形而又无情地制约着它的发展。各民族群众对改变落后现状，实现现代化的理想渴求也就更加迫切。

红河州的措施之一是加大特殊地区的综合扶贫开发工程，以经济发展来带动民族团结和地区稳定。比如红河州红河县的垤玛、三村地区，以前一直是民族工作的“热点”和“难点”地区，现在采取综合扶贫的措施后，两年左右的时间共投入各项资金1.2亿元，以“解决和巩固温饱、加快脱贫致富步伐”为主题的扶贫活动全面展开，取得了良好的效果。目前全州建设民族团结进步示范点68个，对做好全州的民族团结稳定工作，起到了积极的示范带头作用。

具体效果还是得用数字来说话，“十一五”期间，红河州的生产总值突破了600亿大关，是“十五”的2.5倍。人均生产总值已经达到2000美元以上。虽然从全州范围看，民族地区还存在基础设施薄弱、发展不平衡的状态，但是从示范区建设的角度看，它让各民族群众看到了发展的希望，看到了党和政府的决心和信心。从上到下都在为实现中国梦而努力奋斗着，未来是光明和美好的，这就是最好的“示范”。

“十二五”期间，又有了新的进步，是综合实力迈上新台阶的5年。全州生产总值突破千亿元大关，预计年均增长11.7%。人均生产总值达26365元，年均增长10.4%。地方一般公共财政预算收入比“十一五”末翻了一番，年均增长15%。这是社会保持和谐稳定的5年，民族团结进步边疆繁荣稳定示范州建设深入开展，各族人民的生活质量得到大幅度提高。

在“十三五”期间，红河州的目标任务是：促进各民族和谐发展。大力推进民族团结进步边疆繁荣稳定示范州建设，完善民族团结目标管理，巩固少数民族和民族地区经济发展基础。同时要实施“十大示范”工程和改善沿边群众生产生活条件三年行动计划，加大特困民族和人口较少民族扶持力度。深入开展爱民固边、双拥共建等活动。

从上面的一组组数据中，可以感受到红河州前进的步伐在不断加大。

说到底，中国梦是人民的梦。从中央到基层，都在为梦想的实现而努力奋斗，这是我们这个时代的共同追求。

带领各民族人民共同团结奋斗，走共同繁荣富强之路，实现国家民族和个人的幸福梦想，这就是以习近平同志为核心的党中央对中国人民做出的庄严承诺。现在距离中国共产党成立100周年的2021年，还有4年时间。云南全面建成民族团进步结示范区的时间是2020年，正好是对中国共产党成立一百周年的一份重要献礼，是中国梦的具体实现。

所以，云南示范区建设任重而道远，光荣而意义重大。

无数的人们正在为这个远大目标的实现努力工作着。

三、示范区创建在行动

示范区创建涌春潮

下到基层才深深地体会到，民族团结进步示范区建设在行动。从省民宗委到各个州（市），有一股涌动的春潮，在激励着人们的心灵，催动着无数的人脚步去奋战，去努力，为建设民族地区的新生活而拼搏着。

几乎每一个州（市）各民族的生活都发生着变化，共同发展、进步已经是一个时代不变的主题。这是任何一个时代的统治者都不曾实现的梦想，也是各民族群众祖祖辈辈祈盼的美好理想的具体实现。26个民族在同一片热土上团结、进步，创造稳定和谐的社会，如同一个大家庭的成员那样和睦相处，共同实现着物质、精神的全面跨越。如云南省社科院副院长、纳西族学者杨福泉在一次访谈节目中所言："从'三大跨越'看得出，云南如果朝着这个方面走，不仅会成为中国的示范区，而且是提供给世界的示范区。"[①]

作为多民族共居的地区，云南为各民族的发展进步所做的努力是

① 见云南省委宣传部，云南省民族事务委员会和云南网共同举办的"云南建设民族团结进步边疆繁荣稳定示范区网上系列访谈"第一期。

世界所瞩目的。党中央国务院把云南作为民族团结进步边疆繁荣稳定的示范区，也是对云南的高度信任和鼓励。所以在我看来示范区建设相当于云南民族地区的“第三次解放”。第一次是新中国成立时各民族实现了政治上的解放，第二次是改革开放时期经济和生产力上的解放，现在的第三次“解放”则是全面提升民族地区综合实力，朝着更美好的未来迈进的解放。

我在行走中到过的很多地方，都能切身地感受到第三次“解放”带来的成果和希望。示范区建设更是为民族山村带来了前所未有的新变化。

示范区建设是民族地区发展的重要契机，是一股强劲的东风。

示范区建设，还意味着各种项目的进入，它们和群众的生活息息相关。项目实施的过程，也是锻炼民族聚居村基层干部组织能力的过程，是凝聚人心的过程。一位民族村子的村干部曾经告诉我，没有项目以前干部好当，工作比较简单。现在项目多了，需要操心的事也多，要和各种部门各种人打交道，太锻炼人了！当然，老百姓对我们更信任更热情了，因为我们的工作都是实实在在的，可以看到具体的变化和效果。今天路修好了，明天房子建起来了，有时候上级部门还会把树苗、小猪都亲自送到村里来。

云南的示范区建设，先是在云南本土的各民族群众中起到重要的示范作用，让他们看到了党和政府落实民族政策、带领导各民族共同繁荣进步的决心和信心，激发出把云南建设成美丽富饶的多民族故乡的热情。然后才是走向全国，为全国的民族工作、民族理论研究提供丰富的经验和相关的模式。这是云南民族工作的责任和骄傲。

我们在努力着，生活在变化着。这就是示范区建设的动力。

“十县百乡千村万户示范点创建工程”在行动

什么是“十县百乡千村万户示范点创建工程”？

这是加快示范区建设的一个新举措，也可以说是示范之中的示范。省民委文宣处副处长资铁介绍说，2013年7月23日云南省长李纪恒、副省长尹建业率省直有关部门的负责人，就云南省民族团结进步边疆繁荣稳定示范建设进行了专题调研，召开了专题会议。正是在这次会议上，对云南的民族团结进步示范区建设提出了新的目标和要求。

这次会议做出了一个重要的决定：在“3121工程”的基础上，启动实施“十县百乡千村万户示范点创建工程”三年行动计划。坚持“共建共享”原则，充分发扬基层干部和各族群众的首创精神，通过三年努力后，将打造一批类型多样、各具特色、具有标杆性的示范典型，为全省示范区建设探索经验，形成以点串线、以线连片、以片带面的示范区创建格局。

落实任务中的三个“早”字，把这项任务的迫切性体现了出来：省民委在相关文件中要求各级各部门，要做到“任务早明确、资金早下达、项目早实施、群众早受益”。

三年，1095个日子，它承载着云南民族工作全新的目标和希望。

这个工程的目标是：力争通过3年努力，到2015年试点县GDP和农民人均纯收入与2011年相比实现倍增，增长率高于全省平均水平，率先达到示范区建设目标。

我看到很多熟悉的乡村名字出现在这个宏伟工程的名单上，为它们即将开始的目标和奋斗而高兴。十县、百乡、千村、万户，理想和希望的光芒覆盖了云南红土高原的千家万户。一个个村寨如同星星如同火苗，将会在辛勤的劳动创造中迎来一个全新的明天。

为这了项工程的实施，有许多人在努力工作着。

一位省民委领导说过：建设示范区是一项开创性的工作，没有现成的模式和经验可借鉴。只有把党的民族政策和云南省情相结合，到实践去探索民族工作的新路子。这个工程所起的作用就是“突出重点，以点带面”，所以具体做法就是“上下联动，整体推进”。

虽然任务艰巨，时间紧迫，但对有着优秀传统的云南民族工作部门来说，上级的指示、各民族群众的需要就是出征的号角。一旦目标确定之后，一系列的行动很快就会展开。

调查研究，是决策的重要前提。云南省民族工作系统的优秀传统之一，就是每当有民族工作的重大决策出台之时，都会及时下到基层、深入实际，把民族工作的理论和实践紧密结合起来。从一把手到各位分管领导，以及相关的各部门，都是全力投入到示范建设的全面推进中去。身先士卒，勇作表率，想各民族群众之所想，急各民族群众之所急。这也应该是值得总结推广的云南民族工作的“云南经验”之一。

民族团结进步示范区建设，是新世纪云南省民族工作的全新内容，是历史赋予云南民族工作的重要使命。也是云南各民族群众发展进步的重要阶梯，它引领着26个民族向着更美好的明天努力前进。也为全国的民族工作做出重要的表率。

在省委、省政府的高度重视下，在各州市的共同努力下，第一轮“十县百乡千村万户示范点创建工程”三年行动计划（2013—2015年）进展顺利，已经全面实施完成。2016年又开始实行启动实施第二轮“十县百乡千村万户示范点创建工程”三年行动计划（2016—2018年）。

示范区建设稳步前进

十八大以来，以习近平同志为核心的党中央对新形势下民族工作提出一系列新理念新思想新战略，为推进民族团结进步事业指明了方向。云南各地各部门认真贯彻落实，民族团结进步创建工作取得显著成效，巩固发展了各民族和睦相处、和衷共济、和谐发展的良好局面，体现了社会主义制度的优越性。

为了更好地开展民族团结进步示范区建设，为全国做出表率，云南省民宗委还专门成立了“示范创建处”，它的工作任务非常明确，就是组织开展民族团结进步边疆繁荣稳定示范区建设重大问题的调研分析并提出政策建议；负责拟定示范创建规划和项目计划；督促检查示范项目建设，总结、推广、宣传示范创建经验；承担云南省民族团结进步边疆繁荣稳定示范区建设领导小组办公室的日常工作；拟定并实施好年度项目资金计划。

开展民族团结进步示范区建设是中国特色解决民族问题正确道路的重要组成部分，对于增强中华民族凝聚力向心力意义重大。“中华民族一家亲、同心共筑中国梦”是发展的总目标，云南的民族工作有着立体多元的特色，工作方法多种多样。近几年来，主要是与推动民族地区发展相结合，精准帮扶、政策倾斜，增强自我发展能力，加快脱贫致富奔小康步伐。

少数民族和民族地区的教育、医疗、就业等民生，推进基本公共服务逐步均等化，让各族群众得实惠，才能做到心连心，共同进步。

民族团结进步示范区建设，就像云南特有的山茶花，是报春的使者，也装点着春天的美丽景色，为红土高原带来欣欣向荣的美好前景。

期待看到更多的阶段性成果，更向往着2020年示范区建设全面实现后给民族地区带来的全新变化。祝愿云南成为一块高产丰收的试验田，为中国梦的实现提供更多的经验和成果。

第六章　干部队伍是民族工作的瑰宝

一、民族干部是民族工作之宝

优良传统

在新中国成立、建设、发展的历程中，作为执政党的共产党一直非常重视民族干部队伍的培养。老一辈革命家甚至在战争年代，也一直关注着民族干部的成长问题。延安时期就曾经建立了专门培养民族干部的“延安民族学院”（中央民族大学的前身），为民族干部提供了重要的成长摇篮。

毛泽东主席1949年11月14日在《关于大量吸收和培养少数民族干部的电报》中指出：“要彻底解决民族问题，完全孤立民族反动派，没有大批少数民族出身的共产主义干部，是不可能的。”

1950年6月6日在《不要四面出击》中他再次指出：“我们一定要帮助少数民族训练他们自己的干部，团结少数民族的广大群众。”

周恩来总理1950年6月26日在《关于西北地区的民族工作》一文

中指出：“培养少数民族干部是今后的一项重要任务。有关各省应积极创办干部学校，汉族学生应把学习少数民族的语言文字作为必修课程。要把这件事当作一项政治任务来完成。”

1956年5月30日在《不信教和信教的要互相尊重》一文中他又指出：“自治机关主要应该由少数民族自己的干部组成，靠少数民族自己的干部去办事，不然就搞不好。多办学校，才能提高少数民族干部的水平。”

邓小平同志1981年8月16日在视察新疆时的谈话中指出：要树立一个选拔民族干部的标准，注意培养和选拔少数民族干部。干部问题具有极端重要性，少数民族地区工作能不能搞好，关键是干部问题。对思想作风正派，坚决维护祖国统一和民族团结，又有突出工作表现和一定资历的同志要大胆提上来，甚至放到很高的领导位置上来。

1990年9月，江泽民同志在新疆考察工作时提出了有名的“三个离不开”的重要思想：汉族离不开少数民族，少数民族离不开汉族，各少数民族之间也相互离不开。

2007年9月，胡锦涛同志来云南视察工作时，专程前往楚雄州调研民族工作，看望姚安地震灾区人民。他在考察结束听取省委汇报时强调：要认真总结和不断探索推进党的建设的好思路、好做法，进一步加强高素质干部队伍建设，重视培养选拔少数民族干部。

2010年10月21日，习近平同志在北京出席中央党校西藏民族干部培训班创办30周年座谈会并讲话。他说：“建设一支能够担当重任、经得起风浪考验的高素质的各族干部与人才队伍，尤其是大力培养和造就一大批德才兼备的少数民族优秀干部，是更快更好推动民族地区经济发展与社会进步的关键性因素。”

……

由此可以看出中央几代领导人对培养民族干部的高度重视，已经建立了严密的思想体系，形成优良的革命传统。从战争年代到和平时期，从思想重视到组织措施都有明确的轨迹可寻，为民族干部的成长可谓费尽心力。而且他们都是把民族干部的培养提升到国家稳定、发展、进步的重要基础这一高度来认真对待。

云南作为民族大省，从新中国成立之初就继承发扬了中国共产党重视、培养民族干部的优良传统。成立于1951年的云南民族学院，最初就是一所专门培养民族干部的学校。云南最早的一批批各民族干部从这里起程奔赴边疆民族地区，为云南的民主建政、土地改革等各项事业做出了重要贡献。当时中共云南省委组织的第一、第二民族工作队的主要力量就来自于云南民族学院的师生。

曾任担任云南省主要领导的彝族书记普朝柱、纳西族省长和志强，曾经担任云南省副省长的傣族干部刀国栋，曾经担任云南省人大常委会主任的彝族女干部李桂英……他们都是在新中国民族政策关怀下成长起来的第一代云南民族干部。

在民族干部的培养、使用上，历届省委、省政府除了高度重视，都有一套完整细致的工作方法和措施。尤其在新的经济建设时期，通过长期的实践、探索，已经建立起了少数民族干部培养选拔的科学体系。

比如从1988年开始，云南的11所高校分别开办了少数民族干部专科班。

从1990年开始，中共云南省委组织部、统战部和省民委每年都组织县处级干部到省级机关挂职锻炼，外出考察学习和开展短期培训。还选派一些少数民族干部到中央国家机关和沿海经济发达地区挂职锻炼。2013年为了支持云南的示范区建设，云南省选派干部到中央国家机关、中直企业和上海挂职锻炼的名额分配比上一年增加了5名。全省选派干部挂职锻炼共有22个名额，其中有12名干部将到中央国家机关和中直企业挂职，有10名将到上海挂职。

挂职干部这一举措，开创了新时期培养少数民族干部的一条新途径。也是促进民族地区经济发展的重要举措。云南作为边疆民族大省，从中得到的益处更是显而易见。民族地区的干部通过到中央单位或发达地区挂职，开阔了视野，增长了见识，对其综合素质的提高有很大帮助。他们将在边疆的发展建设中做出新的贡献。

新时期的新举措

民族干部是民族工作之宝，在云南的各级领导那里已经是基本的共识。他们是在党和政府与各民族群众之间架设桥梁的人，是党的民族政策能得到具体落实的实施者。也是各民族政治地位提高，共同参与国家事务的见证者。

在民族工作中，民族干部所起的作用是多角度多方位的。

云南的民族工作能取得优异成绩，能为全国民族工作做出示范，其中一个重要原因就是在省委、省政府有效的培养措施之下，不断成长起一大批优秀的各民族干部，他们是民族工作的中坚力量。

省委、省政府在民族干部的培养上体现了与时俱进的思路，确实有一些值得总结的方法和经验。有的方法已经在全国产生了好的影响。比如从2003年起，云南省在全国率先实现民族干部队伍的几个新创举：

在全国率先规定每个厅级部门领导班子中必须至少有一名少数民族干部。

全省25个少数民族必须至少有一名以上担任省级机关厅局级领导干部。

特别是25个少数民族中的8个人口较少民族厅级干部的提拔使用，更是产生了广泛的社会影响，其意义已经远远超出了位置本身。以上两条规定执行后，其中的独龙族、德昂族、阿昌族和布朗族4个民族自新中国成立以来首次有了本民族的厅级干部。

早在2009年，中共云南省委就提出了民族干部使用的“六个优先”原则：

德才兼备、政绩突出的，优先提拔使用；具备任职条件的，优先放到正职岗位上；与少数民族工作密切相关的部门，优先配备少数民族干部；本地区本单位急需配备少数民族干部一时又缺乏合适人选的，打破地区、行业、部门界限，统筹安排，在更大范围内优先配备少数民族干部；少数民族人口相对比较集中的地方，优先配备少数民族干部；同等条件下，优先安排少数民族妇女干部和少数民族党外干部。

这“六个优先”，是云南为民族干部成长提供的有利条件。

全省的很多州（市）也有自己培养民族干部的方法和措施。我在文山壮族苗族自治州采访时，就遇到两位来自乡镇基层正在州民委

“跟班学习”的民族干部。他们要在州民委跟班学习三个月，熟悉了解各部门的工作性质。交谈中一位年轻的壮族干部告诉我，乡镇工作很忙，也很杂，能有机会到州民委来学习，对提高自己的综合素质来说是一个很好的机会，确实学到了很多东西。在今后的工作中，会很有用处的。

楚雄州从2003年起，每年在招考公务员时专门下达50个专项指标，对少数民族干部实行定向招考。至2016年，已经录用一批民族干部，他们正在成长为楚雄州民族干部队伍重要的后备力量。

民族干部不但是民族工作中的瑰宝，也是少数民族政治权利的体现。在开展民族地区的工作，和各民族群众的直接交往中，他们有着不可替代的重要作用。这是省委、省政府和民委工作部门从长期的工作实践中得出的经验总结。

而一系列重要的培养措施和方法，则体现了各级部门把培养民族干部作为一项长远的事业来进行。“数量充足、结构合理、素质优良”就是云南培养民族干部所追求的目标，它们将是云南民族干部健康成长的重要保证。

党的十八大以来，云南的民族干部培养也在与时俱进。

省委、省政府紧紧围绕加快民族团结进步示范区建设的大局谋划工作，深入研究新形势下少数民族干部人才工作面临的新情况新问题，采取切实有效的措施，确保了各级党政领导班子都有一定数量的少数民族干部，确保了每个民族都有一定数量的厅、处、科级干部。

特别对8个人口较少民族干部，省委、省政府采取特殊政策，明确提出民族自治地方党委领导班子及少数民族人口较多的市、县（市、区）、乡（镇、街道）党政领导班子要各配备1名以上少数民族干部。“十三五”末期要努力实现省级机关、事业单位和群团组织的领导班子中，至少配备1名少数民族干部。要保持25个世居少数民族都有1名以上干部担任省级机关厅级领导干部。

从云南省民宗委相关部门了解到，截至2016年底，全省少数民族干部占总数的33.68%，比2015年度增加0.23个百分点。其中：厅局级干部中，少数民族干部占32.62%；县处级干部中，少数民族干部占30.24%；乡科级干部中，少数民族干部占34.74%；乡科级以下公务员及参公管理人员中，少数民族干部占36.50%；警察警员中，少数民族干部占25.95%；法官和检察官中，少数民族干部占28.33%。全省少数民族专业技术人员占总数的22.85%，全省公有制企业少数民族经营管理人员占总数的15.86%。省级机关领导班子中，配备少数民族干部的班子占83.33%。全省16个州（市）党政班子中，党委班子和政府班子均全部配备了少数民族干部。129个县（市、区）党、政领导班子中，95%的党委班子配备了少数民族干部，87%的政府班子配备了少数民族干部。

数据虽然有些枯燥，却能充分说明问题。数字后面是一批正在健康成长的各民族优秀干部的身影。他们在推动全省民族团结进步事业的发展中，正在发挥着不可替代的重要作用。

在云南，民族团结工作永远能落在实处，就是因为有正确、科学的民族政策，有源源不断成长的民族干部，他们是民族工作的强大动力。

每个民族都有自己的干部队伍，有自己的人才队伍，他们都能为国家的繁荣进步而贡献力量。平等、尊重、共同进步，这就是云南民族团结的真谛。

二、牺牲与奉献的楷模

无私奉献的干部群体

云南的民族能取得今天的成就，跟拥有一大批勇于牺牲奉献的各民族干部分不开。在云南民族工作战线，这是一个优秀的群体。

在云南的民族地区，我看到有许许多多干部坚守在艰苦的工作岗位上。我在怒江州采访时一位民委的干部也曾经感叹：现在下乡条件好多了，起码可以坐车去。前些年下乡都是走路，跋山涉水是家常便饭，到有的民族村寨甚至要走几天才能到，其中的辛苦是普通人体会不到的。当然能把民族政策的温暖送到老百姓那里，其中的快乐也是别人体会不到的。

从迪庆藏区到文山壮乡，从大理坝子到德宏傣乡，从怒江峡谷到楚雄彝区……云南民族干部的身影为云南美丽的七彩大地增添着光彩，他们是一群为民族团结进步事业添砖加瓦的人。

奋斗在基层一线的“老民委”们

“我在民族工作部门干了二十几年，是老民委了。”

这是一位基层的民委干部在介绍自己时说的一句话。“老民委”有时是那些长期工作在民族基层的干部的自称。一是说明做民族工作的时间长，二是说明对民族工作领域的熟悉与热爱。淡淡的语气中总能听出一丝自豪。

他们有的是少数民族，有的是汉族，无论是什么民族成分，但都为了一个共同的目标和理想而努力工作着。从省民委到州（市）、县（市、区）民族工作部门，活跃着一大批“老民委”，他们是云南民族工作战线的中坚力量，是铺路的基石。

在一个部门工作十年、二十年，甚至三十年，这是多么漫长的时间。无形中他们已经成了云南民族工作的历史见证人，见证着各民族的发展与进步。

因为时间和行程的限制，我在采访中接触到的“老民委”虽然不太多，但是从他们身上已经感受到了一种执着的工作态度，一种无私奉献的精神。

“老民委”是云南民族战线一支重要的干部队伍，他们在民族工作的实践中锻炼成长，为民族工作事业奉献青春和力量。也最熟悉民族工作的性质和任务，在民族工作中发挥着重要的影响和作用。

其实无论“老民委”还是“新民委”，只要真心实意为各民族群众谋利益谋发展，只要为民族工作付出心血和汗水，都是值得尊敬的人。

下篇

第一章　民族团结之花绽放在迪庆高原

有40多万人口[①]的云南省迪庆藏族自治州，以藏族、傈僳族、纳西族、白族、彝族等少数民族为主，占总人口88.6%，信教群众约占39.5%。在示范建设的过程中全州在牢固树立“民族团结是各民族人民的生命线”观念的同时，紧紧围绕“共同团结奋斗、共同繁荣发展”的民族工作任务，把民族团结进步示范区建设作为构建和谐迪庆美丽家园的重要方式，突出藏区特点，坚持“发展引领、法治护航、文化浸润、交融促和、载体推动、人才支撑”的工作方针，不仅在促进迪庆经济又好又快发展、生态文明建设、扶贫脱贫方面做了大量工作；而且在宗教有序和顺、民族关系和谐等方面做出了示范，不断提高了各民族人民群众的幸福感，走出了一条具有迪庆特点的民族团结进步示范区建设的路子。我通过在迪庆州德钦县奔子栏镇、香格里拉市的实地调研，把所见所闻记述于下，以展现迪庆州民族团结进步示范区建设的工作。

① 第六次人口普查迪庆州有人口400182人。

一、多民族、多宗教和谐谱新篇

2017年6月16日，德钦县奔子栏镇的街道上人头攒动，从四面八方赶来的乡亲们正在各种土特产摊位前挑选着心仪的物品；文化广场上歌舞欢腾、掌声阵阵，奔子栏镇正在举办第三次物资文化交流会。来交流会上卖自家农产品的央宗大姐高兴地说："我们奔子栏从今年起，每月15、16日两天都举办这样的物资文化交流会，由我们奔子栏镇镇政府主办2次、5个行政村轮流举办2次，每次镇政府还提供5000元的文化活动组织经费，活动则由各村自己操办。我可以把这些土鸡、糌粑、奶渣、酥油、菌子拿来卖，以前没地方卖，基本都是自己吃，现在好了，政府为我们解决了农产品销售难的问题，收入也高了。"旁边摊位上一个卖糌粑盒等手工木器的大哥插话道："我是第三次来了，上两次我卖了差不多7000块的东西，心里很感谢镇里组织这样的活动，不仅我们的东西卖出去啦，交流会还搞这些唱歌、跳舞、篮球赛，真的是很好。"广场上"弘扬民族文化，丰富群众生活，建团结平安小康叶央村物资文化交流会"的红色横幅异常耀眼，原来这次交流会是叶央村主办的。这样热闹的交流会，让人看到奔子栏民族团结示范镇建设正有条不紊地进行中，这些活动的开展不仅得益于2010年7月迪庆州实施的《云南省迪庆藏族自治州民族团结进步条例》，得益于2013年云南省在全省推开的民族团结进步示范区建设，更是得益于2015年1月习近平总书记在云南考察时的讲话精神。

上次来奔子栏是2015年8月，那时是云南民族团结进步示范区建设“3121工程”在全省推开的第三年，位于德钦县境东南部白茫雪山（白马雪山）下金沙江畔，214国道（滇藏公路）通往西藏自治区的咽喉要冲金沙江渡口的奔子栏镇的示范镇建设也已经开展两年多了。一个雨后的早晨，镇政府所在地习木贡，街道上南来北往的各式车辆在街道两旁的饭馆打尘后匆匆离去，街道两旁近百家商铺和饭馆旅店的主人和店员，有的穿着藏装，有的穿着白族服装，有的操四川方言，有的讲着湖南话，有的讲着带白族口音的藏话，一派热闹而和谐的景象。上街老菜市场旁的鸿运酒店，和大爹的儿子和儿媳正忙着招呼一群自驾车的游客吃午饭，和大爹则坐在酒店屋檐下的过道上悠闲地喝着茶与等待饭菜的旅客闲聊。

听和大爹聊奔子栏的风土人情是件非常有意思的事。和大爹是纳西族作为第一代援藏干部是在20世纪50年代来到奔子栏的丽江人，到奔子栏后在供销社工作，后来与当地藏族成了家，把家安在了奔子栏，现在76岁的他，老伴已经过世几年，和儿孙围着这小小的酒店安度晚年。他儿子开的这家酒店不大，总的只有5人，管理酒店的经理是专门从湖北请来的一位汉族中年人，厨师则是大理的白族，加上儿子、儿媳和当地的一个藏族小工。他们一起经营这家酒店，相互之间互相尊重各自的民族习惯，相互信赖，相处和睦。

像和大爹他们家这样多种民族在一块生活、工作的情形，在奔子栏很常见，尽管全镇居民以藏族为主，占总人口的98.96%。奔子栏镇镇政府所在地习木贡近百家商铺和饭馆旅店，其中三分之一是本地藏族人开的，三分之二是外地人租用当地藏族的房屋开的。这些外地人有来自大理、鹤庆的白族，有来自丽江永胜、四川、湖南等地的汉族，还有国外的朋友，他们中大多数已在奔子栏镇居住十来年，多数外地人学喝酥油茶、吃糌粑、学藏语，当地人也学习汉语、学做外地传来的饮食等。外来的主要从事商业活动，说是暂住，其实已是常住人口，只不过户籍不在奔子栏，有的已是两代人在那里生活。他们在商业交往中互通有无，在日常生活中互相照应，相互学习，尊重各自的文化、宗教和生活习俗。逐渐形成了一种你中有我，我中有你，相互依靠的关系。

奔子栏的情形，让人想起德钦县升平镇的古城、德钦县澜沧江边的茨中村。2015年刚刚修葺一新的德钦古城入口处的广场上，一个十多米高的藏式白塔和一栋修葺一新的阿拉伯风格的清真寺相隔不到几十米，虽然两个建筑物特点鲜明，但各自安好地矗立在广场上，每天夜晚古城里的居民和来德钦游玩的旅客在广场上随藏族音乐跳着锅庄和弦子。古城的居民中既有藏族，也有回族、汉族、纳西族等众多不同民族，最特别的是，德钦古城里的回族被人们称为“藏回”。走在德钦古城幽静的小巷中，时常会看到一位身着藏装年逾九旬的老奶奶和几个七八十岁的老人坐在巷子屋檐下闲聊，这位九十多岁的老奶奶她是位藏族老阿妈，年轻的时候嫁到古城里一位姓李的回族家，开始了她在回族家庭的生活，如今进到他们家，会惊奇地发现，在堂屋里一边是藏式神龛供奉着的佛像，一边供奉的是伊斯兰教信仰的圣物“主上护佑”的牌匾。听老奶奶讲，因为老奶奶是藏族，信仰藏传佛教，嫁过来后，并没有让她改信伊斯兰教，而是尊重她的信仰，在家里设了佛堂；而老奶奶也尊重回族的习俗，和大家一样不吃猪肉，有了现在这和睦的大家庭。回族是较早居住在古城的居民，早在七八百年前便在德钦开矿、经商，在长期的交往中藏族与回族建立起了和睦的兄弟关系，古城里二十多户回族人家，大都与当地藏人有姻亲关系，那位老奶奶家的情景在德钦古城许多人家都能看到。古城的一位回族朋友，他有个弟弟专门花时间去大理的清真寺学习做阿訇的知识，而那位朋友则拜了藏传佛教的高僧学习佛法，并皈依佛教成为一名特别严谨的居士，他的妹妹则嫁给一位藏族改信藏传佛教。现在古城里的回族大多数人都在国家机关工作，除了生活习俗上的一些禁忌外，与当地藏人没有多大区别，他们着藏人服，说藏人语，喝酥油茶。

在德钦，古城里藏族和回族和睦相处，亲如一家的关系。如古城的居民一样，古城南边澜沧江边的茨中村，一个有着藏族、纳西族、傈僳族、白族、汉族等民族600多人村庄，他们相互通婚，有的信仰藏传佛教，有的信仰天主教，甚至一个家庭存在两种信仰。无论是奔子栏镇，或德钦古城、茨中村在云南藏区的民族团结进步示范区建设中是一面很好的镜子。

这样的情形不是一朝一夕可一蹴而就的，而是我们的党委、政府与广大农牧民共同努力的成果。8月份，在奔子栏镇老百姓家中最大的事情是到书松尼姑寺塔巴林参加持明长寿修持法会的诵经活动。2015年8月（藏历七月十一日至十四日）的诵经法会，有如内地的庙会一样热闹，四乡八村的老百姓都携家带口来到有240多年历史的寺院，平常清净少人的山路被乡亲们乘坐的各式车子挤得水泄不通，寺院大殿旁的院子也被各种小吃摊、百货摊占领，随着时辰的变化，大殿内不同时段的诵经声此起彼伏，大殿南面一栋新建的三层平顶楼格外显眼，一派热闹和乐的景象。

据书松村的老党员、村主任阿茸大哥讲，寺院有尼姑142人，其中有24人在境外学经，除了来自迪庆州各县的尼姑外，还有来自四川德荣、西藏芒康等地的，是云南省最大的僧尼寺院。早几年尼姑寺里的情况并没有现在的这般好，因为尼姑寺在奔子栏既无土地和山林，也无牛羊等财产，只有书松村后的这片占地不到两亩的地基，尼姑们的住房也十分简陋，需要三四个人共用一间，而尼姑们因为不能受比丘戒，也不能像僧人那样外出给信众念经或做法事找点生活费，大多数人的生活都是靠家里帮助和供给，生活都比较拮据。寺院地处海拔较高的半山地区，生活上遇到很多困难。其中取暖和做饭用的柴火是个很大的问题，早些年经常出现取走附近村社村民围篱，当作薪柴的事情，闹得寺院与村社互不安生。为了解决这些矛盾，由村民小组与寺院进行协商达成共识，最后允许寺院在村民所属山林捡拾薪柴，共同利用山林资源，另由镇政府出资帮助寺院安装太阳能设施，最大限度内解决寺院的实际问题。有的时候，尼姑们没有很好地处理寺院的垃圾，而是倒在寺院周围的农田里，时间长了，寺院与村民的关系时常因为这些小事发生矛盾，村民对她们也不待见，意见很大，关系不是很好，他也因为这些事经常给双方做调解。这几年，州里、镇里、村里搞民族团结进步示范区建设，尼姑寺被作为一个重点对象开展工作。2011年，书松尼姑寺的尼姑们被纳入国家社会保障体系，通过各级政府部门、乡镇村干部及寺管会的大力宣传和引导，其中新型农村合作医疗保险参保率达到100%，养老保险参保率达到93%，70%的尼姑享受到了最低社会保障，基本解决了他们日常生活的困难。同时各级党委、政府在示范区建设中开展的平安寺院建设项目上，给尼姑寺上千万元的扶持资金，重新修建了寺院大殿外围、静室（宿舍）、食堂、厨房等基础设施。进入寺院一眼就能看到的那栋三层楼房便是新建的静室（宿舍），现在尼姑们基本可以两人住一间宽敞的房间学习和休息，其中投资580万元新建食堂、卫生间等寺院附属设施。另一方面，政府各级部门也大力支持寺主活佛（第七世扎塘活佛2015年已圆寂）在寺里开展以寺养寺的活动。首先从培养佛学人才入手，云南佛学院迪庆分院在全州开办了7个分点，把书松尼姑寺也设在其中，以此让尼姑有更正规的学习佛学的机会，同时政府还给每位尼姑每月发放300元学习补助，并在她们完成这一阶段的学习后授予初级学衔证书，尼姑们的学经不再像以前，只是学一点基础藏语文后背诵经书，而不知其内容。现在不仅要参加初级学衔班里藏文基础知识的学习，还要学习许多佛学典籍，如五部大论、参加辩经和僧级考试，还改变僧人和尼姑之间的等级区别，允许尼姑们学习使用法器和乐器（过去尼姑做法事不能使用各种法器和乐器）。在佛事活动中使用法器、吹奏佛乐、开设辩经课程，这是前所未有的开创性的创新。其次帮助他们掌握基本的生活技能、自我生存技能、与外界交往能力，比如学习藏医、学习历算、学习缝纫、学习汉语、学习英语、关心国家大事、了解政策法规等等。随着尼姑寺各种条件的改善，尼姑们与村民的关系也逐渐得到了改善，像这样的法会，来参加的老百姓也越来越多。

觉母（尼姑）取追则说："以前尼姑寺的生活很艰难，我们没有什么经济来源，全都靠家里，现在在政府的关心下，不仅帮我们盖住房，还给生活费，安装太阳能，解决了热水问题，而且接通了大功率用电设施，我们可以用电取暖和用电做饭；过去在尼姑寺除了死背经书，我不知道还能做什么，后来寺主活佛让我们学习藏医，现在我掌握了感冒、拉肚子、胃不舒服这些常见病的诊治知识，不但可以为寺里的姐妹们看病，而且也可以给村里的乡亲们看，真的很有意义。最意想不到的是，现在我们寺里一改以前冷冷清清没几个香客的状况，香火比以前好了。现在尼姑们除了掌握一些基本的佛事仪轨外，还要主修《皈依三宝》《二十一度母诵》《白伞盖佛母诵》《药师佛诵》和回向与发愿经等等功课，同时不定期念诵《般若八千颂》《般若十万颂》《甘珠尔》《丹珠尔》等经典，随着我们水平的提高，来寺院的香客多了起来，很多时候还要为信众、施主念诵各种经文，举行各种法事。”

做群众的贴心人、知心朋友，主动服务，这样开展民族团结进步示范区建设工作的方式，让人想起香格里拉松赞林寺与寺院所在地建塘镇解放村小街子民族团结进步示范区建设的故事。去年松赞林寺的云丹师父一边带我参观一边跟我讲：“松赞林寺是云南省最大的藏传佛教格鲁派寺院，有在册僧人900多人，寺院下设8个康参，僧人按来源地不同分入8个康参。过去我们僧人的生活主要靠家里帮助，后来国家政策好，我们寺院成了旅游景区，慢慢可以以寺养寺，僧人也有了一些经济来源，而且六十岁以上的僧人都有低保，解决了生活问题，僧人们可以安心修习佛法，2013年政府在寺院开展和谐寺院建设，针对我们寺院的特点，重点开展5A级景区建设，不但在环境、道路、僧舍等方面帮助我们改善条件，还帮我们建了餐厅，完善了景区配套设施，有效提高景区的综合服务水平，更为重要的是对我们僧人开展国家政策、法律法规常态化的宣传，让我们遇到问题、困难知道怎么办。大多数僧人知道要守戒律，但不懂国家的法律，有时自己或亲戚朋友遇到矛盾、纠纷，只会吵架或打架来解决，后来政府和派出所经常给我们宣传法律，给我们讲解，不但让大家知道要遵纪守法，回家时还教育亲戚朋友，还可以维护自己的权益。说到派出所，是个很有意思的事情，当时政府专门为我们设立尼旺宗派出所的时候，大家心里还有一些想法，很不愿意与派出所的警察接触。可后来我们与派出所的警察成了朋友、亲人。他们除了搞好寺院的治安安全外，真没想到那几个警察把我们寺院的事当作自己的事来做，记得开展农村低保登记时，大多数僧人的户籍都在出生地，并不在寺院所在地，为了掌握全寺僧人的户籍资料，他们走遍了香格里拉十多个乡镇的村社，寺院所在村的小街子开展少数民族特色村寨建设；还组织寺院的高僧到其他藏区考察学习；对体弱多病的僧人照顾有加，多方寻找经费曾组织寺里30多位老年僧人到大理温泉疗养，反正现在我们有什么困难都会找他们帮忙。在帮助我们建设5A级景区的同时，寺院所在地小街子村也纳入一起建设，把小街子建成少数民族特色村寨，投资改善村民居住环境，像这些民居人畜分离改造、90多户村民房屋外围改良、投资160多万建成村内户户通水泥路、清理多年来堆积在村庄内的各种垃圾，发动村民义务种植适宜高寒地区的红柳500多棵等等。真正解决了小街子群众路难行、屋难住、畜难养、活动场所不健全、生活环境不卫生等许多问题，大大方便了村民的生产生活。”

迪庆州作为云南省有藏传佛教信仰的主要地区，藏传佛教的和谐发展是宗教工作的重要部分，也是维护藏区稳定工作的重要内容。

宗教工作光有好的政策还不够，政策必须落在实处，让信众切身感受到政策的光辉，才能获得认同。因此事无巨细，从细微小事入手，政府各级部门在这项工作中以扎实推进“平安寺院、团结寺院、安居寺院”为载体的和谐寺院建设，各级统战民族宗教等部门依法加强对寺院僧尼的管理，切实宣传贯彻党的宗教工作方针，确保寺院和谐稳定；并引导宗教人士发扬爱国爱教的优良传统，潜心研修佛法，守戒律；引导广大信教群众珍惜良好的社会环境。从实际情况入手，解决信教群众关心的问题、群众遇到的困难，让老百姓切实体会和感受到来自党和国家的关心爱护，从心底热爱自己的家乡、热爱自己的国家，共同建设美好新生活。

二、民生幸福促进步

6月的奔子栏，金沙江干热河谷已是炎热的夏季，达日生态移民新村拥有156栋崭新的藏式农家院落，整洁的柏油马路，超市、农贸市场、篮球场，还有散发着夏日浓绿的庄稼地。正在葡萄地里管护葡萄的央宗大姐笑着说：“我们搬到达日已三四年了，以前我们住在海拔很高的山上，本来土地收成就不好，村子又在白马雪山自然保护区核心区里，庄稼还没成熟，基本上就被野生动物糟蹋了。近几年国家对白马雪山保护得好，动物越来越多，庄稼就更说不上有什么收成啦！有的时候老熊啊、狼啊还会到村子来，晚上都不敢单独出门。什么都要靠救济，真的是很困难。现在搬到这里，有这么好的房子住，每个人还有四分左右的土地，可以好好种经济作物，比如种葡萄。这些葡萄都被太阳魂集团所属的公司租赁经营了，结果（挂果）以后，每棵以15元的价格租赁，每亩地大约可以种300多棵，每年约有5000元的租赁收入。甚至地里挖水沟、拉农家肥都有补助，这些都有政府的扶持，地里3年连种葡萄的，按退耕还林政策每亩每年有250元补助，再加上公司每年每亩又给350元补助，在自家地里干活都有领工资的感觉，非常感恩有这样的好政策和资助，现在我们移民村的村民，在田里管护庄稼的一般只需要一个人，其他人可以去找副业，虽然辛苦，但也有收获，所以大家都干劲十足，我们的日子也越来越好了！”

奔子栏镇的镇长林增是一位三十多岁的藏族汉子，谈起达日移民新村时这样讲道：“吃粮靠救济、花钱靠救济，怎样才能摆脱这种极端贫困的状态，是迪庆州许多远离乡镇集镇、远离公路、土地贫瘠、环境恶劣、海拔较高山区中分散居住着的农牧民最关心的问题。长期以来，迪庆州委、州政府着力改善贫困群众生产生活条件，大力实施农村通路、通电、通水工程，但由于群众居住分散、居住环境恶劣等客观现实，一个10多户规模的自然村，仅通路和建造饮水设施就需要投入近千万元，这样的村组在迪庆州很多。生活在这样恶劣环境下的农牧民，即使投入大量的扶贫资金，改善基础条件，但由于客观条件的限制，难以实现就地脱贫，造成了年年投入、年年贫困、生态恶化、长期扶贫、重复扶贫的不良循环。

“达日生态移民新村的建成是迪庆州扶贫开发模式的创新之举，是探索实施‘人下山、树上山’生态战略，推进集中连片开发的重要示范工程。涉及奔子栏、羊拉2个乡镇、4个村委会、12个村民小组。项目从2011年2月启动实施，总投资9500万元，建设包括安居工程、人畜饮水、农田建设、水利设施、路电工程、产业扶持、公益设施、科技培训等多方面。在项目实施过程中，基础设施建设问题不大，只要资金到位就能办好，但移民点的选择和移民后的生存和发展却是一项具有挑战的事情。不但要让移民住上好房子，还要让搬迁的农牧民有土地种庄稼，有土地保生存，州国土部门以及指挥部（移民指挥部）想了很多办法，硬是在金沙江边的坡地上平整出了300多亩土地，以保证农牧民的生存需求。从2012年搬迁到现在，为了能够尽快在新开生地上有所收益，政府各部门多方想办法，在移民村推广在当地较为成熟且收入较高的葡萄、油橄榄等经济作物的种植，并初步形成了‘公司+农户’的形式，保证产品的销售，保证生产收入；另一方面完善和落实移民村农牧民的生态补偿，主要包括从原搬迁地退耕还林、退牧还草、集体林权制度改革、草原生态补偿等多项惠民政策，这几项收入每年户均约有12607元。现在移民村基本上呈现出移民安心稳定、生计有着落、生活逐渐富裕起来的景象。”

以发展民生为目标的民族团结进步示范区建设，不仅在达日移民新村，在奔子栏镇开展，还在迪庆州开展示范区建设的乡镇村社中有条不紊地进行着。

7月的迪庆高原乍暖还寒，四周山峦环绕着的香格里拉市建塘镇红坡村，在雨后的雾霭中青山和草坝异常翠绿，央宗大妈一只手正撑着那把刚被雨水打湿的大黑伞，一只手挥着一根比自己高的竹竿，把上百头正往农田里拥过去的藏香猪和牛往山脚边的草坝上赶。从大妈那里知道，这是他们村各户放养的藏香猪，因为怕毁坏农田里的庄稼，村里按户轮流看管这些牲畜，这几年因为政府在搞民族团结进步示范区建设，在牲畜养殖和高原作物种植方面给了许多帮助和扶持，大妈说："我们家单藏香猪就养了20多头，以前养猪主要是自己吃，现在养那么多，除了自己吃，主要用来出售，我们村子这边政府帮忙建了旅游接待点，还修了大公路，游客也比以前多了起来，这些土特产品，他们很喜欢；我们家还养了羊，一头烤羊可以卖2000多元。现在我们大家的经济收入提高了，生活也越来越好，有时我们也像外地人那样开自己的车去大理、版纳旅游，或者大家邀约着去拉萨朝圣，这样愉快的生活让我这个60多岁的老人希望自己多活几年。"

此时，在大山河谷深处尼西乡幸福村巴拉格宗雪山下的巴拉村，鲁茸大哥家刚刚落成的藏式楼房里正在做当地的特色美食，尼西黑陶土锅煮鸡，还没进到院子里，鸡肉的香味老远便让人垂涎，很想一饱口福。据鲁茸大哥讲，巴拉村保持了迪庆州河谷地区藏族特有的众多文化特征，成为香格里拉市藏族特色村寨示范建设点，自1999年巴拉村村民斯那定珠组建香格里拉县巴拉格宗生态旅游开发有限责任公司始，到2009年香格里拉大峡谷巴拉格宗成为国家4A级旅游景区以来，发展乡村旅游便成了巴拉农牧民除农牧生产之外的另一件大事。原本巴拉村不在现在的地方，是在景区深处，交通极为不便，生活非常困难。后来在斯那定珠的帮助下搬迁到现在的位置，景区旁边。原来的房舍出租给旅游公司，搬出来后，大家的生活逐步得到了改善。鲁茸大哥说："正好国家在我们这里建藏族特色村寨示范点，我们整个村子的环境和住房因此得到很大的改善，不仅建起了我们村38家人的特色民居，栋栋都有卫生间和洗澡设施，还给村里建了民族文化活动中心，因为有景区在家门口，我们大多数人可以到景区上班，不用外出打工，更没想到的是，我们可以依靠自己的文化来为自己服务。我们的文化吸引了众多的游客，游客来我们这里后，不仅吃到地地道道的特色食品，还让他们了解我们的历史、风俗习惯等等，不仅满足了他们物质和精神享受的需求，还发展了我们自己，而且许多逐渐消失的，或已经消失的文化不断被挖掘出来，年轻人也不用到外面打工，可以在村里就过上好生活。而且现在我们景区办得越来越好，有许多其他民族，像汉族、纳西族、白族的朋友都来我们这里打工，有的还在这里找对象，现在我已经当爷爷了，也不用为儿孙们以后的生活担心了。”

无论是红坡村，还是巴拉村，在迪庆州的民族团结进步示范区建设中，像奔子栏镇从2013年以来，就以培育产业入手，用项目带动产业发展为民生服务，制定了符合实际情况的规划，培植核桃、油橄榄等经济林果木为主要方式，着力发展生态农业，在2013—2015年3年里共投资2203.21万元，其中：省民宗委扶持资金1000万元，县级整合资金550万元，群众投工投劳折资653.21万元。其中如油橄榄种植的补助资金用于补助改良土地、种苗费、灌溉引水工程和种植，补助标准为5000元/亩，补助资金则通过镇的项目领导小组，采购种苗、采购灌溉设施、组织村民等方式公示后直接补助给群众；最后，扶持建设项目均根据项目点群众劳动力情况分到各户，所有权归农户所有，群众自行进行后期种植管护，项目建成后所产生的直接效益全部归农户所有。2013—2015年核桃的种植在原有2万亩的基础上新增了600亩；油橄榄在原有4000亩基础上新植了600亩。

在2013—2015年第一轮示范区建设中，香格里拉市则是以1个镇、

3个特色村、9个示范村、1个和谐寺院、1个示范社区的方式开展民族团结进步示范区建设，共投入资金3260万元，其中仅1个镇中的建塘镇在高原农作物种植中就投入230多万元，藏香猪、牦牛、犏牛养殖投入375万元，其他基础设施、住房改善等的投入也不少。2016—2018年，香格里拉市新一轮的示范区建设计划实施1个特色镇、2个示范乡、9个示范村、3个特色村寨的示范区建设，预计投入资金3150万元。

正如建塘镇红坡村的村民粗粗说的："现在只要我们不懒惰，政府那么帮我们，不仅建旅游接待点，安装太阳能；连养牛、养猪，种青稞都得到政府在技术和资金方面的帮助，如果还不能把自己的生活搞好，自己的村子搞好，那真的该脸红了。村里开会经常讲'共同团结奋斗，共同繁荣发展'应该就是现在这个状况吧，大家一起过上吉祥的好日子！"

三、和谐村社建设，促进藏区稳定

7月至8月间每天傍晚之后的八九个小时里，奔子栏214国道旁的松茸交易市场异常热闹，满脸汗迹、身上粘满泥土的乡亲们三五成群的围在一起，他们刚从深山老林中捡拾野生松茸回来，有的从帆布包、有的从纸布袋、有的从双肩包中取出这一天的收获——用树叶精心包裹着的松茸菌，在与收购松茸的老板谈妥价格后出售，之后高兴地买一瓶红牛，或可乐慰劳一下自己，又风尘仆仆地离开了。这些乡亲所带来松茸有的只有几朵，有的却是一挎包、一袋子，各人的收获不一样，捡得多的乡亲，每年在松茸生长的这两三个月里能有两三万元的收入，少的也有几千元。多收入的人便会成为当年的“菌王”。

采集松茸成为奔子栏农牧民的主要经济来源之一，但每个村民小组、行政村的山林是有界限的，由越界或非本地人、非本村人采集松茸引发的纠纷时有发生，很多时候村委会或政府部门参与解决纠纷，在事件发生时暂时得到解决，但并不能彻底化解，一到松茸季节，无论是乡亲们，还是政府部门都担心发生意想不到的事情。针对这些情况，奔子栏在民族团结进步示范区建设的过程中，主要围绕邻里团结，和谐村社建设，完善村社组织建设和各种民主管理制度开展工作。

曾听书松村的次里大哥讲：“我们村在奔子栏，山林面积比较大，是捡拾松茸的好地方，因此矛盾也比较多，为了避免发生纠纷，村里、镇里开展了和谐村社建设，我们让村民自己来讨论究竟怎么办？最后村民都同意用传统的村规民约来管理，规定允许其他村社的人员到书松山林采集松茸，但每天需要按规定交纳一定的采集费，所收费用由村里统一使用……用这种办法解决了这个问题，即让村外的人有松茸可捡，又让有资源的我们心里也舒服一些，最主要是矛盾双方都认可这个办法。”

奔子栏镇归达村的一位村民在谈起示范镇建设时讲道：“现在的示范区建设不光是政府的事，也是我们老百姓自己的事。像示范区建设中修通村组道路、通户道路，难免涉及占用部分村民的土地，涉及部分房屋的拆除等问题，当镇里相关项目工作人员动员群众，做群众工作时，总会遇到这样那样的困难，很多群众会以征地赔偿为条件，讲各种困难，即使满足了条件，还不一定管用。有的时候由政府项目部门把路修好了，而老百姓认为那个路是‘你政府的’，也不怎么爱惜。现在镇里把征地和修路的权利下放给村民，由村社内部协调，通过村民大会自行决定道路的走向、所占土地的赔偿问题协商等。把路作为村民自己的路来修，政府部门只监督经费的使用和技术、质量问题，这路就成了我们自己修的路，大家都是亲戚朋友，村民开会定下后，该让的地让了出来，该拆的墙拆除了，路也修好了，大家还没有矛盾。不仅是修路，在其他方面我们有由村组自己讨论后制定的详细的村规民约，涉及村社生活的方方面面，而且大都与镇里、县里的工作相辅相成。对我们自己管理自己非常好，自己定下的规矩基本都能执行和得到监督。”

2013年的迪庆发生了“8・28”“8・31”地震，震中心所在地是奔子栏。据奔子栏镇的许多群众讲，在地震发生后，面对地震带来的灾害，奔子栏在抗震救灾中体现了前所未有的团结与大爱精神。比如面对道路坍塌、交通阻塞、旅客滞留、外来人员无家可居、断水断电等情况，尽管奔子栏当地人也在灾害中，但能够迅速组织起来，第一时间从废墟中搭建起临时住所、免费用餐场所等提供给所有需要的人们，他们不分彼此，共同抗震，开展自救。

在政府各级部门和灾区群众的共同努力下，抗震救灾第一阶段的工作初步完成后，灾后重建工作成为重中之重。除全镇受灾影响基础设施的修复重建外，最大的和最难的是民房的恢复重建工作，涉及近2000户民房的恢复重建和搬迁。其中涉及政府补偿款、贷款、土地征用、基础设施等方方面面，稍有不慎，很容易引发纠纷。因此，在恢复重建工作中，从县委、县政府到镇、村、组都形成共识，从切实加强组织领导工作做起，及时成立奔子栏镇民房恢复重建指挥部、灾后恢复重建工作监督检查领导小组，抽调县、镇、村三级干部205人组成5个驻村“四包”工作组，各村也成立相应的领导机构和工作机构，从而形成各司其职、各负其责、相互协调、共同配合的工作格局。并结合奔子栏镇的实际，制定了《奔子栏镇地震灾后民房恢复重建工作实施细则》，建立了“四包”“六负责”责任制，即实职县处级领导干部包乡镇和重点村组、其他县处级领导包行政村、科技领导包村民小组、县乡村一般干部包农户，做到一人包一户。“六负责”则要负责政策宣传、负责群众思想工作、负责灾民安置、负责民房重建、负责查灾、负责灾区稳定。

民房恢复重建中，比如涉及全部拆除重建，还是修复加固，国家所给予的补偿款档次不一样，由于涉及补偿问题，所以核查定损评估工作要求细致、公平合理，做到让受灾群众满意，因此“四包”工作组的任务繁重，在多次核实登记的基础上，进行了“三榜公示”，之后签订重建修复责任书。在补偿款的使用上为了避免群众领到钱后不进行恢复重建或挪作他用，由分派各户的“四包”干部负责从拆除危房到全部重建的监督和督促，建立民房建设联系卡制度，责任到人。其中在重建补偿款5万元的使用上按2∶2∶1的比例发放，即全部拆除，屋基工程完成后，第一笔补偿款2万元到位；房屋一层封顶，验收合格后第二笔补偿款到位；房屋主体工程完工后，经乡镇人民政府、县恢复重建指挥部验收合格，最后一笔补偿款1万元到位。通过这样的方式让恢复重建工作循序渐进的开展。

建房盖屋对于群众而言，是人生中的大事，恢复重建在经费上采取“群众自筹为主，政府补助为辅的原则”，在奔子栏建盖一栋既抗震，又有传统民居风格的房屋，大致需要20万—30万元。政府补助款的多少，对群众而言，非常重要。因此，在评估补偿档次时，尽管事前已公布评估档次的细则和相关事宜，但在具体操作中，有部分群众不满意，再加上临近的香格里拉市遭受地震灾害影响村社的补偿，与奔子栏的方式有些差异，引发了少数群众上访的情况。但民房恢复重建由于点多面广，恢复重建工作不能为了少数群众的利益而打乱整体工作，因此只能通过“四包”工作组开展大量的调解工作，从思想上、心理上跟群众做工作，与群众达成共识，最终消除群众的不满情绪。

与奔子栏一样，2014年1月11日，香格里拉市独克宗古城遭受大火的洗劫，造成仓房、金龙、北门三个社区246户居民的343栋房屋受灾，大多数房屋烧为灰烬，众多文物、唐卡等佛教艺术品被烧毁。而在大灾面前独克宗古城的居民和来自五湖四海在古城经商的商人，他们团结一致，在政府各级部门的支持协助下，很快投入到恢复重建，通过全市各民族群众的不懈努力，提前一年完成了规划要求的恢复建设任务，重新对外全面开放。香格里拉市建塘镇金龙社区的余大妈说：“真的没有想到，不到三年，古城里大多数人家已经把烧了的房屋恢复重建，店铺开张的开张、营业的营业。真的要感谢我们的政府，建塘镇还调整了240万的示范镇建设资金给古城火灾的恢复重建。我们金龙社区是2013—2014年示范社区建设点，政府还给我们投资20万建了民族文化陈列室。现在每天晚上我都要去四方街那里跳舞，看着来自外地、国外的朋友能在古城开心的玩耍，觉得民族团结进步示范区建设搞得真的很好！我们能这样幸福生活全靠我们的政府！”

在迪庆藏族自治州，对于广大农牧民而言，水、牧场、土地、山林、松茸和虫草等林下产品资源的利用问题，因为涉及生计和经济利益，容易引发矛盾、发生纠纷。化解和理顺这些矛盾成为维护藏区稳定，示范建设不可回避的问题。

2007年以来，迪庆州在民族团结进步示范区建设工作中每年组织开展“千促”系列活动，是全州建设全国藏区发展和长治久安示范区的创造性举措。每年组织千名干部下基层，以促进藏区和谐稳定为主要内容的“千名干部送法进村（寺）促和谐”活动和以促进民族团结进步为主要内容的“千名干部进村入户促民族团结进步”等活动，大力宣传讲解《迪庆州民族团结进步条例》和《迪庆州藏传佛教寺院管理有关条例》等，为迪庆社会稳定打下了良好的思想基础。

和谐稳定工作，千头万绪，重要的是政府各个部门思想统一，一贯坚持认真做好民情民意调查，摸清村情、户情，准确掌握各种情况。建立健全组织管理保障机制。为有效推动示范建设项目实施，一是成立了以州、县、乡（镇）长为组长，分管项目的州、县、乡（镇）副职为副组长，县财政局、乡（镇）财政所、村“两委”、村民小组长等为成员的项目领导小组，负责示范项目的领导，协调和质量监督，发动群众投工投劳等具体事项；其次成立了以各级纪委和农村经济发展办为主的项目资金使用监督小组，项目建设在领导小组的领导下开展工作；另外建设工程项目实际公示制度，为示范村工作扎实有序开展提供了强有力的组织保证。二是认真组织发动群众，做好宣传工作。召集群众宣传建设示范区的指导思想、重大意义、目标和要求等内容，使创建民族团结进步示范区、示范点的工作做到家喻户晓，人人明了，为创建民族团结进步示范区、示范点打下了坚实的思想基础。三是充分征求群众意见建议，做好项目调研工作。为了充分了解民意，达到示范区建设的目标和要求，在开展示范项目规划之前，组织设计院等相关部门赴项目点调研，充分征求群众的意见建议，指导乡镇根据群众实际需求拟定项目实施方案。从点滴小事出发为示范区建设和藏区和谐建设打牢了群众基础，使得情况复杂的维稳工作做到有条不紊，深得民心，多年来几乎没有发生一桩不稳定事件，在稳定工作中做出了示范。

四、青山绿水我的家

“人下山，树上山”，奔子栏镇花大力气建起了生态移民新村。其实来到迪庆州开展民族团结进步示范区建设的村镇，处处都能看到在示范建设中把生态文明建设作为一项重要内容来抓的实景。

来到香格里拉市建塘镇红坡村大宝寺片区，迎面而来的变化是那欢迎你的整洁宽敞的入村柏油路，过去那条有车进出便扬起灰尘的土石路已不复存在。再次与央追大姐一起爬上村东南边霞给面面神山，站在烧香台向下俯瞰，那一栋栋白色土墙藏房屋顶上那些用石头压着的木爿不见了，完全变为了蓝色彩钢瓦，向央追大姐问起房顶换为彩钢瓦的事，央追大姐说：“屋顶都是镇里帮忙改造的，这几年我们这里搞示范区建设，单单屋顶改造就投入了216万元，有117家的木爿屋顶换成了这个瓦的屋顶。每年不再需要为防止木板腐烂花时间翻屋顶的木爿，也不用因为几年要换一次屋顶损坏的木爿进山砍料子。不仅如此，村里与你当年来的时候已经不一样了，那个时候晚上出门都要带手电筒，现在村里到处都有太阳能路灯，跟县城里差不多，政府投资了80万元总共安装了120盏路灯。还投资29.25万元，给我们117户安装了太阳能热水器，随时都有热水用，不仅方便洗澡，特别是喂猪、喂牛等不再需要用柴火烧煮了。现在村里的旅游也逐步发展起来，大哥就专门开旅游包车运送游客。因为有事做，有收入，冬季大家都不用再到山里烧炭卖了再买年货了。”

央追大姐的一番话让我想到离红坡村80多公里外的香格里拉市洛吉乡洛吉村委会木圣土村。木圣土村是香格里拉市民族团结进步示范区建设的示范村建设点，在示范区建设中与大宝寺片区一样在改善生存条件的同时，每个项目的实施都与生态文明建设紧密相连。

木圣土村在香格里拉县的东部，东南与四川省木里县俄亚乡接壤，东与丽江市玉龙县奉科乡隔江相望，大多数村民是纳西族，地处洛洁河河谷里的木圣土村是个风景优美，山林环绕着的村庄，清澈的洛洁河从村子所在的山脚下流过，在那众多的树木中有很多是经济果木林，核桃、橘子、苹果、梨等等，看上去是个物产丰富的地方。但由于没有什么其他产业，又地处河谷山地，大多村民还处在贫困中，木圣土示范村的建设也就围绕少数民族的脱贫展开。据村民卓大哥讲：“在示范村建设期间，2013年至2015年，香格里拉市财政投入150万元用于木圣土的少数民族脱贫，主要开展了核桃产业建设、洛吉河河鱼保护培育基地建设、药材种植、引水造瀑工程、黑山羊养殖、日侉纳西东巴文化广场建设等。其中核桃产业建设中，对4420棵野生核桃树进行了改良，三年后每棵核桃树约产核桃15公斤，按目前每公斤核桃市场价为15元计算，这批改良后的核桃的收入约有10万元，新种植的核桃和洛吉河护岸林的建设，7年后挂果不但又有一笔收入，而且增加了我们村590亩森林植被，而洛吉河河道清理整治，让我们村的生态环境比以前更好了，山清水秀也同样可以让我们富裕起来。”

正如虎跳峡镇宝山行政村俄迪村民小组的彝族毛大姐所说：“在我们村的示范区建设中，我觉得最好的就是建起了我们村的生态农业基础。2013年刚开始搞示范区建设的时候，我以为只是帮助把那些不好的房子改造改造，但从2013年到2015年，省民委给我们村安排示范村建设资金150万元，不但给24户示范户每户1万元的住房改造补贴，还帮我们村建起100亩药材基地、106顶蔬菜大棚，改造了101所猪圈，建起12个垃圾池。有了这样的生态农业基础，我想今后我们可以自己逐步发展起来了。”

五、传统文化发展新机遇

走在奔子栏镇214国道穿城而过的新街上，一方刚刚建成的红底金字水泥立碑特别显眼，金色的大字由黄铜拓着“奔子栏文化惠民示范村”的字样，沿碑旁的水泥路往上走不远，一幢4层的藏式楼房窗明几净，那是2015年刚刚落成的奔子栏民族特色文化中心，中心是在民族团结进步示范区建设项目资金的支持下建成的。这栋建筑有1935平方米，内设置了奔子栏民族文化展示厅，展示了集藏传佛教文化、锅庄、木制手工艺、茶马古道文化等具有奔子栏特色的文化实体。另外中心还包括了老年活动中心、文化站、各站点服务窗口等。

说起奔子栏的民族文化，时间可以倒推几百年，奔子栏镇党办秘书扎史次姆讲起奔子栏的文化时说：“早在唐代，奔子栏已经是西南进入吐蕃的古道，生活在这里的藏族农牧民在漫长的发展过程中，创造了丰富多彩、地域特色鲜明、底蕴深厚的民族文化，比如适宜当地气候和环境状况的干热河谷台地农林文化、建筑文化、服饰文化、歌舞文化、木器制作手工艺文化、藏医藏药文化和藏传佛教文化等。但在全球化背景下，奔子栏的许多优秀传统文化也在不断流失，处于难以传承的境况中。面对这种状况，近年来，镇党委、政府在州、县各级部门的支持下，组织人力、物力、财力，对奔子栏的优秀传统文化进行了倾力保护和弘扬，为藏族优秀文化的发展、保护和挖掘奠定了基础。比如，我们奔子栏的传统藏族锅庄歌舞的保护和发展，经过政府有关部门和奔子栏群众的共同挖掘、收集、整理、创作，加大了保护力度，并于1999年应日本国文化厅的邀请，作为典型的、有特色的藏族民间歌舞参加了第四届国际民间艺术节，并赴日本山梨县、青森县及东京庆应大学演出；在2000年还前往马来西亚、新加坡演出；2002年奔子栏锅庄被列入第一批国家级非物质文化遗产。现在我们还有自己的非遗传人，专门培养年轻一代。又如奔子栏的木制手工生活器皿制作工艺，制作的木碗、糌粑盒、酥油盒等各种器皿早在明代就已远销西藏、青海、四川藏区和印度、尼泊尔等地。但过去这些木器的生产，都是家庭作坊来完成，产量不大，手工技艺以家庭传承为主，它的经营和传承受市场需求的影响很大。为了能发挥其增加群众收入的作用和保护发展这门文化技艺，镇里从关心和支持手工工艺传人入手，选拔了自己的手工工艺传人代表，以以点带面的方式，开展对木器制作这一古老民间手工技艺的保护和发展，选拔了以鲁茸益西为代表的手工工艺传人。鲁茸益西成为迪庆州德钦县传统手工工艺传人后，成立了香格里拉藏家传统手工艺厂，并推出命名为‘益西藏木’的系列手工木器工艺品；后来又成立了德钦县奔子栏残疾人手工艺制品厂。目前奔子栏有200多名手工艺人制作木器器皿。手工木器制作从家庭作坊向产业化发展。地方品牌的推出，一方面使奔子栏的木器走向了更大的市场，另一方面使得这一手工技艺文化呈现可持续发展的趋势。现在我们建起‘奔子栏民族特色文化中心’就是以中心为基础，提供一个开展行动的平台，更好的保护和发展我们的民族文化。”

奔子栏非物质文化遗产国家级传人徐桂莲大姐说：“以前我们唱歌跳舞，一方面是因为喜欢，另一方面因为结婚办喜事、聚会、祭祀活动时的风俗习惯，并没有特别在意它的发展或者传承。很多年轻人只会一些简单的，或有的已经不会了。这样很可惜，现在好了，政府专门给这方面支持，许多年轻人也喜欢来学，我被选为传人，也很高兴教给他们。现在我们奔子栏不仅是锅庄，像木婉、树椒、茶马古道、佛教文化、绘画、藏药、房子等，这些也都在传承范畴。像藏族特色小镇的建设，就从小镇的环境入手，改造小镇民居、店铺的建筑风格，‘脱西装，换藏装’，小到一盏路灯，都改换成具有藏文化特色的装饰、绘画等，从房子、饮食、民间工艺等，营造我们藏文化氛围，把藏族文化特色小镇建成保护和弘扬藏文化的示范点和平台。”

正如徐大姐所说，今天奔子栏民族文化的发展不仅得益于当地农牧民对自己民族文化的热爱，也得益于党委、政府对民族文化保护发展的推动力。在示范镇建设中，不但加大了这方面的力度，且针对过去这项工作由于经费、人员等种种原因，没有条件从整体出发，在持续性、长期性方面都存在许多困难的情况，在2013—2014年的示范镇建设中，从整体上考虑奔子栏的民族文化的建设，即由政府来建平台，采取让全镇群众作为主角参与进来的方式开展。具体做法一是从示范镇建设的项目资金中整合出一部分，开展建设以奔子栏镇镇政府所在地老街为示范的藏族特色小镇；二是开展以奔子栏行政村为示范的民族文化村建设；三是培养民族文化传承人；四是有计划的发展藏文化产业，把文化用起来，使之真正传承并得到保护。

与奔子栏一样，香格里拉市尼西乡汤堆藏族特色村寨建设在2015年紧锣密鼓地拉开帷幕。来到已经8年没来的汤堆村，村子的变化着实让人吃惊，进村的道路全是整洁干净的卫生路，一改8年前那一下雨便是泥土混合着各种家畜粪便的泥泞，村里的许多民居院墙上挂着不同客栈的标牌。尼西乡汤堆村，一个73户375人的藏族村子，地处半山区一个四面环山的坝子里，村民的生计以农业为主，兼有采集业、林业、运输业、商业、手工业，因出产纯手工制作的黑陶产品，早在20世纪八九十年代蜚声国内外。不曾想到，会因这个赖以为生的手艺，成为云南历史文化名村，搞起了“藏家乐”乡村旅游。黑陶匠人恩主师傅说：“我从小就跟父亲学习做黑陶的技术，父亲是很有名的制陶工匠，也是云南省民间工艺美术大师，虽然父亲已经去世了，但因从小跟他学习，现在我也做得很好。做一些火锅、火盆、茶罐等陶器来卖，是我们这里历史上就有的讨生活手艺。不曾想到这门技艺竟然有几千年的历史，除了制陶，我们的尼西情舞也很古老，还有我们的建筑、饮食等等与生产生活有关的一切，在我们搞起‘藏家乐’乡村旅游后，发现它们都很重要，是自己的文化。政府以村为单位组织开展乡村文化示范工程和藏民族特色村寨创建活动，我们村的民房和院子等在政府的帮助下，进行硬化、美化、改水、改厕、绿化，并购买了最基本的设施，还给我们开展了规范化的旅游服务培训，现在我们村的这些日常生活，成了搞好‘藏家乐’的宝贝。每家每户只要服从旅游行业的管理，便可挂牌对外营业。游客除了欣赏我们的田园山水，还可以参加陶器制作、了解我们的历史、了解我们的工艺。村里的年轻人因为‘藏家乐’旅游不用外出打工。”

迪庆州在民族团结进步示范区建设中，像奔子栏、汤堆这样把传统文化发展和保护作为重点，建设了一批特色村寨，这是迪庆州文化兴州发展战略工作的一部分。从每一个小的文化载体分门别类的开展保护和发展，特别强调文化主体自身的大众化发展，而非培育少数精品的文化保护导向，以点带面的方式，在推进民族文化的继承和弘扬中是一种新的尝试，也是民族团结进步示范区建设的重要内容。

走进迪庆，民族团结进步示范建设的故事远远不止上面叙述的这些，在澜沧江畔、在金沙江边、在梅里雪山脚下、在牛羊成群的建塘草原，随处可以看到、听到、感受到，云南藏区各族人民团结奋斗建设美丽家园的信心和让人备感振奋的行动。

第二章　澜沧江畔的多元和谐家园

在祖国的西南边疆，美丽富饶的澜沧江畔有个全国唯一的傣族自治州——西双版纳傣族自治州。西双版纳傣族自治州（以下简称版纳）成立于1953年1月23日，是云南省内成立的第一个少数民族自治州。据有关资料记载，西双版纳古称勐泐，明代开始称西双版纳，“版纳”为封建土司行政单位。版纳现辖勐海、勐腊两县，景洪一市，西双版纳工业园区、景洪旅游度假区、磨憨开发区三区。

版纳西南与缅甸、老挝接壤，毗邻泰国，国境线长966.3公里。素有“东方多瑙河”之称的澜沧江—湄公河国际大河流经州内，有着一江通六国（中、缅、泰、老、柬、越）的区位优势，是“一带一路”前沿地带和茶马古道要道。州内江河纵横，山川挺拔，气候多样，具有自然资源丰富，景观独特，民族风情浓郁等特点。热带雨林和热带季风气候及亚热带季风气候导致生物多样，版纳被誉为“植物王国”“动物王国”和“物种基因库”。

版纳是多民族多宗教多文化的自治州。州内世居着傣族、汉族、哈尼族、拉祜族、布朗族、彝族、基诺族、瑶族、回族、佤族、苗族、壮族、景颇族等13个民族，其中傣族是主体民族，基诺族只居住在版纳，布朗族大部分居住在版纳，其中有10个民族为跨境民族。2016年版纳常住人口116.4万人，其中少数民族人口76.26万人，占总人口的77.6%。版纳有民族传统宗教、佛教、基督教、伊斯兰教，其中佛教、基督教、伊斯兰教信教群众36.8万人，约占全州总人口的37%。民族宗教工作也是版纳示范区建设的重要内容。2013年9月开展创建全国民族团结进步示范区（市、盟）的试点工作。

一、起航、追梦

2012年6月，省委、省政府出台了《关于建设民族团结进步边疆繁荣稳定示范区的意见》，对示范区建设做出了全面部署，从多民族和各民族发展不平衡的省情出发，因地制宜，创造性地贯彻落实中央关于民族工作的决策部署。2013年9月国家民委决定将西双版纳傣族自治州等13个州（市、盟），作为开展创建全国民族团结进步示范区（市、盟）的试点后，版纳围绕各民族“共同团结奋斗、共同繁荣发展”的主题，把握州情、科学安排、周密策划、精心部署，扎实有序地推进全州各层面群众性创建活动的深入开展，进一步夯实了民族团结的思想基础、群众基础、物质基础、人才基础和社会基础，不断巩固和提升了创建活动的成效，谱写了各族群众“热爱伟大祖国、建设美好家园”的新篇章。2015年1月习近平在考察云南时强调：“希望云南主动服务和融入国家发展战略，闯出一条跨越发展的路子来，努力成为民族团结进步示范区、生态文明建设排头兵、面向南亚东南亚辐射中心，谱写好中国梦的云南篇章。”示范区建设有了实质性推进。

被列为全国首批创建民族团结进步示范区试点后，版纳如何做？在这机遇与挑战并存的时代，特别在“一带一路”建设背景下，以各民族团结进步的历史经验为鉴，以各民族共同的利益、共同的责任和命运共同体理念，高位推动示范区建设。

民族团结是国家长治久安繁荣富强的基石，州民族宗教事务局创建办介绍道：示范区建设强化领导责任机制，有关部门各司其职、密切配合、通力协作。版纳各级建立了横向到边、纵向到底的创建工作组织领导体系，成立了由党政主要领导分别任组长、副组长，组织、宣传、统战、民宗等部门为成员单位的州（市）、县（市、区）、乡（镇）三级创建工作领导机构，明确了成员单位工作职责，全州机关、企业、社区、乡镇、学校建立健全了以基层党组织为核心的创建工作网络，形成了大创建工作格局。组建了创建办，并从州民宗局相关科室及有关部门抽调4名工作人员专司创建工作，目前州县两级共有创建工作专兼职人员16名，各成员单位也指定了至少1名专兼职工作人员常年抓好民族团结进步创建工作。

科学规划，经费保障是示范区建设的基础。制定了《创建全国民族团结进步示范区行动方案》《西双版纳州创建全国民族团结进步示范区以奖代补专项资金管理办法》等5个配套文件，为版纳开展创建活动提供了指导性文件。各县（市、区）各部门按要求制定了创建活动阶段性计划和长远规划，坚持主要领导负总责，分管领导具体抓，并指导创建领导小组及办公室工作，及时协调解决突出问题，确保社会各层面创建活动扎实有效开展工作。根据州情，示范区以生态立州、科教兴州、开放活州、生物富州、旅游强州、依法治州战略及保护生态环境、发展生态经济、弘扬生态文化、建设生态文明的思路，大力发展特色生物、旅游文化、加工制造、健康养生、现代服务五大生态产业，扶持壮大了一批民族医药、民族餐饮、民族服饰、民族工艺品等民贸民品企业。特色生物、旅游文化、加工制造、健康养生、现代服务产业产值分别增长9%、15.4%、14.8%、55.8%、28.1%。每年安排595万元专项工作经费，1200万元“以奖代补”创建经费，将民族团结进步工作纳入“目标管理责任制”，与干部考核任用挂钩，实行一票否决，保障创建工作顺利开展。2015年启动“15885”示范工程（1个示范县市、5个示范乡镇、80个示范村、800户示范户、5个示范社区），形成“以点串线、以线连片、以片带面”的工作格局。并在原有创建民族团结进步示范典型，扶持特色产业为主抓内容的基础上，打造具有少数民族特色、居住环境美化、产业结构优化、民族团结和谐的示范点，把发展产业作为解决各族群众就业的重要途径，深入实施“阳光工程”“雨露计划”“春风行动”等培训项目，积极推动农村劳动力转移就业。新型农村合作医疗实现全覆盖，参合率达98.9%。西双版纳成了中外闻名的“康乐之乡”“长寿地带”。示范县（景洪市）的嘎洒镇近10年来百岁老人都在5名以上，2010年达到14名。

创新工作协调机制。从1999年起在州（市）、县（市、区）、乡（镇、街道办事处、农场）实行民族团结进步目标管理责任制，层层签订责任书，年终进行考核奖惩。自2000年开始，每年9月定为“民族团结进步宣传月”，广泛深入宣传党的民族宗教政策。坚持每半年召开一次民族宗教团结稳定形势分析研判会议，认真研究民族关系和宗教领域的热点难点和苗头性、倾向性问题。机关、企业、社区、乡镇、学校建立健全了以基层党组织为核心，广泛吸收各方面参加的创建工作网络，积极组织各族群众开展创建活动。工、青、妇等人民团体和工商联等群众团体充分发挥职工、青少年、妇女和非公有制经济代表人士的作用，积极组织参与配合创建工作，形成党政与全社会积极参与创建工作的良好氛围。

积极发挥“七进”示范点带动引领作用。确定了州傣医院、景洪市民族中学、景洪市勐养镇曼景坎村委会曼掌村民小组、景洪市街道办曼各社区、勐海县打洛镇勐景莱村民小组、勐腊县勐腊镇曼龙村民小组等“七进”民族团结进步示范点，积极打造示范户、示范村、示范社区、示范企业、示范学校、示范宗教活动场所。大力选树民族团结典型，发挥典型引路的作用，表彰为促进民族团结进步、边疆繁荣稳定做出突出贡献的模范集体、模范个人、模范家庭等，出台《中共西双版纳州委 西双版纳州人民政府关于加强和改进新形势下民族工作的实施意见》。重点打造民族团结进步典型示范带动工程，通过省级补助、州级专项支持、县级整合和群众投工投劳相结合的方式，重点打造版纳州列入省级“十县百乡千村万户示范点创建工程”的1个示范县（景洪市）、5个民族团结进步示范乡（镇）、80个民族团结进步示范村和民族特色村、800户民族团结进步示范户和5个示范社区创建工程。同时，认真组织实施人口较少民族新增村整村推进、民族地区产业发展等项目。由于工作突出，勐海县打洛镇边防检查站、县工业园区陈升茶叶有限公司、勐景来村、曼芽村、景洪市委党校、政务中心、民族中学、勐养镇曼掌村、允景街道办曼各社区、西双版纳总佛寺、曼听公园以及勐腊县重点开发开放试验区中老泰国际赶摆场、磨憨边防检查站、勐腊镇边防派出所、曼龙勒村等示范点均已通过国家民委检查考核验收。

以学习召存信老州长爱党、爱国、爱民和廉洁奉公的先进事迹为契机，进行民族团结教育，凝心聚力促进示范区建设。在版纳，“‘老州长’是当地干部群众对德高望重的原州长召存信的敬称。召存信连续7届、40年担任州长，是西双版纳各族干部群众的贴心人，更是全州民族团结进步事业的主心骨。他带领各民族群众艰苦奋斗半个多世纪，将西双版纳建设成为文明、稳定、开放、发展的美丽边疆”。他从封建领主到人民公仆，积极配合中国人民解放军解放了西双版纳，把象征封建领主世袭权力的金伞献给了毛泽东主席，并且第一个在“新中国民族团结第一碑”普洱民族团结誓词碑上签名，立誓“永远跟着共产党，建设社会主义新边疆”，他在西双版纳第一届各族各界人民代表大会上宣布放弃“召景哈”官职，随后加入中国共产党，他曾荣获“全国民族团结进步先进个人”“云岭楷模”等荣誉称号，是云南省民族团结进步的典范。2016年1月中共云南省委关于向召存信同志学习的决定，学习他一生忠诚党的事业、心系人民群众、维护民族团结、无私忘我奉献的精神，是西双版纳州民族团结进步边疆繁荣稳定的“压舱石”，无愧为忠诚于党的好党员，无愧为维护民族团结的好干部，无愧为傣族人民的好儿子[①]。示范区建设工作还把干部

①《中共云南省委关于向召存信同志学习的决定》，《云南日报》2015年12月31日。

教育培训纳入重要内容，坚持每年对科级以上干部集中轮训一遍。充分调动干部群众参与创建的积极性和主动性。加强舆论宣传，充分利用宣传媒体，广泛深入宣传示范区建设的重大意义、目标任务、典型经验和工作成效，努力形成全社会和各族群众关心、支持、参与示范区创建的良好氛围。学习“老州长”爱党、爱国、爱民的精神助力民族团结进步示范区建设。

执政为民，通力合作。其中先进集体州政府办公室，作为政府机构的服务机构，他们立足本职，用心服务示范区建设。建立党组统一领导、班子齐抓共管、分管领导综合协调、各科室各司其职的工作格局，形成了全体干部职工共同抓好民族团结工作的强大合力。加强项目督办，确保政令畅通，有效地推动政府决策的贯彻落实。当好政府“总协调部”。州政府办公室还结合文明机关、学习型机关、和谐机关创建活动，加强理论学习，正确把握党的民族宗教理论政策，加大调查研究力度，不断提高驾驭和解决处理民族团结问题的能力。同时，深入基层，化解难题，帮助困难群众共同发展。谨慎处理涉及少数民族和民族地区的复杂矛盾及社会稳定问题，坚持认真分析研判，是什么问题就按什么问题处理，多做消除疑虑、理顺情绪、凝聚人心的工作。

加强民族法制建设，为示范州建设提供法制保障。西双版纳州人大常委会机关围绕示范州建设目标任务，广泛开展调查研究，拟定立法计划，制定符合实际和行之有效的民族自治地方法规，推进民族工作法制化，依法保障少数民族合法权益。重点加强维护民族团结、资源开发、生态补偿、城市民族工作、散居民族工作、民族文化传承保护、民族文化知识产权保护、少数民族语言文字工作、少数民族权益保障等方面的立法工作。积极参与省人大有关委员会开展气象灾害防御条例、三江滇西北流域资源开发利用和生态补偿条例、生物产业促进条例、湿地保护条例、学前教育条例、非物质文化遗产保护条例等法规的立法工作；开展民族教育条例、野生动物保护条例立法调研。开展对民族传统建筑保护条例、自然保护区管理条例立法后评估工作。以民族立法工作为促进边疆民族地区生态环境保护、民族文化的保护与弘扬、经济社会和谐发展做出积极贡献。再如，西双版纳旅游度假区区党委利用“六五”普法的契机，在南联山农场召开了2012年普法培训会，南联山农场25个居民小组、曼弄枫村委会9个村民小组干部及佛教信息员、度假区医院职工126人参加了会议，培训会的举办进一步增强了佛教信息员的法律意识和法律素质，推动形成自觉学法守法用法的社会环境。示范区先进个人勐海县勐宋乡人大杨桦主席（拉祜族）从普法立法入手助推示范区建设。勐宋乡地处勐海县东部，境内居住着哈尼族、傣族、拉祜族、布朗族、汉族等民族，是一个典型的少数民族杂居的贫困山区乡。勐宋乡总人口22919人，少数民族人口20005人，占全乡户籍总人口数的87.28%。杨桦认为作为一名少数民族干部应该把团结和稳定放在首位，在工作中认真组织开展学习民族法规和民族政策，深刻理解贯彻落实民族法规和民族政策对维护民族团结、社会稳定和国家统一、促进民族地区经济社会发展重要性。修改并完善了《勐宋乡第十一届人大代表活动制度》和《勐宋乡第十一届人大主席团联系代表活动小组制度》。为了便于联系民族群众、便于开展活动的原则，将勐宋乡十一届民族人大代表编为3个代表小组，按片区相对集中划分，配备人大代表小组组长、副组长和联络员，明确人大代表小组长工作职责，认真落实联系代表小组工作责任制，保持与代表的联系沟通，密切代表与各民族群众的联系。如：对勐宋乡曼方—保塘土地整治（补充耕地）项目的视察；对勐宋乡义务教育发展情况、勐宋乡“全国普洱茶知名品牌”创建工作情况的调研及州、县级民族代表外出考察拉祜族村村民管理、村民自治。立足法制，为示范区建设保驾护航。

当我们与景洪市基诺族乡及新司土村委会座谈时得知新司土村委会辖有6个村民小组，村内主要居住着基诺族、傣族、哈尼族、拉祜族、彝族、汉族等多种民族，根据州市的统一部署，及时成立以村委会主任为组长，各村小组组长为成员的民族团结领导小组，与村民小组签订民族团结责任书，明确责任领导，做到责任明确，工作具体。组织村干部认真学习民族团结知识，积极宣传国家民族政策，认真贯彻落实民族宗教政策和国家宗教法律法规。积极支持巴朵手工艺品专业合作社，充分利用“特懋克”和新米节等民族特色节日开展凝聚人心，传承民族精神，展示传统文化，保护传统文化等活动。积极为困难户和低保户申请住房改造和困难资金补助，积极改善党群、干群关系。现巴飘村小组被评为省级少数民族示范村，有挂牌民族团结文明示范户5户。

荣获“全国民族团结进步模范个人”称号的基诺族乡白兰乡长讲道：“我出生在基诺山一个普通的基诺族家庭，从小在农村生活的经历，让我对基诺山曾经的落后面貌记忆犹新，对基诺族人民靠山吃山、刀耕火种的生产生活传统有着深切感受。通过党的培养教育和长期在少数民族地区工作，让我深知‘两个共同’‘三个离不开’‘四个认同’和‘五个维护’的深刻内涵，也让我深切地体会到，没有党的民族政策，没有各民族团结进步，就不会有基诺山乡的跨越发展和基诺族人民的幸福生活。2012年底，我怀揣着‘让家乡更美丽、让民族更兴旺’的愿望，回到基诺族乡任乡长。正所谓‘巾帼不让须眉’，我虽然身材娇小，但始终不忘党的培养，不忘自己是一名少数民族干部，始终坚持以建设家乡、振兴民族为己任，全心全意为基诺山乡民族团结进步事业贡献自己的绵薄之力。放飞梦想，砥砺前行。”

二、立足民生抓示范

版纳具有独特的地理优势和气候优势，素有“滇南的谷仓”美誉。版纳主要有坝区、山区和半山区不同经济，坝区和山区、半山区通常是“一山有四季，十里不同天”的特点。坝区主要有多季水稻、橡胶、畜牧业、渔业、热区水果等。山区和半山区主要有谷物、玉米、甘蔗、茶叶等。

示范区以经济建设为中心，以“决不让一个民族掉队，决不让一个民族地区落伍”的承诺，实施特殊扶持政策。示范区积极将建设与兴边富民工程、新农村建设、扶持人口较少民族等发展项目结合起来。截至2014年12月底，版纳共投入扶贫资金3.78亿元，减少贫困人口1.5万人，38个人口较少民族行政村实现“四通五有三达到”目标。启动勐海县、勐腊县集中连片特困地区扶贫综合开发，根据实际情况发展渔业、蔬菜、橡胶、养殖等增加经济收入，扶持农家乐餐厅，同时以美化和改善生存环境为主，加大对牛舍、干粪池、青贮窖、卫生间、道路及地坪、围墙及大门、水泥路、陀螺场、太阳能路灯改造等，建设美丽村寨。示范乡镇之一的布朗山布朗族乡，生活发生翻天覆地变化的布朗族群众用山歌唱到："共产党像太阳，照在心里暖洋洋！"

示范区牢牢立足"三农"服务，推进民族团结进步。例如，先进集体州农委办以"农业强、农村美、农民富"为目标，2014年以推进村庄环境整治为重点，以展现农村生态魅力为特色。启动第六批省级重点建设村20个，启动第九批州级试点示范村100个，完成建设项目75个。加大城乡统筹力度促进农业转移人口转变为城镇居民，举办各类招聘会。突出整乡整镇推进整合中低产田地改造项目，将国土、发改、水利、农业、农发等部门的项目集中起来，推进大规模连片建设，加强农业科技配套，打造特色农业产业基地。经过多年努力，版纳共实施218个省级重点村、901个州级试点村和15个山区综合开发乡镇，版纳农村普遍实现"生产更加发展、生活更加宽裕、乡风更加文明、村容更加整洁、管理更加民主"的目标，农村和谐稳定。近年来版纳有2家企业获得4个中国名牌农产品称号，8家企业获得云南名牌农产品称号，9家企业通过有机、绿色、无公害农产品认证数达40个。农产品品牌数量和规模扩大对提升农产品质量安全水平，树立品牌、促进企业增效、农民增收起到了积极作用，为推动全州农业标准化的发展起到了示范带头作用。

州农业局王春同志认为"只有各民族共同团结奋斗，才能带来边疆农业的发展”。王春同志主要从事农业产业化、农产品加工、乡镇企业、农业龙头企业、休闲农业的工作，并兼任单位工会主席和退离休老干部支部书记。他兢兢业业、实实在在地做人，在工作中他深入龙头企业了解带动、扶持与农民利益有关的项目；坚持每年定期组织成员单位召开农业产业化发展联席会议制度，定期分析产业发展现状，及时总结推广成功经验和做法，千方百计为龙头企业破解产业发展中存在的实际问题和困难。他积极组织企业参加西双版纳边境贸易交易会、昆明泛亚国际农业博览会、中国国际农产品交易会及各种农产品展示展销会等农产品促销活动，不仅壮大农业龙头企业队伍，而且经常倡导外来企业工业化、市场化、品牌化的经营理念。

示范区建设深入乡村。党委、政府急群众所急，想群众所想，基诺族乡乡长白兰和乡党委、政府多方筹措资金，为了确保扶持人口较少民族产业发展项目、整乡推进项目和“3121”工程示范乡建设项目等民生工程顺利推进，积极争取基础设施建设和产业发展、培育特色产业、扶持人口较少民族发展等方面资金。在乡内推动完成3个村民小组新农村示范村建设、2个村民小组民族团结示范村项目建设、7个村委会46个村小组的村庄规划。注意提升群众自我发展能力和科学技术水平，邀请州市级有关部门指导群众改造菜园，种植季节性蔬菜，扶持建立农村专业养殖合作社，千方百计增加群众收入。

作为全国唯一的傣族自治州，以信仰南传佛教为主的傣族村寨，经济、文化、生态全面发展的“中缅第一寨”勐景来，是示范村的典型代表。该村是隶属于勐海县打洛镇的一个傣族村寨，有100余户500多人，村民人均纯收入约8000余元，全村信仰佛教，是示范区建设中的农村示范点。2006年该村通过国家3A级景区的评定，2013年1月5日被中国文物保护基金会授予中国傣族文化保护与传承示范基地和中国文化旅游示范基地，2013年被列为全省“十县百乡千村万户示范点创建工程”示范村。

直面贫困，迎头赶上。勐海县勐遮镇曼弄村委会佤族老寨是古老的佤族村寨，由于地处山坡和半山坡，经济发展条件有限，生活十分贫困。1974年出生的岩果带领村民寻找和开辟田地种植甘蔗和茶叶，并积极地联系大商户，让甘蔗和茶叶有销售的渠道。现在甘蔗和茶叶已经是佤族老寨主要的经济收入来源，村民年平均纯收入逐渐增长至约9千元。

旅游业助推示范区建设。依托得天独厚的自然资源和人文资源，勐景来村引来金孔雀旅游集团投资，农户提供场地的方式合作开发了集傣族宗教文化、农耕文化和边境探秘文化为主题的综合型旅游。在公司开发工程中，优先招聘本村村民到公司就业，目前公司拥有职工121人，其中58%为勐景来村村民。村民依托旅游业发展农家乐、销售农特产品、景区门票收入分成等方式，以及种植130多亩火龙果增收致富，扶持10户示范户发展农家乐等，村民人均纯收入近万元。再如，公司投入资金8万余元，聘请了傣族壁画的文化传承人对勐景来村游览道两侧的墙壁全部进行了包装、绘画，壁画内容以突出傣族人民劳动生产生活场景、宗教活动及各类传说故事为主，体现出“新农村、新旅游、新体验、新风尚”乡村旅游的新特点。

三、学习文化知识和守住精神家园并举

“十年树木，百年树人。”版纳把民族教育作为和谐发展的核心内容和长久之计。国民教育与民族团结教育是示范区的历史责任和创新工程。版纳教育学校师生主要由汉族、傣族、哈尼族、拉祜族、布朗族、基诺族等多个民族组成，而且多来自贫困山区，学校认真落实少数民族学生照顾政策，实行“两免一补”政策，发放国家助学金。同时对困难学生实行一帮一“结对子”或寻找企业等爱心救助活动。近三年来，西双版纳傣族自治州第一中学平均每年对76名学生减免学费，减免资金近23万元。示范区为边疆建设培养德才兼备的各民族人才，已成为边疆各民族学生成长的摇篮。西双版纳职业技术学院师生员工中除了版纳世居的13个民族外，还有来自省内外的回族、藏族、维吾尔族等其他多种少数民族，师生中形成了平等、团结、互助、和谐的社会主义民族关系。

示范区建设将景洪市民族中学、勐海县民族小学、西双版纳职业技术学院、西双版纳傣族自治州第一中学等作为示范先进集体。创建深化以“双语”教学为主要内容的民族教育改革，在15个乡镇、97所学校、323个班级、11800多名学生开设了“民族双语”，探索建立了适应西双版纳州实际的“双语”教育体制和课程体系。为此，勐海县民族小学在现有24个教学班中，还设置了2个春蕾女童班和1个布朗山班。

民族团结教育要从小抓起。景洪市民族中学坚持开设《民族政

策教育课》，通过民族的历史巨变，感恩党感恩社会进行民族团结教育。定期开展“民族团结教育国旗下讲话”，举办“民族团结”征文活动，通过民族团结“进课堂”。学校每个月还以主题班会的形式进行民族团结教育，让学生从学校的小课堂全面了解国家对民族的政策。利用校园广播、黑板报、手抄报、国旗下讲话、知识竞赛等形式，加大民族团结教育的宣传力度。举办“民族团结”手抄报展评，开设民族团结教育橱窗专栏，定期出民族团结教育宣传黑板报，开展“知我民族、爱我家乡”的民族团结知识竞赛和主题征文暨“民族团结教育”演讲比赛活动，在全校进行全方位民族团结教育，引导学生了解自己民族的历史和文化。学校举办《民族团结共铸和谐联谊》晚会等，使创建活动丰富多彩，营造了浓厚的创建氛围。目前，民族团结教育已逐渐成为景洪市民族中学办学的一个特色亮点。勐海县民族小学则在学校举办以“人人都讲民族团结的情，人人都说民族团结的话，人人都做民族团结的事”为主要内容的主题班会，让孩子们对民族团结的知识有了更深的了解，民族团结意识也有了很大的提升。

实践校园文化建设，加强民族认同，展示民族文化之美。景洪市民族中学充分利用学校的场地设施创建了以“民族林”为主的民族教育宣传阵地。展示13个世居民族的简介、居住地分布、节日等，并利用在校民族学生的绘画、手工作品等制作了“才艺”走廊；创建多民族组成的“民族文化墙”，开展班级民族文化知识评比活动等。通过营造浓厚的民族文化氛围，激发了学生从小热爱自己的民族和民族文化。以专业良好的教育，提高学生对民族文化和民风民俗的认知。2007年，景洪市民族中学申报的《大课间操改革研究》被列为市级研究课题。经过大量的民族文化研究和实地考察，学校于2008年自主创作了以傣族、基诺族、哈尼族、布朗族四个少数民族的舞蹈、音乐与体育运动融为一体的“民族课间操”，使学校的课间操成为民族团结教育的大舞台。西双版纳州第一中学每逢中秋、国庆等传统节日，开展“我爱傣乡”演讲、征文比赛。通过这些活动，较好地让学生在校园学习中吸纳了优秀的少数民族文化和接受爱傣乡爱祖国思想教育。

美丽自信，积极引导学生融入社会。根据实际情况景洪市民族中学已持续六年成功举办了被誉为景洪市民族中学“春晚”的“民族团结，共铸和谐”迎新联谊晚会，2009年10月，中央电视台为此进行了专题报道。民族团结教育已逐渐成为景洪市民族中学办学的一个特色亮点，学校先后被评为“云南省民族团结教育示范学校”“云南省艺术教育示范学校”“云南省文明交通示范校”，西双版纳州“文明学校”“未成年人思想道德建设工作先进单位”“五四红旗团委”“五五普法先进集体”“教育工作先进集体”，景洪市“课改示范性学校”“云岭先锋工程示范窗口学校”“三生教育优秀学校”“市级绿色学校”“民族体育传统项目基地”，还被西双版纳州教育局列为“教学常规管理示范校”。学校获得的荣誉，大幅提升的教育教学质量，证明了民族中学的实力。在九年级学业水平测试中，2012年，文化分800分以上的学生42人（少数民族学生有15名），居两县一市首位，全州排名第三，同时有2名同学跻身版纳总分前十名的行列（其中1人为彝族）；2013年，800分以上人数达60人，有33人获单科状元（其中少数民族学生30人）。2014年，景洪市民族中学九年级水平测试版纳“四个第一”，即共有5名同学跻身全州纯文化分总分前十名的行列，居全州前十名人数第一；不含照顾分800分以上44人，综合分800分以上共52人（其中少数民族25人），居全州第一。学校力求德智体全面发展，在景洪市中小学生田径运动会中连续八届获得团体冠军，中考体育成绩每年排名全市前列，为学生更好更积极地融入社会打下了坚实的基础。近三年来，西双版纳州第一中学哈尼族学生在2011年中国中学生作文大赛中脱颖而出，进入全国前20名。2011年学生岩永罕成了自治州历史上第一位傣族高考文科状元。肖潇成为西双版纳州高考理科状元。2012年哈尼族学生顾思琪夺得西双版纳州高考理科状元。哈尼族学生者香现在北京大学读研究生。在培养少数民族学生的同时，学校更重视对少数民族教师的培养。学校先后派教师去澳大利亚、英国等国外，以及国内教育水平较高的地区进修学习等，由于成绩卓越被表彰为云南省民族团结示范学校。

贫困山区民族教育绝不能掉队。勐遮镇曼弄村委会佤族老寨岩果组长小学毕业，因为小时候没有条件读书，岩果一直感觉十分遗憾。随着现在人们社会交流交往频繁，他在走出去与社会接触时也充分意识到文化的重要性，因此在业余时间他一直坚持自己学习，掌握更多的汉字和先进的适宜发展的科学文化知识。通过亲身经历，岩果深深意识到要想真正的富裕，必须从小孩抓起从教育抓起，因此他积极地张罗小孩的入学事情。岩果亲自去到每一个孩子的家里，向家长讲解学习的重要性以及现在的好政策，宣传动员，现在全小组的小孩都去到学校读书，学习文化知识。

立足区位优势面向东南亚，辐射省内外办学。西双版纳职业技术学院积极开展对外交流与合作办学工作，由于成果显著，被列为云南省实施“走出去”战略的试点高校和“实用技能国际人才培养基地”。学院是于2001年7月经省人民政府批准、教育部备案，由原西双版纳州民族师范学校、西双版纳广播电视大学、西双版纳教育学院三校合并成立的一所高职院校。学院目前除面向版纳及全国多个省市地州招生外，常年招收老挝、缅甸、韩国及美国留学生，学院设语言文学系、基础教育系、艺术体育系、医学系、旅游与财经系、农业系、中等教育部、继续教育部8个教学系部。设置有29个大专专业，其中有应用泰国语专业、应用老挝语专业、导游专业、语文教育专业、艺术设计专业为省级特色和省级重点建设专业。《泰语口语》《现代饭店管理》《泰语听力》《旅游泰语》《傣医论断学》和《泰语语音》为省级精品课程，《模拟导游（中泰双语）》和《模拟导游（中老）》为省级示范双语课程。突出中国少数民族语言（傣语）、应用泰国语、傣医学、民族民间工艺设计与制作（旅游工艺品设计与制作）等专业突出地方性、民族性。从“培养少数民族师资、发展少数民族教育、造就大批少数民族人才”的目标出发，学院对原有的师范教育课程体系进行调整和改革，在人才培养方案、课程内容、见习实习等环节上加大力度突出“民族化”，设置少数民族语言（傣语）课程，规定教育类专业的学生毕业时能使用少数民族语言辅助教学，确保实现从师范毕业生到少数民族地区合格教师的“零距离”对接。建有中央财政支持的“国家紧缺人才——旅游专业实训基地”等多个实习实训基地，形成了“校内、校外、跨国”三结合的实训体系，形成了多民族融合、多种文化交流碰撞的和谐校园文化景观。

四、美丽家园，我们保护、我们建设

美丽的版纳是民族文化的富矿区，如何开发利用版纳民族文化资源服务示范区建设？州委、州政府出台了相关政策和配套措施，出台了《关于深化文化体制改革加快建设民族文化名州的实施意见》《西双版纳傣族自治州民族传统建筑保护条例》。从2012年起，版纳州财政每年设立文化事业建设专项资金1000万元，州文化产业发展专项扶持资金500万元，民族传统文化抢救保护专项资金200万元，专项用于扶持发展具有示范性、导向性的重点文化建设项目和文艺精品创作。目前，版纳已建立1个非物质文化遗产资料库，18个非物质文化遗产保护传习所，确立11个国家级、20个省级、52个州级非物质文化保护名录和4个国家级、49个省级、160个州级非物质文化遗产传承人，保护名录和传承人总数位居全省前列。出版《中国贝叶经全集》100卷，完成100册“贝叶文库系列丛书”。建立了基诺族大鼓舞、布朗弹唱、傣族慢轮制陶技艺、傣族章哈、贝叶经制作技艺、傣族织锦技艺传习所18个。列为历史文化保护村寨的景洪市勐龙镇曼飞龙村，村民玉南恩成立了傣族慢轮制陶技艺传习所，制作的土陶罐远销广州、福建等地，每年收入达4万元，慢轮制陶、傣锦、银器制作已经成为村民增收的重要渠道。

针对各少数民族群众爱唱爱跳，“逢节必演”“逢喜必娱”的特点，广泛开展建设一个活动场所、修筑一块篮球场、建好一个党员书屋、组织一支篮球队和文艺宣传队、自编自演一套歌舞节目的“五个一”活动，组织多层次文艺调演会演，做到主要节日有晚会、重大活动有演出，为各民族文化交流提供条件，创造机会。各文艺宣传队把党的民族方针政策融入文艺节目，改编成民族语言节目，通过小品、快板、民族歌舞表演等方式，把党的民族政策、民族团结传进千家万户。目前，版纳222个行政村共有文艺宣传队2450支2.9万人。倡导各民族节庆上互庆、风俗上互适、婚姻上互通、生产上互助，增强了各民族在生产生活中的交流融合，形成血脉相连、相亲相爱的大家庭。据第六次全国人口普查，全州31.4万户常住人口中，2个民族的家庭64113户，占20.42%；3个民族的家庭3614户，占1.15%。充分利用宗教教职人员精通本民族语言和传统习俗、了解本民族群众心理、深受信教群众信任的优势，积极引导帮助宗教界管理好宗教事务、开展法律法规知识宣传。示范县景洪市的勐罕镇组建了一支由42名僧人组成的普法队，帮助全镇9个村委会完善《村规民约》，协助村干部调处民间纠纷，做到了小事不出户、大事不出村。

建设文化名州，增强文化自信。实施基层文化建设工程，努力实现村村建有黑板报，村村读上一张报，村村建有篮球队，街街建有阅报栏，并在城乡社区、村寨组建了老年门球队、老年陀螺队、和尚足球队，促进各族群众文化生活丰富多彩。利用民族语言传播现代文化，在广播电台和州电视台开设了傣语、哈尼语广播电视栏目，制作播出了许多丰富多彩、群众喜闻乐见的民族语文节目。成立了民族语译制中心，用傣语、哈尼语、基诺语、瑶语等少数民族语言先后译制了500多部优秀题材电影，受到州内外少数民族群众和周边国家各族群众的喜爱。充分利用民族文化资源和现代手段，打造“勐巴拉娜西超级歌舞秀”、“水舞源”、“澜沧江·湄公河之夜”歌舞篝火晚会、“多歌水”歌舞晚会、“哨哆哩风情之夜”等歌舞晚会，不断提升旅游文化含量。

作为文化宣传保护主要阵地，州委宣传部精心谋划，整合资源，加快民族文化名州建设，为共筑民族团结进步的中国梦提供物质保障，将民族文化名州建设与创建全国民族团结进步示范州工作紧密结合起来，统筹城乡区域公共文化服务设施网络建设，组织实施公共文化惠民工程、“农民体育健身工程”和“七彩云南全民健身工程”，积极推进标志性重大公共文化设施建设，着力推进基本公共文化服务标准化均等化。2014年，申报2015年云南省文化事业和产业省级资金项目9项，版纳州共计投入全民健身工程体育项目资金1430.275万元，广播电视综合覆盖率达99.1%。同时深入挖掘民族文化资源，实施少数民族传统文化遗产保护工程，通过建立非物质文化遗产传习所和基地，发放传习活动经费，举办培训班等方式不断加大非遗保护力度，截至2014年底，版纳州有98个国家级（省级、州级）保护名录和249个国家级（省级、州级）非遗传承人，建立非物质文化传习所和传习基地18个。把民族团结进步工作融入社会主义精神文明建设之中，广泛开展文明单位（村、小城镇、社区）、“十星级文明户”等创建活动以及“我们的节日”、群众性文化、送温暖献爱心、志愿服务等主题活动，举办以“中国梦·傣乡盛开文明花”为主题的庆祝中华人民共和国成立65周年暨文明单位文艺展演系列活动和“中国梦·美丽傣乡”演讲比赛，充分发挥精神文明创建在西双版纳创建全国民族团结进步示范州的带动和支持作用。版纳州现有全国文明单位（村）5个，省级文明城市（单位、村、社区）69个，州级文明单位（村、小城镇、社区）170个，农村“十星级文明户”创评率达65.6%，为数众多的文明单位、村寨和农户犹如散落在全州各地的珍珠，在创建全国民族团结进步示范州工作中散发出耀眼的光芒。

通过采取多种形式，通过报纸、杂志、互联网、微博、微信等多种渠道，广泛地宣传创建典型、创建经验。据不完全统计，2014年，《云南日报》、云南广播电视台、《民族时报》、《西双版纳报》、西双版纳广播电视台等省、州新闻媒体，共刊播反映西双版纳傣族自治州民族团结进步事业发展动态和成效的新闻稿件近600篇（条）。版纳州广播电视台在民语广播电视《西双版纳新闻》、傣语《好曼勐傣》、哈尼语《田野金桥》等专题节目中，分别用傣语和哈尼语播出民族团结进步的稿件120篇（条）。版纳外宣门户网“西双版纳网”常年播放“美丽神奇的西双版纳”宣传片，常年设置“西双版纳州创建全国民族团结进步示范州”专题网页；“西双版纳发布”官方微信平台设置“团结·进步”“十二缕阳光”“傣乡楷模”等六个板块，推介版纳民族团结进步事业发展成果，从2014年4月份创办以来每周推出一期，已吸引4000余人订阅。

民族传统医药作为传统文化资源助力示范区建设。西双版纳傣医院是国内乃至湄公河流域六国中唯一一家开展傣医药特色服务的综合性医疗机构，也是西双版纳州傣医药对外交流及合作的窗口、傣医药传统理论发掘整理的科研所、科研成果转化的实验基地以及人才培养的实训基地。作为政府工作的一个重要部分，及对传统文化的保护传承，傣医院极为重视对傣医药古籍经方的发掘、翻译、整理及创新工作，通过几代傣医人持续不懈的努力，传承了2500多年的傣医药知识，已编撰出版傣医药专著30余部，发表论文300余篇，研发傣药制剂43个，获得国家、省及州级科技奖项10余个。挖掘创新民间医药（傣医药）服务广大人民群众，是示范区建设的瑰宝。民族文化的保护传承还根据版纳傣族历史文化厚重，勐海县打洛镇勐景来村内还组织男童认真学习傣族的历史文化，学习傣文、贝叶经典，佛寺“赕”升和尚、受戒、关门节、开门节、赕经书、拜僧礼、赕神、赕谷魂、赕塔等宗教活动的有序开展已成为当地乡村旅游的热点。

西双版纳州文化馆张娅同志从事群众文化辅导工作已有30多年。在落实和执行“文化三贴近”中，深入基层。同群众打成一片。创作和辅导出一系列反映部队官兵、校园生活、农民工勤劳致富、农村老百姓文明精神风貌等题材的文艺作品。每逢元旦节、春节、三八妇女节、傣历新年——泼水节、五四青年节、六一儿童节、七一建党节、八一建军节、中秋团圆节、十一国庆节等节日，州文体局都举行文艺演出。例如，在边疆勐腊边防部辅导文艺节目演出时，她抓住时机宣传驻地部队和民族群众“军民鱼水情”，每次驻扎与战士同吃、同训练、同生活精心组织策划《巩固边防·戍边雄风》《和平树下的军民演唱组》专场演出，被中国人民解放军总政治部表扬嘉奖，被中央电视台第7套军事频道播放。版纳一年一度的“傣历新年——泼水节”大型文艺游演，即“西双版纳傣历新年泼水节民族文化大游演”。她积极投入到紧张的创作和排练辅导之中，普遍反映“张老师教得认真，教得好！我们学得到东西!”同时，她也深刻体会到：“文艺为人民大众服务，才是真正的文艺。”特别最近四年傣历新年泼水节期间表演节目：《傣族万人手势舞》《傣族万人伞舞》，申报世界吉尼斯纪录已顺利成功，载入史册。创作和编排辅导的文艺节目多次得到了省、州级奖项。2013年张娅同志被州文联评为“先进文艺工作者”。

张娅同志还立足文艺为人民群众服务，举办、免费开放培训班和中老年广场舞蹈培训班等。在每年两个假期即暑假和寒假对学生进行免费开放舞蹈培训班辅导培训。针对不同年龄段的少儿群体，重新调整和撰写教学课件、教案等。结合少儿兴趣特点，辅导他们让他们能在校外学到真实的歌舞知识。能让他们从小得到文化艺术的熏陶，帮助他们健康成长。她还参与创作编排辅导第一套西双版纳州主题民族广场舞蹈，舞蹈包含了“傣族、哈尼族、拉祜族、瑶族、基诺族等广场舞蹈”，进行从城区各片区、社区、艺术团队辅导深受人民群众喜爱。

燕沙同志是属于农垦系统土生土长的哈尼族汉子。他知晓当地民族语言，具有文艺特长。他结合农垦与群众打交道的平台，大力宣传党的民族政策。同时，他充分发挥文艺特长，成功参与组织开展“基诺族·跨越发展30年”座谈会（北京人民大会堂）。他还参与组织策划泼水节和澜沧江·湄公河流域文化艺术节、“嘎汤帕”、“特懋克”等民族传统节庆打造独特节庆品牌，增强优秀传统文化的震撼力和感召力。打造“雨林景洪·柔情傣乡”的景洪城市名片，完成“傣族民间传统架子孔雀舞”“光倒皮里（傣族大鼓）制作技艺”等8个项目，申报“嘎洒镇曼暖典傣族织锦之乡”为中国民间文化艺术之乡的工作。组织编著《雨林景洪·柔情傣乡》《踏歌而去的阿里张波》《寻找记忆与价值》《图说哈尼/阿卡秀》等作品。通过书籍载体记录了一些面临失传的民族优秀传统文化，歌颂了美丽的西双版纳，丰富了西双版纳多姿多彩的民族文化。燕沙“民间文化使者”越来越得到群众的认可，农垦在现代社会中的特殊性——原来各类上访案件较多。由于燕沙等细致的工作，至2014年底，州垦区信访总量大幅度下降，尤其是群体性上访案件明显减少，垦区社会环境总体趋于平稳可控。基诺族乡长白兰注重基诺族民族传统文化保护与发展，积极推进基诺民族博物馆建设，推动基诺族优秀传统文化传承发扬。示范区建设美丽家园，全民参与，从我做起。

五、澜沧江畔的最美和弦

宗教和宗教文化是版纳社会和谐的重要组成部分。版纳宗教多元和谐，由于版纳历史文化的特殊性，信教群众较多，如何发挥信教群众和宗教团体的积极作用服务示范区建设？为此，我走访了州民宗局，以及西双版纳州佛教协会和基督教协会等。

宗教作为社会系统是示范区建设的有机组成部分。南传佛教、基督教、伊斯兰教、民族传统宗教等是版纳历史文化的重要组成部分。例如，历史悠久的南传佛教（或巴利语经典系佛教），佛寺佛塔遍布全州各地，佛寺500余所，傣族村寨几乎都建有佛寺、佛塔，其中一部分已经成为各级文物保护单位，南传佛教已经成为傣族和布朗族的文化标志。信仰自由，尊重多元，满足人们发展需求的“并存互通”“多元通和”宗教模式有利于西双版纳社会长治久安和民族团结和谐。同时，相关部门依法管理宗教。例如西双版纳旅游度假区结合度假区实际，在全区宗教界开展“宗教政策法规学习月”活动，并制定了“宗教政策法规学习月”活动实施方案，成立了领导小组，对开展宗教政策法规学习月活动做出安排和部署。发放《宗教政策法规读本》《宗教政策法规文件选编》《宗教团体教规制度汇编》各11本，共33本。营造和谐社会，助力示范区建设。示范区建设“七进”活动，其中专门设有进宗教活动场所，为示范区建设奠定了稳定基础和可持续的发展趋势。

认真学习和宣传党的宗教方针政策，依法依规结合开展宗教活动。有关部门充分利用宗教活动场所开展党的民族宗教政策、爱国主义、国情时政、民族团结，科技、农业、卫生、交通以及禁毒防艾的宣传教育培训工作。宗教团体和信教群众紧紧把握“八条标准”，即爱国爱教、知法守法、团结稳定、活动有序、教风端正、管理规范、安全整洁、服务社会为指导标准，积极引导信教群众参与到示范区建设活动中来。例如，西双版纳总佛寺是中国南传佛教活动中心和南亚东南亚的活动中心。目前，该寺也是西双版纳州佛教协会、景洪市佛教协会和云南佛学院西双版纳分院驻会和办公场所，集宗教管理、宗教活动、佛学禅修功能于一体。西双版纳州佛教协会经常组织优秀学僧到村寨佛寺开展社会实践活动。安排州佛学院僧侣到景洪市、勐海县、勐腊县的佛寺开展社会实践活动，对广大信众用傣文、汉文评授佛教礼仪、佛学基础知识以及民族宗教政策和法律法规等相关知识。邀请景洪市公安局消防大队为州佛学院140余名师僧进行消防知识培训，增强了师僧们的消防安全意识和面对火灾事故的快速反应处理能力等。2000年以来，每5年召开一次民族团结进步表彰大会，中国佛教协会副会长、云南省佛教协会副会长、西双版纳州佛教协会会长祜巴龙庄勐和州基督教协会岩温会长被评为西双版纳傣族自治州民族团结进步模范个人。西双版纳州佛教协会被评为西双版纳傣族自治州民族团结进步模范集体。同时，结合创建“和谐寺观教堂”活动，2013年西双版纳总佛寺祜巴龙庄勐被评为第二届全国创建和谐寺观教堂先进个人，树立了宗教人士的新形象。

倡导宗教慈善事业，担当社会责任。慈善事业在社会发展中扮演着越来越重要的角色，佛教的慈悲济世，基督教的基督之爱、爱人如己的社会关怀让人备感温暖。西双版纳州佛教协会下属的“佛光之家”作为公益性的社会团体，创新推进社会互助慈善事业，从人文关怀出发相互尊重、相互理解、相互关爱，以宗教慈悲济世之心关爱和疏导困难群众及特殊人群，关注不同群体的发展需求，以增强社会的凝聚力和向心力，促进示范区和谐发展。例如，每逢春节、傣历新年节、国庆节、世界艾滋病日，召开艾滋病病人/艾滋病感染者座谈会，走访慰问关怀贫困家庭，鼓励他们勇敢面对生活，积极接受治疗，并发放慰问金和生活补助费。关怀对象去世后，“佛光之家”工作人员和志愿者到家中看望家属，提供力所能及的帮助。截至2014年，“佛光之家”先后为200多位艾滋病病人/艾滋病感染者进行关怀和帮助，帮助他们勇敢面对生活，重建生活的信心。因工作成效明显，西双版纳“佛光之家”先后被州委、州政府评为2005、2006、2007年度禁毒防艾工作先进单位，并于2008年5月被省委、省政府评为云南省防治艾滋病工作先进单位。截至2014年9月，“佛光之家”先后举办200多期由僧侣、村寨骨干、乡村医生等相关人员参与的禁毒防艾宣传培训班，参加人数达2.5万余人。再如，与西双版纳边防支队开展“法治走边关”联合普法活动。“法治走边关”联合普法活动采取展示挂图、发放资料、悬挂标语、开展专题授课、知识竞赛、播放电影等方式，以辖区群众普遍信仰南传佛教为抓手，结合佛家五戒中的“不杀生、不邪淫、不偷盗、不妄语、不饮酒”，运用民族语言，广泛宣传普及党的民族宗教政策、禁毒防艾、反恐维稳知识、国家法律法规、户籍政策及边防政策法规，全力维护辖区安全稳定。汶川、鲁甸、景谷等地发生灾情后，组织僧侣为灾区人民诵经祈福，并带头为灾区人民捐款。

岩温会长缓缓讲述了近年来西双版纳州基督教协会（以下简称协会）开展的活动。“2010年组织带领同工、同事在协会专门成立了社会关怀事工，帮助贫困学生、乡村环保、艾滋病高危人群等许多社会服务项目。例如在勐腊镇朴蚌村委会、野牛洞小组共46户人家、190多人，从勐腊镇来讲是较偏僻的村寨，山清水秀，可是没有厕所，老幼都是在房前屋后解大小便，已觉得不卫生和不礼貌，来往人员和领导下乡都找厕所。当我收到申请后，立即安排社会事工专委会负责实地进行考察了解情况属实后，立即召开会议，会上我说‘减少污染，建设美好家园，做好环境保护工作是全社会的共同责任，我们有能力应该帮助’，会后决定并筹集12700元材料费支持他们建盖了两个厕所。2012年7月份出资金为橄榄坝五乡曼列村小组建了五个垃圾池，2012年资助勐旺乡瑶家村16名贫困学生32000元，爱心捐款地震灾害鲁甸县35940元。这样的做法在社会上产生了较好的影响。”珍视历史经验，示范区建设积极引导宗教人士和广大信教群众积极投身于经济建设、文化建设、社会建设，凸显宗教的社会性和群众性，助力示范区建设。

宗教文化的友好交流交往。版纳南传佛教历史悠久，法缘深厚，是东南亚佛教中心。历史上西双版纳南传佛教属于印度佛教，与缅甸、泰国、老挝以及柬埔寨等国家南传佛教关系密切，是“一带一路”建设中的前沿地带。1956年应缅甸政府和缅甸联邦佛教协会的邀请，他曾任中国佛教代表团团长率团前往缅甸参加佛陀涅槃2500年纪念活动及第六次结集大会闭幕典礼，在缅甸期间受到缅甸政府领导人的亲切接见和朝拜。会后，中国佛教代表团又从缅甸迎奉佛牙回国。1961年1月，松列阿戛牟尼随周恩来总理访问缅甸，参加缅甸联邦独立节庆祝大典。2014年6月13日，由泰国清迈省瓦莱蚌寺住持阿渣苏望带领的代表团，向总佛寺赠送巴利语三藏经书全集。2014年7月3至10日，西双版纳佛学院教师和州佛教协会一行10人在州民宗局的带领下到省内大理、丽江和香格里拉考察学习。这次考察的主要目的是学习藏传佛学院的管理经验。2004年至今，泰王国国王普密蓬·阿杜德陛下每年都向西双版纳总佛寺布施御制袈裟，以示中泰两国人民的友谊，西双版纳州佛教协会认真做好各项接待工作。示范区南传佛教秉承我国西南边疆与澜沧江、湄公河流域佛教国家友好往来的历史，成为示范区南传佛教对内对外开展佛教文化交流的桥梁，为我国与周边国家建立友好睦邻关系起到了重要的作用。

作为国家公民行使结社权利自愿组成的社会团体，我国的社会团体可以弥补政府职能的某些不足，充分发挥和依靠社会力量助推示范区建设构建和谐社会。

六、永远的热带雨林

西双版纳是国家级生态示范区、风景名胜区和联合国生物圈保护区网络成员，热带沟谷雨林为全国独有。目前州内有动物种类2000多种，占全国的四分之一；植物种类5000多种，占全国的六分之一，全州森林覆盖率为78.3%，自然保护区面积达35.41万公顷，是中国生物多样性聚集区、物种基因库、森林生态博物馆，是全球25个生物多样性保护热点地区之一。西双版纳热带雨林被《中国国家地理》评为“中国最美的森林”之一。

建设美丽家园，弘扬生态文化。坚持生态立州、环境优先战略，把生态建设和环境保护作为支撑全州可持续发展的重要基石，大力弘扬版纳各民族独特的“有林才有水，有水才有田，有田才有粮，有粮才有人”的传统生态文化观念。南传佛教也有佛化自然的内容，并与之有一套完整的祭祀仪式。例如傣历七八月的“祭佛山[①]”仪式就是一个敬畏自然崇拜自然的仪式，在佛爷和尚带领下信教群众围着早已凿制好的佛掌或佛脚印的青石绕三圈，贡献贡品，念经朝拜，放高升，敲锣打鼓。倡导“人间宗教”生态观念中人们不仅有“不杀生”等戒律，而且倡导人与自然的和谐。再如，“1998年3月5日，由西双版纳傣族自治州佛教协会和中科院西双版纳热带植物园携手组建的州宗教植物文化协会获得批准，并于同年6月16日在总佛寺挂牌成立。协会的主要任务：恢复竜山林与佛寺庭院植物，唤起人们热爱自然、保护自

① 佛山：佛事圣地，一般森林茂密，不许随意砍伐和亵渎。

然的生态意识，促进传统知识的收集、整理、挖掘，尊重、保护和维护当地民族和地方社区体现传统生活方式与生物多样性保护以及可持续利用相关知识。”[①]政府与当地宗教生态文化良性互动，至2014年示范区3个县市已通过省级生态文明县市验收，31个乡镇全部被命名为“云南省生态乡镇”，其中26个乡镇被命名为“国家级生态乡镇”，西双版纳州森林公安局被授予“中华宝钢环境奖”，保持了西双版纳在我国热带生态系统面积最大、保存最完整的地位。

完善生态制度，建立长效机制。在《西双版纳傣族自治州自治条例》的基础上，近年来先后制定实施了森林资源保护条例、澜沧江保护条例、自然保护区管理条例、野生动物保护条例、环境保护条例等20多部与生态保护、生态建设相关的条例、法规、规章，制定出台了打击毁林开垦、停止集体林地和国有林轮歇地开发流转、集体林权制度改革等文件，建立了热带雨林保护基金，在全国率先开展国家保护野生动物公众责任险，在全省率先建立森林资源保护目标管理责任制，建立了永葆生态经济发展的绿水青山，让热带雨林这张名片成为青春永驻、永不褪色的长效机制。目前，版纳全州有国家级自然保护区402万亩、州级自然保护区53万亩，县级和镇级自然保护区90万亩，森林活立木蓄积量1.45亿立方米，森林生态系统服务功能价值达1400多亿元。

为生态文明制定目标、明确方向。2008年8月，中共西双版纳州委六届六次全会确定“生态立州”战略目标后，2015年制定出台了《西双版纳州生态立州战略行动方案》，确定创建主体成立了州（市）、县（市、区）、乡（镇）、村四级生态创建领导小组，建立由党政一

① 牛华：《千年古寺盛世重光佛光普照祈福万民》，《云南宗教》，2013年01期。

把手任生态文明建设和生态创建领导小组组长的工作机制，形成了领导机构和办事机构健全，分工明确，责任到部门（人），一级抓一级，层层签订生态创建工作责任书。这其中特别值得推介的是勐海曼板村将环境卫生管理要求写入《村规民约》，勐海曼尾村的垃圾实行“户清理、村收集、镇清运”、景洪景讷乡将村寨环境划片（段）到户管理等模式经验。并逐步向邻近的普洱、临沧两市推广。同时积极参与和开展生态创建业务培训计划，在2009至2010年干部晋升任职资格理论考试中，将生态文明建设与生态创建内容纳入考试题目，参考人数约2000人次。每年对乡镇领导和环保所人员进行生态创建专题培训不少于2次，参训人员430人次。积极宣传生态文明建设和生态创建工作和成效，在《西双版纳报》（傣、汉文）刊载生态建设相关报道480篇，州、县（市）电台通过汉、傣、哈尼语播出动态新闻稿件、消息等893篇（条）。加大对学校的环境教育，将生态环保教育知识纳入全州各类学校教学计划，现已建成各级绿色学校69所。印发各类宣传单、宣传册等材料21万份（册）。开展生态文化理念宣传教育“进机关、学校、社区、乡村、企业”活动，为生态州建设营造良好的公众参与创建氛围。目前，全州已建成6个民族特色村、13个省级旅游特色村和5个州级旅游特色村。

西双版纳州林业局包晴科长就是示范区建设的先进个人，1986年他毕业于西南林学院，从政治理论上领悟民族工作对党的事业、边疆稳定、生态建设和产业发展的重要性，在工作中能够时时刻刻将群众的利益放在首位。在国家政策允许的范围内，将工程项目尽可能地安排由群众实施，使群众能充分享受国家生态建设和产业发展的惠民政策，从而积极投入到边疆生态建设和产业发展中来。他先后在营林、森防、天保、改产等科室工作过，认真履行群众利益至上，仅2014年有群众实施的低效林项目面积达8万亩，石斛种植面积1709亩，重楼100亩，金线莲60万株，同时还联合省林科院的专家组织一市二县近百名农户进行石斛、重楼、金线莲林下种植技术、管理的业务培训，大大提高了他们的种植管理技术和能力，为群众增收打下坚实的基础。

美丽的西双版纳总是让人神往，总有忘归的感觉。澜沧江—湄公河源远流长，不断增进版纳与南亚东南亚国家的友好往来和交流合作。“一带一路”，茶马古道，渐渐远去的马帮，在宁静的日子中逐渐回归。各族人民相互交往，相互依存，休戚与共，让我（你）听懂你（我）的语言，走进你（我）的世界，祖国家庭56朵花，民族团结一家亲。开放创新、和谐繁荣、互利共赢，民族团结进步人人参与，热带雨林绚丽多彩的民族文化让人流连忘返。示范区建设是“牵一发而动全身”的民族经济社会发展的基础性全局性工程，平等、团结、互助、和谐的新型社会主义民族关系，让示范区建设取得了令人瞩目的成效，积累了宝贵的经验。根据版纳的实际州情和历史经验，示范区建设既能高屋建瓴总揽全局，又能突出实践特色。多少个故事让人感动，多少个传说变成现实，创建工作内容实在、方法得当、效果明显、民族宗教文化因素浓郁、生态文明成效高。但在此文中所述的只是几个领域和部分特色。我们深深向你们致敬，我们深深祝福你们！让我们共同为西双版纳州经济社会科学发展、和谐发展、跨越发展，为谱写各族人民美好生活新篇章而努力奋斗！

第三章　有一个美丽的地方

“德宏”在傣族语言中，指“怒江下游的地方”。

“有一个美丽的地方，各族人民在这里生长。密密的寨子紧紧相连，那弯弯的江水呀碧波荡漾……”一提起德宏，脑海里就会飘逸出这首歌的优美曲调。在这块美丽富饶的土地上，世代生活着傣族、景颇族、德昂族、阿昌族、傈僳族、汉族等民族。他们用自己勤劳的双手创造着美好幸福的生活，为国家固守着漫长的边关。

当时间的脚步进入21世纪，这里的一切也在发生着全新的变化。各民族“共同团结奋斗，共同繁荣发展”，已经是全社会的基本共识。一个繁荣富强的新边疆展现在我的眼前。我一路行走在德宏丰饶的土地上，为各民族人民的发展进步而欣喜。

一、景颇山上的“总理工程”

我是第一次来到景颇山。

想象中这里应该是云雾缭绕、鸟雀欢鸣的山头，背着猎枪的景颇族汉子手提猎物从树林中走出来，身着短裙的景颇姑娘在花丛中翩翩起舞。当然这都是电影中见过的镜头，现实中景颇人的生活到底如何？我心里充满了期待。

站在三台山民族乡永欠村的广场上放眼望去，一个全新的景颇族村子进入视野。带给我惊讶和意外，更多的还是喜悦。广场上立着高耸的“目瑙示栋”（意为“索求财富”）的舞场牌柱，这是景颇人跳“目瑙纵歌”的地方。每年正月十五的时候，他们会聚居在这里，在“瑙双”的带领下男人挥舞长刀，女人舞动彩扇和手帕欢歌起舞。这是一种让观者震动的民族“集体舞”，非常具有艺术感染力。

新建成的永欠村这个广场虽然不算大，但也足够生活在这里的永欠一、二组几百个景颇村民们欢度节日用的了。

这是一个刚刚落成不久的景颇族新村，也是共和国总理亲自关心过问下诞生的工程。2008年4月1日，对三台山民族乡的各族群众来说，是个欢乐吉祥的日子。这一天因为温家宝总理的光临而格外难忘。温总理在云南省、州、县各级领导的陪同下，来到了德昂族、景颇族居住的永欠村委会视察。这是三台山乡历史上第一次迎接国家领导人的光临，很多村民也是平生第一次真实感受大国总理的慈爱和关心。总理亲自去到田间地头，深入各民族家中，对民族地区的生产生活、医疗卫生、民族教育等情况进行了细致的调查研究。还专门对景颇族群众的生活情况做了指示。

当时的永欠一、二组还居住在高山头上，生态环境恶劣，缺水，居住条件差。生活生产都非常不方便，人均收入仅为一千多元。经过深入调研之后，温总理对景颇族“人住山上，田地在山下”的生存状况非常感慨，做出了“整村易地搬迁”的重要指示。景颇山上的“总理工程”正式拉开序幕。

搬迁是件大事，更何况是整村搬迁。共涉及两个村子，1组41户，138人；2组52户，204人。在总理的亲自指示和各级各部门的具体实施下，搬迁点共投入资金1284万元，一场搬迁行动紧张而有序地开始进行。一栋栋既保持了景颇族风格又有现代化色彩的小楼如同雨后春笋般冒出地表，为景颇山增添了全新的风景。

新建成的景颇新村，户均建筑面积都在80平方米以上。加上厨房、仓库、卫生设施，每户占地面积达250平方米。新建成的房屋风格，很是类似于城里的别墅，单家独院，宽敞明亮。每户人家的门头上还专门设计了一个代表景颇文化风格的牛头，廊檐下的柱子上画着黄蓝相间的图案。村道都是水泥路，每家每户都用上了自来水。村里还建起漂亮的文化活动室，修建了篮球场，让村民在休息之余有开展文体活动的场所，精神生活得到提升。

据村小组长介绍，搬迁的效果是明显的。产业结构由传统的农业种植逐步调整改善，向更多的养殖业方向发展，目前除种植水稻、玉米、甘蔗、香蕉、竹子外，还增加了咖啡、坚果，正向着“产业科技化”的目标努力。

目前景颇族群众的生活条件得到了明显的改善，生活质量得到提高。家家住上漂亮的房子，进城办事也方便了很多。我正好看到村道上停了一辆小面包车，围了些妇女和孩子在看热闹。过去一看，原来是城里的流动照相馆下来为村民照相的。牌子上写着“十分钟取相”“旧相翻新放大”。老板说原来景颇族群众住在山上，上去一次太远，会增加成本。现在村子搬到山下，可以经常来为他们服务了。

一个景颇汉子拉开他家的大铁门，热情邀请我们进去坐坐。

进了客厅发现他的家庭基本是城市化的设施，有液晶彩电、冰箱、饮水机、沙发。墙上还贴着张毛泽东的画像，还有主人夫妇在风景区的留影。女主人的穿着打扮和城里人无异。她热情地给我们倒了芒果饮料。我指着墙上一张一位老人在“少林文化”前的相片问她是不是在河南照的？女主人笑着说是合成的，现在的照相技术高，想在哪里“照相”都可以。我特意起身到她家的厨房看了看，很宽敞，基本和城市生活接轨。屋角摆着台冰箱，灶台贴了白瓷砖，干净明亮。屋梁上挂满了腊肉串。

后院还有两间小屋，分别是卫生间和沐浴室。屋顶上安了台太阳能热水器。

一个具有现代化色彩的景颇山乡已经诞生，远在京城的温家宝总理应该欣慰了。同去的三台乡刘副乡长说，建设好景颇新村只是发展的第一步。后面还有很多问题需要考虑，由以前比较分散的村子集中为现在这个几百户的大村，比如饮水、环境卫生、村民今后的生产生活等等，都需要乡政府有进一步的规划和设计。

但无论如何，我在景颇山上已经看到了新生活的曙光。

二、“一寨两国”谱和谐新曲

美丽的边境口岸城市瑞丽，像一颗镶嵌在祖国西南边疆的明珠，散发着瑰丽的光彩。它的西北、西南、东南三面与缅甸山水相连，村寨相望。独特的地理特色，同时构成了独特的边境人文景观，诸如“一桥两国”“一寨两国”“一院两国”“一岛两国”，也是旅游开发中的亮点和热点，吸引着八方游客。

生活在边境线上的中国各民族，在建立和谐、团结、平安的边境中有哪些贡献？各级组织有什么具体的方法和措施？这些都是我在采访中急于想知道的。

在瑞丽市民宗局副局长周德文带领下，我来到了与缅甸仅几步之遥的边境村寨，也是有着“一国两寨”之称的姐相乡顺哈村银井一组村民小组做实地观察和采访。

姐相，在傣语中为“宝石街”，银井，傣语为“镶嵌美满”之意，位于中缅边境71号界碑旁。与缅甸芒秀寨相连，是有名的“一寨两国”。多年来两国边民同饮一井水，同走一条路，是真正的唇齿相依而又和睦友好。尤其在近年的边境经济活动中，以稳定促繁荣，谱写了和谐新曲。是受到省、州两级表彰的“爱国固边模范村”，市级“平安村寨”，市级“爱民固边示范村”。

银井一组共有148户638人，除其他民族的26人外，其余均为傣族。

这是一个典型的傣族村子，干净整洁的村道上绿树成荫，不时走过几个身着傣装的村民，就是面对陌生人脸上也挂着温和的笑意。在建筑上已经出现一些现代化的钢混结构的二层楼房，但在楼顶保持了傣族的风格，也从一个侧面体现着这个村的经济实力。路边有一条不长的小街，是村民利用自家房屋开设的商店，出售一些有异国特色的小商品。

村支书兼村民小组长干喊依团热情地迎接我们，打开村民小组的大门带我们进到一个宽敞的院子里。迎面一栋二层傣式风格的漂亮楼房，是村民小组的“文化活动室”，左侧的房间是支部活动室，门前的院子也是一个篮球场。楼下的宣传栏里有“警民联防”的图片、文字，也有“创新管理，建设和谐边寨”的做法介绍。单从外部条件看，这确实是一个组织措施完备、管理井井有条的基层组织。

干喊依团带我们进到支部活动室里，具体介绍了关于银井在处理边境关系中的创新。在相关部门帮助下发动群众，十户一组，一户一人，组建了银井村巡逻防控队，形成“群防群治、家家参与”的良好局面。连续三年获得市级“平安村寨”称号。

但是因为村子特殊的地理条件，两国边民通婚互市，走亲访友频繁。在双方友好往来的同时，也会因为特殊的地理位置和人文历史环境等原因，不可避免地产生纠纷和矛盾。比如那边的牛吃了这边的稻子，这边的小伙子看上了那边的小卜少，虽然事情不大，但是因为地理位置的特殊，都有可以酿成“国际纷争”，影响到边境的安定团结。

所以，在各级领导的关心支持下，派出所、边防站、乡党委几家共同联合建成了“涉外矛盾纠纷调处中心”，专门负责处理类似的情况。由中国的干警，加上两国村寨的干部、头人，一起“背靠背”“面对面”地来调处矛盾纠纷。这是一种在实践中摸索出来的以民间为形式，以人民调解组织为平台的调处涉外纠纷的新方法。

被中缅两国边民亲切地称为边境线上的民间“国际小法庭”，就设在支部活动室里。一间宽敞的会议室，墙上写着两行醒目的红字：“调解边民纠纷，建成和谐边境。”一旁还挂着中缅双方工作人员的照片。墙上还有很细致的“边境边民纠纷调解”工作职责、工作纪律，当事人的权利义务。这是在司法所的指导、监督下开展的一项国际性的工作，所以非常规范和细致。

据干喊依团介绍，自2008年以来已经调处一百多起边民纠纷。这两年矛盾纠纷少了很多，每年也就是一两起。这个“国际小法庭”虽然小，但却有效地化解了两国边民日常生活中发生的矛盾纠纷，维护了边境一线的平安稳定。

站在银井村外的大路上，就能清楚地看到对面缅甸芒秀寨村民的生活情景。当地村民形容说，端着碗饭可以在两国吃个来回，饭还是热的。虽然是紧密相依的一个寨子，但它们却分别属于两个国家，这是不争的事实。所以，这里的团结、和谐、稳定，就更多了一层重要意义，它会影响到国际关系的稳定与和谐。

所谓的中缅“波胞情谊”，正是两国边民互相依存、友好共处的生动表现。

虽然今天银井之行只见到干喊依团，但是从他的介绍中，我已经感受到现在银井的平安和谐、繁荣昌盛，一定是上上下下各级各部门共同努力工作的结果。很多人都是和谐社会的“幕后英雄”，以他们无私的牺牲奉献，为边疆的团结、和谐默默无闻地工作着。

向维护国家边境安定的人们致以崇高的敬礼！

三、深山里的雷贡村

雷贡，是瑞丽市户育乡下面的一个自然村，位于瑞丽东北部，距离缅甸只有几十公里。这里的村民百分之八十以上是德昂族，然后是景颇族和其他民族。

这里的海拔1160米，属于半山区。村里生活着30多户170多村民。因为自然条件的限制，2007年以前这里的人均口粮只有三百公斤，人均收入只有760元。只能勉强解决温饱，发展受到限制。村里的房屋低矮破旧，人畜混居现象严重。

一个民族村寨由贫穷落后到走上发展进步的轨道，单依靠自身的力量是远远不够的，必须有来自社会各方面的关心和扶持。雷贡村的发展正好证明了这样一个道理："共同团结奋斗，共同繁荣进步"，需要全社会的努力才能实现。

村民小组长叫勒岩，是个朴实的德昂族汉子。他带领我们顺着村道浏览了一遍村容村貌，这里的生态环境很好，举目尽是青山绿水，村舍散布在绿竹掩映之中。村道都已经铺成水泥路，很多人家都用上了沼气。在村边还见到一户人家的二层小洋楼，完全是别墅的样式。

参观了村子后我们来到勒岩家简朴的院子里坐下喝茶，他又忙着去到厨房现舂牛肉干巴，倒上自家酿的米酒，热情待客。勒岩忙完了待客的程序，才坐下来介绍村子的发展情况。他说国家、社会对雷贡都很关心，比如从1996年到2011年，雷贡村一直都是瑞丽市国税局的挂钩帮扶点。他们的帮扶让村子在村容村貌方面有了大变化。所以全村人都感谢他们，2012年村子里收了新米后，他和村支书万海明还带着十几个村民，用德昂族传统的方式去给国税局“送新米”，请他们分享德昂族的丰收节日。因为通过十多年的帮扶，已经建立了亲戚一样的感情。

雷贡村还是“上海对口帮扶示范村”“德宏州重点扶贫示范村”。

2007年底在上海市的帮助下，雷贡村启动“上海对口帮扶项目”，开始从基础设施、能源建设、社会事业、种养殖业等4大类9个子项目入手，为改变雷贡村的落后面貌进行全面建设。这样的帮扶对一个村子来说，是从根本上改变、提升着它的品质，也是一次历史性的跨越。

几年下来帮扶效果是明显的，雷贡村的变化更是有目共睹。如果要从具体的内容上说，可以列举的就有：修筑水泥路面2400平方米，新建沼气三配套42套，改建9间安居房，建起了文化活动室，种植经济作物40亩，养殖黄牛24头，养殖仔猪120头……

其中的每一个内容都需要资金的支持。而资金的来源主要是上海市民宗委、云南省民宗委、地方及群众自筹。所以在村小组文化活动室的墙上，写着这样一句话：“滇沪牵手扶德昂，一步跨越三十年。”这是对雷贡村变化最生动的表达。

帮扶第二年的2008年，效果就得到了明显的体现，雷贡村的人均纯收入由原来的760元提高到1768元，人均粮食也提高到349公斤。

更重要的是由经济变化带来的人的精神面貌的变化，通过各级各界的帮扶，让村民们切身感受到来自国家的重视、社会的关心、民族大家庭的温暖。村里的卫生环境有了改观，生活条件得到改善，生产的产业结构也有很大变化。“一步跨越三十年”，并不是夸张，而是雷贡村面貌最真实的体现。

各民族之间的关系也都亲如一家，从勒岩会讲景颇话上就可以看出这一点。

勒岩家的房屋在村里不算最漂亮，但简朴中透出温馨。我进去看了一下，发现生活设施都很齐全，客厅里摆着台彩电，厨房里有冰箱。他见我对他的家如此感兴趣，又带我来到后院参观，这里有沼气、水塔，水塔上立着太阳能热水器，生活设施基本完备。

后院的厩里养了十多头猪，都躺着安静地睡觉。顺便把他家的厕所也看了看，干净程度和城市差不多，与沼气结构连成一体。坡下面有个池塘，勒岩介绍那里面都是沼气池里流出去的水，可以用来浇灌地里的蔬菜。旁边菜地里的蔬菜果然长得青翠碧绿，看起来就非常生态、养眼。之前听说的雷贡村已经建立起的“养、沼、种一体的良性产业链”，在勒岩家这里得到了直观的体现。他说这些在村里的其他人家都已经实现了。

院子里摆放着的摩托，是他们进城用的交通工具。

一个原本偏远落后的德昂族村子，在社会各界的帮扶下，发生了巨大的变化。这不是神话，也不是传说，而是活生生的事实。虽然目前这个村子如果和富裕的坝区村子相比，仍有一定差距，但变化带来的希望会引领着它朝着美好的方向去更加努力。

雷贡村的变化，也再次证明了云南在民族工作上的决心和信心。“现代化进程中，决不让一个民族掉队”的誓言，绝对不只是一个口号，而是通过各级各部门的共同努力，以实实在在的行动在云岭大地结出了累累硕果。

真心祝愿雷贡村的明天更加美好!

第四章　玉龙雪山下的和谐之音

玉龙纳西族自治县在滇西北的玉龙雪山脚下，它是中国唯一的一个纳西族自治县，是云南省丽江市下辖县之一。全县有纳西族、汉族、傈僳族、白族、彝族、普米族、藏族、苗族、回族、壮族10个世居民族。

我每年都要回到玉龙雪山下，回到丽江进行田野调查，玉龙县是我调研的重点区域之一。在2017年夏天的7月，我又来到了玉龙纳西族自治县，此行的目的是来了解该县建设民族团结进步示范县的一些具体做法和经验，我采访了玉龙县相关部门的负责人，并走访了一些玉龙县的民族团结进步示范乡镇和村寨，结合我历年来调研的积累，分享玉龙县在建设民族团结进步示范县的一些做法和特点。

一、以示范县建设引领全县发展

根据《中共云南省委　云南省人民政府关于建设民族团结进步边

疆繁荣稳定示范区的意见》，在2013年2月，玉龙县被列入云南省示范区建设“3121”创建工程，是当时确定的十个示范县之一，白沙镇被列入全省20个示范乡镇之一。①

2015年1月19日至21日，中共中央总书记习近平深入云南考察指导工作，他提到，云南要主动服务和融入国家发展战略，闯出一条跨越式发展的路子来，努力成为我国民族团结进步示范区、生态文明建设排头兵、面向南亚东南亚辐射中心，谱写好中国梦的云南篇章。习近平总书记的讲话更有效地促进了云南建设民族团结进步示范区的工作。

玉龙县列为全省十个示范县之一后，玉龙县委、县政府紧扣“共同团结奋斗、共同繁荣发展”的主题，坚持把示范县建设工作作为当前和今后一个时期推进全县经济社会各项事业发展的总统领，努力把加强民族团结，共同进步发展作为战略性、基础性、长远性的工作来做。县委、县政府始终贯彻了“创新、协调、绿色、开放、共享”的发展理念。把各民族的团结和谐，共同发展作为目标，重点抓脱贫攻坚和重点项目带动民生的改善。特别是结合玉龙县的实际，认真抓生态保护、旅游和其他产业的协调发展，抓社会和谐安宁，抓民族文化的保护传承及其与旅游的融合。在具体工作中采取分年推进、分片发

① 为加快推进云南省民族团结进步边疆繁荣稳定示范区建设，云南省从2013年开始，重点实施“3121”工程。按照“示范带动、重点突破；抓出亮点，整体推进”的要求，“3121”工程围绕经济发展、民生改善、民族文化、民族教育、生态文明、干部培养、民主法制、民族理论、民族工作、民族关系十个方面进行示范建设，即在全省范围内联系3个自治州、选择10个县、20个乡镇、100个自然村（社区）作为示范点重点帮扶、先行先试。力争通过3年努力，到2015年试点县GDP和农民人均纯收入与2011年相比实现倍增，增长率高于全省平均水平，率先达到示范区建设目标。

展的方式，进行创村落经济繁荣和文化发展的品牌，苦心营造民族特色突出、各民族团结和睦的发展格局，探索出了一条符合玉龙县实际情况，具有玉龙县突出特色的创新之路。

三年多来，县委、县政府结合本县实际整合各种项目资金，进一步完善了各个旅游景区的配套设施，并加强了农田水利建设、改善道路交通状况，持续加大对特色产业的扶持力度，示范区建设中的各项社会事业也得到了较快的发展，整合资金数量在原计划的12850万元基础上实现翻一番，在云南省名列前茅。县委、县政府紧紧围绕县内各个民族“共同团结奋斗、共同繁荣发展”这个主题，努力把加强民族团结作为长远裨益民生、促进玉龙县持续发展的工作来抓。

首先，玉龙县建立了强有力的组织领导保障机制。县委、县政府制定玉龙示范县建设工作任务分工方案，由县委书记任组长，县长任常务副组长，分管领导为副组长，以县直属部门主要负责人为成员，并以重点工作为主线，由常委和副县长等副处级以上领导具体把关，定期检查督促，及时解决建设工作中遇到的困难和问题，做到有方案、有目标、有责任、有考核，推动工作平衡发展。并且建立了建设工作联席会议制度。县委常委会每年召开两次以上的示范县建设工作专题会议，示范县建设工作领导小组根据需要定期不定期召开联席会议、工作推进会、现场办公会等。建立完善的督导检查机制。以创建办、纪委、督查室为主，定期、不定期对建设工作进行检查督导。

玉龙县大力推动经济跨越发展，为示范区创建工作提供强有力支撑，抓住打造高原特色农产业、民族特色工业和生态旅游业“三大经济板块”，用经济建设的发展来为民族团结进步事业提供强有力的物质基础。玉龙县实施高原特色富民产业建设，3年来共投入省级扶持资金1000万元，因地制宜在各个乡镇分别抓油橄榄、玛卡、青刺果、山葵等大棚蔬菜、中药材种植等。

二、各民族团结齐心推进建设绿色家园

习近平总书记2013年9月曾在谈到环境保护问题时说了这样一段话："我们既要绿水青山，也要金山银山。宁要绿水青山，不要金山银山，而且绿水青山就是金山银山。"玉龙县有林地面积49.33万公顷，占全县土地面积的77.17%，森林覆盖率达72.3%，是全省重点林区之一和国家生态安全屏障的重要组成部分，玉龙县也是云南省唯一的一个生态主体功能区示范县。在建设民族团结进步示范县中如何营造和保护好青山绿水，成为一个至关重要的内容。

玉龙县通过示范村、特色村寨、产业示范户的建设引领全县民族地区的经济发展，2014年总投资540万元（省级扶持资金）进行九河乡河源、鸣音镇中罗、太安乡汝南中村3个民族团结示范村和九河乡金普村拉普组、石鼓镇仁和石支、太安乡汝南海棠3个民族特色村寨、29户产业示范户的建设已经全面建成验收，通过示范项目的建设完成，实现了特色文化与农村经济的融合持续发展，拓宽了农民增收路径和可持续发展能力。

玉龙县的九河乡是个白族乡，东与玉龙县太安乡相连，南与大理州剑川县金华镇交界，西与玉龙县石头乡接壤，北与玉龙县石鼓镇、龙蟠乡毗邻。居住着白族、纳西族、普米族、傈僳族、藏族、

汉族6个民族，为玉龙纳西族自治县所辖的三个民族乡之一，是玉龙县农业人口最多的乡镇，也是玉龙县唯一的电站外迁移民集中安置乡镇。

九河乡民族团结进步示范村河源村植被良好，森林覆盖率居然高达90%。河源村委会地处老君山腹地，位于九河乡的西南面，是老君山国家公园的核心区，海拔2600米至3000米，村内居住着白族、纳西族、普米族、傈僳族等少数民族，共有14个村民小组，513户2145人。河源村的森林覆盖率这么好，是与九河乡党委、政府和河源村委会有效的管理和群众爱山护山的自觉行动密不可分的。早在2009年，九河乡政府在北京三生环境与发展研究院争取到“三生共赢”项目。所谓“三生共赢”的意思就是努力实现生态、生活、生产的分别改善、提高和发展，并使这三者在时间和空间上达到共赢。

这个“三生共赢”的具体做法具有典型性。首先，建立社区为主体的自然保护地，并制定全体村民签字通过的封山保护条例。条例规定在保护地严格禁止砍伐树木、采挖野生药材、捕猎野生动物、开垦土地等，对违反规定的村民进行严厉的惩罚；其次是建立村寨银行，设立村寨互助基金，缓解村民流动资金不足的问题。到2016年，已经成立了9个村寨银行，不仅在资金上扶持了村民，还让不少村民学会了自我管理、自我监督，提升了理财本领和信用度，并提高了生存的本领。村寨银行制度和环保制度联动，如果农户参加村寨银行之后还去封山育林区做了破坏保护条例的事情，全组其他农户有权从他的村寨银行股金中扣除相应的资金作为罚款，并限制其参加村寨银行的借贷。

国家环保部和云南省环保局也把河源村委会的大麦地和石红两个村子列入了国家生物多样性保护与减贫示范点，其内容包括寻求替代生计和替代能源，通过培训使村民掌握一两种实用技术，推广使用清洁能源如太阳能，推进生态旅游，通过产业调整杜绝村民对周边自然环境的破坏，最终达到生物多样性保护和村民减贫增资的目的。两个村民小组制定了《自然保护地管理制度》，相互监督与自觉遵守相结合，这是当地传统的乡规民约与当代具有契约精神的制度化管理结合得很好的范例。

金普村位于九河乡西面，地处高寒贫困山区，是玉龙县13个省级贫困村之一。全村平均海拔2750米。村委会下辖拉普、拉支、大栗树等13个村民小组，村内居住有普米族、纳西族、汉族3个民族，其中普米族村寨有8个，纳西族村寨有5个。全村有总户数328户，总人口1320人，其中普米族204户812人，占总人口数的61%。

一路上，九河乡村道路状况之好给我留下了深刻的印象，从乡政府去往金普村各个村民小组的道路已经全部实现硬化改造，交通便捷了，村民的生产生活就方便多了。新乐村纳西村民、家乐种养殖专业合作社社长和永泽对我们讲了个很生动的例子，他几年前在县城里打工，有一年的中秋节，买了月饼及其他一些糖果，开车回来要和父母兄弟一起过节，但下了大雨，回家的道路泥泞不堪，车子根本没办法开回家，无奈只好沮丧地把买好的东西带回城里。他说，如果道路修不好，村里的种植养殖业做得再好也不行，人不愿进来，货拉不出去。如今道路硬化改善了，交通便捷，和永泽带领村民种植山葵等经济作物和药材，获得了良好的经济效益。忙碌时本村劳动力不够，本乡或外乡坝子的村民为了能得到不错的报酬，都愿意来打工。交通方便解了新乐村合作社的劳动力困乏之急，合作社除了付给打工者每天的报酬，还免费给一顿午饭，下午开车送他们回家。外地商户到村子里洽谈业务、运输产品等都很方便。我在金普村的新乐村看了大棚里种植的山葵和药材等，长势好，全村周围树林郁郁葱葱，地里种了各种经济作物和农作物。村民的民居都是青瓦白墙，屋檐染成好看的蓝色，村里还保留了好几处晒粮食的传统木制粮架，和永泽还带头出资修建了村头传统的一座小白塔，保持了纳西村寨突出的建筑文化特色之美。

金普村是个多民族聚居而一直保持着和睦友好的良好氛围的村子，不论哪个民族，都能用纳西语相互交流，金普村的普米族如果有老人去世，还会请纳西东巴祭司为死者举行送魂仪式。近年来，金普村普米族开始致力于振兴本民族逐渐衰落的传统文化，村民家里普遍建了与本族的信仰和生活礼俗密切相关的传统火塘，虽然不再用来烹饪，但丰富了家庭的信仰和民俗生活，使他们的民居也增添了传统文化意蕴。

普米族属于我国人口较少民族，国家对普米族为主体村民的金普村有政策倾斜的项目支持，九河乡党委、政府严格按照国家政策的规定，同时又根据各民族杂居的实情统筹安排，所以各个民族的生产生活都从中受益，各民族在这个共同受益共同发展的过程中，又不断增强了相互之间的和睦与团结。纳西族是玉龙县的主体民族，九河乡的白族、普米族等村民大都能讲纳西话。我在金普走访了几户普米族村民，一家老少都能讲一口流利的纳西话，可见民族间和谐程度。

白沙镇的民族团结示范村文海村是纳西族和彝族共居的一个村委会，纳西族和彝族和谐共处。过去文海村是个贫困的山村，到了20世纪90年代初文海村还不通电不通公路，村民都很贫穷，主要收入靠烧炭，砍树卖木料的情况也比较突出。20世纪90年代，云南省社会科学院、美国加州大学戴维斯分校和丽江合作，在文海建立了丽江第一个以村民入股方式建立的生态旅游合作社，成立了理事会监事会，吸引了不少国外徒步旅游者。

文海村被作为民族团结示范村来建设后，玉龙县委书记曹金明亲自督战文海村建设推进工作。现在文海村已通电通公路，成立了负责旅游产业、生态种植、牦牛养殖等党小组，建立完善好文海村党员联系合作社、党员联系群众等制度。目前玉龙县抓绿色产业扶贫，据了解，文海村现在家家户户用上了太阳能，杜绝了砍树烧炭等传统的生产方式，良好的生态环境也在促进村民生活的改善。与过去相比，明显地看到了山林更加郁郁葱葱，展现出充满活力的新面貌。文海空气湿度较小、紫外线强、温度低、昼夜温差大，球根花卉病虫害少，有利于球根花卉生长和种球繁育。文海村党支部、村委会与丽江西诺花卉公司签订了土地流转30年的合同，土地流转每亩耕地年租金1000元，每亩荒山荒地年租金500元，一年一付，5年一递增，让村民年年有收入，做到群众脱贫有稳定长期的产业支撑。且项目长期用工全部使用本村村民，临时用工优先保证本村村民，工资收入每月不低于当地平均水平等保障条款，让群众吃了定心丸。文海上村、下村耕地和荒山荒坡第一批流转土地的农户全部签订了协议。促成了北京西诺花卉股份有限公司在文海村推进“文海花田小镇”的建设，其宗旨是要围绕白沙镇文海村进行旅游综合开发、经营策划，打造集球宿根花卉规模研繁、花卉应用示范观光、生态疗愈、旅游服务为一体的生态休闲特色小镇。

多民族聚居的热区大具因地制宜发展特色产业

发展产业是促成各民族团结齐心走致富路的关键动力，玉龙县大具乡位于金沙江边的河谷热区，居住着纳西族、彝族、藏族、苗族、汉族等多种民族，有丰富多彩的历史和民俗文化资源。传统农业主要种植玉米、小麦、蚕豆等粮食作物，经济收入靠制种、烤烟、特色农业、畜牧和务工等。现在大具乡大力发展特色农产业，进一步打造“大具葡萄”品牌，采取“合作社+农户”的方式，积极引导群众发展葡萄种植。在现阶段，全乡3个村委会、8个村民小组、78户农户、156位村民种植优质葡萄面积达400多亩，年产值达200多万元，葡萄熟的季节，村民在葡萄园里采葡萄，商户来田里现场收购，据介绍销售渠道多样化，大都在丽江市场就可以销售完。我在田间采访了正在收葡萄的两个妇女，她们说种植葡萄后，每年增加了好几万元的收入。

大具乡还努力做大做强油橄榄产业，与丽江田园、三全两家油橄榄有限公司合作，在大具积极发展种植油橄榄，发动群众充分利用荒坡荒地大力种植油橄榄，截至目前，全乡油橄榄种植面积已经达到10980余亩，不仅绿化了荒坡荒地，而且拓宽了群众的增收渠道，正所谓一举两得，两全其美。看着金沙江畔很多不宜种植农作物的沙石荒地，如今栽种了著名木本油料兼果用树种——油橄榄树，村民也从租出的土地和受雇为公司种植料理油橄榄树中提高了收入。丽江著名的热区正在走着一条既绿化了家园，又能获得可观的经济效益，使荒山荒坡也造福于民的好路径。昔日的金沙江河谷热区“铁锅底”，正在焕发出与时俱进引进农业新产品所带来的活力。

大具乡是著名的多元文化汇聚之地，在这里发现了古老的崖画、石棺葬、明代的大理石采石场、木土司碉楼等，东巴文化也很发达，除此之外还有丰富多彩的其他文化，如头台村委会，是个远近闻名、历史悠久的纳西木雕村。历史上，村人擅长木雕，木雕的内容丰富多样。该村的一些木雕艺人特别擅长雕刻“四季博古”图。随着丽江旅游的长足发展，该村的大量产品，还销售到了丽江城乡各地。村中有的手艺人，还在丽江古城开了木雕作坊。头台村委会卡子乡村还有一个纳西民俗文化陈列室，收集了不少民俗旧物，有东巴经、东巴法器，以及各种以前的生产生活用具，显然其中很多民俗旧器已经很难再找到了。从这个陈列室可以看到这个村对民俗器物的珍爱保护和传承文化的自觉意识。

玉湖——从乱砍滥伐出名的村到生态文化名村

玉湖村的环境恶化自20世纪80年代初以来变得日益突出，乱砍滥伐森林的问题十分严重，成了远近闻名的乱砍滥伐村。

据了解，在2004年，村里的能人赵世军当选为玉湖村党支部书记。在他的倡议下，成立了玉湖村生态旅游合作社。构建了“党支部+合作社”的模式，引领村民发展旅游，按照“资源共有、利益共享、人人参与、户户受益”的原则，成立了玉湖生态旅游合作社，与蓬勃发展的丽江旅游大市场对接，发展山村生态旅游，以达到保护玉龙雪山生态资源、富村富民的目的。

玉湖村在“党支部+合作社”统一调度和安排下，群众以户为单位，按照马匹编号，轮流参与。合作社还为马夫、售票员、讲解员、游客买了人身保险。在服务保障上，开设了游客休息室、服务热线、投诉电话、游客服务满意度测评等。同时抓好社会和谐，增强发展后劲，提高群众生活水平，建设社会主义新农村。先后投入300多万元，完成了2500米道路建设、710米村道硬化、3000多米沟渠建设；修建了停车场、管理房、景观水系、环保厕所；实施了全村人畜饮水工程，使村民都喝上了清洁甘甜的自来水。加强公共服务设施建设。新建了村卫生室、村警务室，并由村集体出资为每个村民参加新型农村合作医疗保险，让群众有了更好的医疗保障。①

正是目前社会经济文化方面的综合发展，玉湖村成为玉龙县新农村建设的试点，成为“丽江市生态、文化、旅游、和谐示范村”、云南省首批50个乡村旅游特色村。2010年5月，玉湖村被列入云南省“特色村寨保护与发展”项目中，成为丽江市首批入选中国少数民族特色村寨的两个村之一。

经过玉湖纳西族特色村寨试点项目的完成和新农村建设，玉湖纳西族村呈现出经济发展、民族团结、社会进步的欣欣向荣的大好局面。现在的玉湖纳西族村公路入户率达95%，“新农村合作医疗”参保率达91%，新型农村养老保险参与率达100%，小学生入学率达100%，有1个村级卫生室和1个文化活动室，村干部全部纳入了养老统筹范围，60%以上的农户购买了现代化交通工具，家家户户都有了自来水，

① 玉龙县旅游网：http://www.ynf.gov.cn/canton_model19/newsview.aspx?id=1257244

电视广播入户率达100%，部分家庭拥有自己的电脑工作室。典型的社会主义新农村纳西族特色新村寨展现在玉龙雪山下。[①]旅游与文化的互动，保护和利用了玉湖村的文化遗产资源，使之造福于民。同时，也促进了本地生态环境的保护和改善。村里采取农户荒地入股、按股分红，合作社提供苗木、管理经营、适当提成的方式，联片发展了5000多亩核桃、1500亩雪桃等林果基地，形成了一批新的林果基地，壮大了集体经济、促进了农民增收。到2013年，全村退耕还林1331亩，植树造林2000多亩。另外，还进一步抓好2800亩森林保护区和2300亩水源涵养林的保护，利用全村3万多亩的草地和草坡，大力发展牛羊养殖业。

玉湖村还充分弘扬传统的乡规民约好习俗，在此基础上制定了新的村规民约，在村子的生态环境保护、资源保护管理、民居建筑、村子卫生等方面都做了详细规定，建立了一系列的责任机制和约束机制，形成了比较完善的公共管理制度。自然、文化资源与旅游互动给村民带来的经济利益，也使村民更清楚意识到保护环境和资源的重要性，据了解，村民现在一发现有人砍树，就会立即制止或即刻向村委会报告。

在民族团结进步示范区建设的过程中，如何保护好环境和资源，这是至关重要的基础性工作。玉湖村作为国家级传统村落，还是云南唯一入选的国家住建部评选的全国宜居村落，已经列入首批“中国乡村旅游模范村”。白沙镇境内金矿资源丰富，而金矿资源主要集中在玉湖村辖区内，共有7个矿点，由于储量多，品位高，基本为浅层埋

① 姚国军：《统筹兼顾　突出重点　注重创新　树立典型　打造丽江最具纳西族特色旅游生态村》，《中国民族报》2011年3月27日。

藏，可露天开采，经济价值高，多年来备受社会关注，并常常被偷挖盗采，我2000年在玉湖调研时，当地政府正投入很大的人力物力治理这一棘手的偷采金矿的违法活动。金矿的管护一直都是白沙党委、政府工作的重中之重。2011年以前，主要采取的是由镇机关、县国土局、县公安局共同配合，国土局聘用管护员驻点守护，镇政府组织村社群众参与驻点看管，同时派驻值班组24小时管护工作的方式进行管护。从2011年起，金矿偷采乱挖行为得到遏制，白沙镇进一步完善了金矿管护制度，建立健全玉湖金矿管护巡查机制和领导包干负责制，成立3个镇机关巡查组，每组每周实行一次不定期全面巡查，执行群众参与管护机制，每天组织39名群众上山对5个看守点进行管护，由村组干部担任组长，有可疑人员上山或者矿点有异常情况，都能在24小时内发觉并及时通知镇机关采取措施。通过一段时间的工作，目前已经完全杜绝了金矿的私采盗挖情况。

如今，玉湖村所辖的玉龙雪山蕴含金矿区域森林茂密，葳蕤青葱，在政府和村民的共同努力下，这座纳西人的神山所蕴藏的金矿得到了有效的保护，避免了因为采矿导致青山绿水满目疮痍的命运。

三、民族文化的保护、传承与发展

玉龙县在民族团结进步示范区建设中，以打造独具纳西族特色的东巴精品文化为突破口，努力建设全国纳西东巴研究展示基地和丽江市特色旅游文化发展基地、精心打造中国纳西文化传承基地、纳西东巴数字文化保护传媒中心、白沙历史文化名镇、玉龙足球之乡等一批民族文化艺术精品。

玉龙县还大力实施文化惠民工程。积极推进基层文化馆、图书馆及村级文化活动中心等文化惠民工程建设，加大全县各乡镇文化站建设力度，先后投入2584万元，建成16个乡镇综合文化站、村级文化室、村文化活动广场、乡镇文化资源信息共享工程服务网点、“农家书屋”等198个文化活动点。每年投入500万元用于民族文化开发与保护建设，每年投入300万元用于20个村民小组文化活动场所建设。成立了县非遗保护中心、申报重点文物保护单位35个，非遗保护项目103个，成功举办了云南省首届名特小吃暨民族餐饮文化节。加快数字图书馆建设，开通文化信息共享工程基层站点网络30个，被评为“云南省文化产业先进县”。

截至2017年7月，玉龙县涉及世界文化遗产非遗保护区2项，涉及国家级非遗项目1项，有省级非物质文化遗产项目20项、市级项目27项、县级项目336项，至此，县级以上非遗保护项目名录累计达378项。历年来共申报、命名非物质文化遗产项目国家级传承人1人、省级传承人21人、市级传承人63人。

玉龙县在打造传统节日品牌，弘扬民族传统文化方面也下了大功夫，每年玉龙县各民族的重大节日，如正月十五棒棒会、“三多节”、“阔时节”、西部“金沙文艺会演”、东部“大山奉音”文化旅游节等，玉龙县县委、县人民政府都要做重点部署，制定活动方案，创新活动形式，发动全县机关、农村、干部、群众参与各种文艺演出和文化展示活动。各乡镇也紧密结合当地的民族传统和节日，组织和鼓励群众自编自演，举办各种有当地特色的文艺活动，如塔城乡村艺术节、太安民间乐舞大赛、黎明丹霞文化艺术节、拉市乡村旅游文化节、九河乡的“六月富旺舞”民俗文化节等。这些活动充分体现了丰富的民族文化和地域特色，并逐年形成规模，把群众文化生活推向新的层次。

之前提到的九河乡金普村之行，给我留下很深印象的是普米族民众对自己民族文化的热爱，虽然当地普米族全部人口加起来也就是800多人，但男女老幼都各有特点，不仅能讲流利的母语，而且大都能讲流利的纳西语，有不少人也能讲白语和傈僳语。在金普村的脱贫项目中，将精准扶贫和整族扶贫结合了起来，其中，在整族帮扶计划中，提出了要恢复普米族的一些特色文化习俗，把普米文化传承下去。金普村在2017年4月新修了普米民俗文化展示馆，普米族家庭恢复重修了在家屋文化中与普米文化习俗至关重要的火塘，虽然不像过去是用于烹饪了，但这个神圣的家屋空间起到了祭祀和休憩待客的双重功效。村委会还派了3个年轻艺人去宁蒗普米族聚居区学艺。看得出普米族民众对本民族文化深深的热爱之情。

除了政府扶助的文化遗产保护和传承项目之外，玉龙县还有不少用社会力量进行民族文化保护和传承的，由玉龙县白沙镇玉龙村纳西族民营企业家和长红创办、获得国家4A级旅游景区“丽江玉水寨生态文化旅游有限公司”就是比较突出的一家。该公司通过各种方式推进东巴文化的保护传承，2003年8月，丽江收藏的东巴古籍文献经联合国教科文组织评委会审议表决，列入了《世界记忆名录》（*Memory of the world register*），成为中国迄今3项入选该名录的文化遗产之一，也是迄今为止中国唯一入选这一世界性重要遗产名录的少数民族古籍文献。

在此殊荣之下，民间的东巴文化传人却出现了青黄不接的危机。玉水寨通过文化生态旅游经营，获得了较好的经济效益，和长红先生不忘回报社会，反哺纳西东巴文化的保护传承。2009年，玉水寨出资60余万元，在玉龙雪山下建起了“玉水寨东巴文化传习学校”，培养了不少优秀的青年东巴，玉水寨也被中国民间文艺家协会命名为“东巴文化传承基地”。由“玉水寨”牵头和出资，丽江纳西族民间人士发起成立了丽江市纳西东巴文化传承学校。玉水寨出钱出力，有力地推进了丽江市东巴文化传人的培养和民间东巴文化的保护和传承，不少村子的年轻人学习东巴文化和举办东巴文化活动的热情不断提高，不少乡镇的祭天、祭自然神等礼仪习俗得以恢复。玉水寨还大力推进纳西母语文化的传承，自2007年起设立了“白沙乡基础教育玉水寨奖学金”，每年出资对品学兼优的学生颁发奖学金。如今，玉水寨不仅成为国内外著名的旅游胜地，也成为传承纳西族东巴文化和传统民间礼仪习俗的重要基地。玉水寨多年的实践走出了一条乡村民营企业走文化与旅游互动融合的成功道路，和长红也因此获得“丽江非公经济优秀社会主义事业建设者”荣誉称号。2014年和长红被国务院授予“第六届全国民族团结进步模范个人”荣誉称号。

玉龙县各乡镇都有民间自发组织的各种文化传承组织，如黎明乡“洛玛底之声”民间业余歌舞队、石头乡白族歌舞表演队、九河乡老君山农民艺术团以及多个纳西古乐队等。我在2017年6月的调研中也应邀参加了玉龙县宝山乡宝山石头城纳西族民间文化传承协会挂牌仪式以及以宝山乡、奉科乡等民间艺人和群众为主举办的纳西族民间音乐展演《血脉纳西》。这些遍布玉龙县各乡镇的民间文化活动传承推进了各民族民间文化的保护传承，也活跃和丰富了民众的文化生活。

旅游与民族文化产业的互动发展

文化产业与旅游的融合发展已经形成玉龙县民族团结进步示范区建设的一大亮点，立足于玉龙县县情，县委、县政府提出要加快文化体制改革创新，扩大招商引资发展文化产业，扩大产业规模，提高文化产业对全县经济社会发展的贡献，提出到“十二五”末，文化产业增加值占全县生产总值比重达12%左右，到2020年，文化产业增加值占全县生产总值比重达15%以上的发展目标。

玉龙县目前已培育和发展出一批具有浓郁民族特色，并有效带动经济发展的民族文化产业项目：

玉水寨。从1997年4月着手开发玉水寨景区以来，经过十余年发展，玉水寨成功推出了以纳西族东巴文化的展示和传承为核心内涵的旅游品牌。2005年12月被评定为国家4A级旅游景区。游客接待量从2001年的10多万人次，增加到现在的年均88万人次。如今，丽江的旅游市场已形成“看文化遗产到古城，看自然风光到玉龙雪山，看东巴文化到玉水寨”的格局。以玉水寨景区为主体的玉水寨生态文化旅游有限公司，已发展成集旅游景区、酒店、旅行社和纳西族原生态文化保护区的集团型企业。公司资产超过5000万元，年度总收入突破1500万元，上缴税金90多万元，固定从业人员300人。随着该企业的经济实力的增强，特别是“玉水寨”老总、纳西族企业家和长红对民族文化的责任感和使命感，保证了玉水寨一直大力推进东巴文化在纳西族民间的保护传承。

东巴谷。玉龙雪山脚下有个“裸美落”，纳西语的意思是“大深谷”。它位于玉龙雪山的东南麓，是一条南北走向，北高南低的断裂层峡谷。北起干海子南端，南止白沙坝中部的畜牧场，全长15公里左右。

如果说，当代旅游的乡村文化旅游中有自然村寨之游和“人工村寨”之游的区别，那么东巴谷则是一个人工建造的“文化生态民族村”。丽江东巴谷融集原生态民族文化和雪山峡谷为一体，建有纳西族、藏族、傈僳族、普米族及彝族他留人、纳西族摩梭人风格特点的建筑院落，并汇集能工巧匠的“匠人街”，同时展示自然生态文化，集科普性、趣味性和自然景观为一体的自然和人文景观。丽江东巴谷生态文化旅游有限公司总投资2923万元，年度经营收入达到819万元，上缴税金49万元。固定从业人员130人。也成为玉龙县民族文化产业发展的一扇窗口。

我去调研时，据有关人士的介绍，在2003年年底，“裸美落”2500亩的土地以50年的使用权出让给丽江东巴谷生态文化旅游有限公司，“裸美落”峡谷也因此更名为“东巴谷”。更名为“东巴谷”的“裸美落”峡谷，在保持原有自然生态不变的前提下，在峡谷中下段投资近亿元，建了一个“丽江东巴谷生态民族村”，选择了丽江具有代表性的纳西族、普米族、傈僳族、藏族和彝族他留人，到边远的山村去购买了代表这些民族建筑风格的院落，全宅搬迁，建设了这个民族文化村，同时也收集购买了大量各个民族的民俗旧器，每个村落都有招聘来相关民族成为这里的“村民”，有点类似昆明海埂的民族村，但因为它们坐落在玉龙雪山脚下，就在这些民族休养生息的故土或离故土不远之处，因此，它还算是个不离本土的民俗文化村。

东巴谷生态民族村难能可贵地坚持了在文化旅游的经营活动中进行本土文化艺术教育和传承的特点，让民间老艺人把他们的技艺传授给年轻的村民，比如吹树叶、跳东巴舞、弹奏民族乐器等。如村里的玉兰老人能用普通树叶吹奏很多民歌和流行歌曲，很受游客欢迎，在她的引导下，不少村里的年轻人向她学习这门绝技。

东巴谷生态民族村中的他留人院落的兰绍龙老人精通五种民族乐器，是“云南省民族民间艺人”，通过他的传、帮、带，年轻的小伙子兰新平已掌握了老人所有器乐的演奏技巧和曲目；有“傈僳族民族民间音乐（歌、舞、乐）传承人”称号的民间艺人阿时才，他吹、拉、弹、唱无所不能，还能自己作词编曲，通过他的带领，许多年轻人已继承了濒临失传的民族歌舞。三年前我和一个来自泰国清迈的当地傈僳族首领在丽江相遇，他非常兴奋地告诉我，阿时才所唱的歌他全能听懂，也非常喜欢他弹奏的乐器。他买了好多阿时才的歌舞器乐磁带，带回泰国的傈僳族社区去播放，非常受欢迎。

此外，纳西族民族民间舞蹈传承人、纳西族“勒巴舞”正宗传人李文义，他留人原生态民歌演唱能手贺明菊、海现英等人，也在这里言传身教，在为传承和展示本民族的艺术和技艺而努力着。

东巴谷生态民族村除了展示传统的民族歌舞、民族技艺外，各民族院内还展示着各自民族特有的丰富多彩的饮食文化、传统手工艺、各民族的语言文字等。民族村还定期举办各个民族节庆活动和宗教仪式，通过举办民族节庆活动和宗教仪式来传承和展示民族和宗教文化。我在村里还看到有一些旨在宣传保护生态环境和生物多样性的标牌，比如有个标牌上就写着“一棵树的生态价值有多大”，然后用文字详细进行了介绍。由于丽江东巴谷生态民族村逐渐形成了自己的特色，先后后获得了“国家3A景区”、“全国最佳生态景区”、云南省“省级文明风景旅游区”等称号。

“裸美落”从原来雪山山麓荒野的一个山谷，打造出了一个人工的民族文化旅游村落，这可以理解为是当代的一种文化变迁，也是民族文化产业的一个创意，它和我们在这本书里所介绍到的玉湖村、文海村和大具乡的村落等自然村寨不同，我们可以把它理解为玉龙雪山生态文化旅游发展的一个当代案例。从这个民族村推出的各种旅游项目看，它和玉龙村的“玉水寨”有相似的一面，其最重要的那泓清泉，与玉龙村民的历史和信仰都密切相关。我们从这些当代玉龙雪山村落旅游的发展中，可以看到当代的文化变迁和文化产业的发展。

黎明景区。在玉龙县黎明乡境内，隐藏着一个红光闪烁、明霞灿烂的巨岩之林，它在离古城60公里的老君山黎明景区，属于今黎明乡黎明黎光村委会。这是一片方圆240多平方公里，由红色砂岩、砾岩和泥岩构成的丹霞地貌，一座座千姿百态的悬崖峭壁皆彤红如霞。我有幸3次到这个著名的丹霞群山怀抱中。玉龙县的黎明，由于旅游的发展，促成了山水造福人间，本地民众也从中获益不浅。

这里的居民主要是傈僳族，他们很早就已经居住在这片区域，是最早迁徙到丽江的原住民之一。当下，黎明村作为玉龙县的一个民族特色村寨，日益显示出它的独特魅力。

黎明乡黎明、黎光两个村委会属于老君山国家公园景区，国家公园的旅游开发是否给社区民众带来好处，这是很关键的一条，我们在调研中了解到，经营者采取了一系列旅游资源反哺社区的措施，旅游资源反哺两个村委会受益的有200多户。现在公司和玉龙县教育局合作在建一所完小，公司出资300万左右，负责土建工程。原有的小学由公司征收，建设成旅游服务设施。将云旅希望小学（学生共有200多人）和黎光小学（学生共有200多人）合并，建成寄宿制的完小，这些举措也将大力促进本地社区的教育。过去这里的学校教育条件比较差，本地人对教育的重视程度也不高，现在旅游中实施的社区参与举措中，招聘当地人成为公司员工，要求具有中学学历是一个基本条件，这些都在促进本地村民对教育的重视。

黎明、黎光村委会的不少村民参与了旅游公司的工作，开旅游观光车的司机都是从黎明、黎光村委会村民中招聘的，为我们开电瓶车游览的女子小熊是本地傈僳族，她为我们讲解这里的山山水水和一些当地的传说，如数家珍，讲解时流露出对家乡的美特有的一种自豪之情。她说过去黎明、黎光是出名的穷地方，从来没有想过自己的家乡会有这么多的客人来欣赏，没有想过会发生这么大的变化。

《印象丽江·雪山篇》。当代堪称艺坛奇人的张艺谋，多年之前就与丽江结了缘，在当地政府的大力支持下先是在丽江拍摄了故事片《千里走单骑》，故事情节以父子情深的淳厚人情味，博得了人们的赞誉。我记得有个记录拍摄此片花絮的片子，其中有日本演员高仓健在对着玉龙雪山的雪峰凝神痴想，说他由衷地爱上了丽江和玉龙雪山，其中还有张艺谋和演员非常动情地讲述丽江和相互拥抱祝福的镜头，给我留下了深刻的印象。

继《千里走单骑》之后，张艺谋又和他的两个老搭档王潮歌和樊跃合作，在丽江苦心创作了大型实景剧《印象丽江》，他把舞台放在了玉龙雪山上，确实是奇思和大手笔。我于2009年去看了一次实景演出，感受到与过去看过很多演出不一样的震撼。

首先是这个位于玉龙雪峰下的大舞台，依山就势，全用巨大的本地石材砌就，那一片彤红如火如霞而又庄重的色彩，使我一下想起了丽江境内的国家地质公园、丹霞地貌老君山黎明的红色巨岩。一层层升到高处的红色舞台后面，就是莽莽林海，巍巍雪峰。蓝天白云下雪峰晶光闪烁，辉映着“印象丽江”红色大舞台的壮美景象，但也已感受到了一种大气磅礴的冲击力。

这个天拥地抱的露天剧场取了个很浪漫绮丽的名字：蓝月谷剧场。这个露天演出产地占地20多公顷，用象征着云贵高原红土的红色沙石砌成了12米高、曲折迂回的“茶马古道”。台下共有2000个观众座位，不分前后，编导和演员们有一种想法，他们认为，当你面对一座神山，在神的面前，众生平等，所以作为一个凡人，就不要去选择坐第一排或第二排，也不要选择天气。这不是你的自由，只有大自然选择你，你没有选择。我觉得这个立意非常好。

《印象丽江》分为上篇“雪山印象”和下篇“古城印象”两部分，下篇仍在前期筹划中。上篇“雪山印象”分为“古道马帮”“对酒雪山”“天上人间”“打跳组歌”“鼓舞祭天”和“祈福仪式”等章节。这个大型实景剧彰显了张艺谋那种追求自然天成朴实无华的情怀，起用的全是非职业演员，他招聘了本地纳西族、藏族、彝族、白族、普米族等10个少数民族的400多名农民，经过两个多月的排练，形成了这支独特的本地农民演员队伍。我想，这恐怕是他起用本地农民演员最多的一个剧目了吧。

纵观《印象丽江·雪山篇》的演出，我感觉到，张艺谋诸位编导，所追求的是一种从构想、表演形式到演出内容都与大雪山山民的本真朴实的生活融为一体的气象、风格和氛围，是一曲酣畅淋漓的大山之歌、山民之歌。玉龙雪山怀抱中各民族那种粗犷豪放、纯真坦荡、具有野性之美和力度的生活情韵，在剧中表现得非常到位。

玉龙雪山天气瞬息万变，随不同的季节，时而天朗气清、碧空如洗，时而云蒸霞蔚、流云飘飞，时而又乌云密布、雨雪纷纷。这给演出带来了巨大的挑战。多变的天气会影响到演员表演的质量和观众观看的状态。于是，剧组突发奇想，将演出节目根据气候变化编排为“雪版”“雨版”和“阳光版”3种版本，通过服装、动作和道具的变化来适应天气的变化，同时，公司还为观众准备了遮阳帽、皮垫、雨衣和厚大衣等，以适应天气的变化。这样一来，多样的天气反而让《印象丽江·雪山篇》能够带给观众在华屋明堂的豪华剧场感受不到的一种山野情致，自然精神。

演出给我印象最深的是大雪山下数百个农民演员所形成的那种气势，无论是纳西女子身背大竹篮艰难地负重而行，还是豪爽的马帮汉子骑马奔驰在茶马古道的场面，还有那山民们大碗喝酒、放声高歌、击鼓长舞、纵歌打跳、古道长别、缠绵歌咏等场面，都有一种宏大磅礴的气势，只有在这种天宽地阔的露天大剧场和气势雄壮豪放的本地农民演员群体，才能演绎出这种民间乡土艺术之风的一派天籁和豪迈昂扬。

据剧团人员的介绍，这种在高海拔地区白天实景演出对演出的场景而言，也是个很大的挑战，不靠灯光和音响，不能采用侵害环境的演出手段，只有声控和自然光，所有一切都暴露无遗。但另一方面，在瞬息变幻的玉龙雪山的衬托下，又烘托出了一种特别的情致氛围，把雪山山民自然朴实的风格演绎了出来，雪山和人、场景和背景、演员和观众，都产生了一种具有神秘感的互动。

剧组还独具匠心地设计了一个360度的场景，让观众无论看向哪边都能得到不同的感受。为了这一创意，剧组在原有200人的演员基础上又增加了200人，观众席位也从原来的1200个增加到了2000个。《印象丽江》历时8年多时间，项目投资1.3亿人民币，经上百次修改完成，是目前唯一一部在白天进行的实景演出。演出剧场位于海拔3100米世上最高的实景演出场地——玉龙雪山景区甘海子。目前印象雪山公司有员工510人（其中管理人员12人，剧务及工作人员78人，演员420人），2012年公司年总收入达到2.3亿元，解决了400多位农民的就业问题，这些农民演员的经济收入也不断得到提高。《印象丽江》已经成为丽江文化产业助推旅游业发展的一个亮点和丽江本土文化的一个代表。它与同样成功，但是在夜间要借助声光电手段的《印象刘三姐》形成了“印象系列”中最成功的两个不同样本。

走出一条学校传承民族优秀文化的创新之路

玉龙县作为民族文化大县和民族团结进步示范县，如何让优秀的传统文化进校园，让孩子们在完成国家指定教材的学习之后，也能寓教于乐地学到一些优秀的乡土知识，为今后走向社会传承母亲文化打下良好的基础。玉龙县在这方面也走出了一条创新之路，比较典型的是白沙镇白沙完小。

我在2006年曾经牵头在白沙完小进行由老师、学生、家长和县教育部门都参与的乡土知识教育读本的编写和教学活动。类似的试验点在迪庆和西双版纳也有，而白沙完小是最成功的一个，也是一直延续至今且不断有创新的一个点。

白沙完小位于玉龙县白沙古镇，与世界文化遗产白沙古街和国家级文物保护单位白沙壁画所在的大宝积宫毗邻，背倚玉龙雪山，学校始建于雍正二年（1724）。白沙完小招生片区是白沙、木都、新善三个村委会，现在全校在校生300多人，有12个教学班，教师大专以上学历的占80%。该校走出了一条适合于自己发展的新路，尝试出了一套系统的教育模式，已经成为全国少数民族地区最具活力和特色的完小。

白沙完小大胆创新进行国家指定教材和乡土知识教育结合教学的尝试，老师们还组织学生到村中进行实地调查，调查了民间医生、退休干部、铜匠、皮匠、豆腐作坊工作人员、榨油坊工人、护林员、乡村歌手和舞者等许多乡土知识的拥有者，还倾听家长的意见。在这个基础上，他们编写了乡土知识教材《白沙·我的家乡》，内容有：我们的房子；我们的院子；我们的家谱（选学）；我的家人；我们的家畜；我们的服饰；我们的用具；我们的食物；我们的村子；我们特有的食物；我们的旅游资源；铜器是怎样制作出来的；水与水的利用；森林资源与管理；谁管理我们的村子；我们的农事历等等，很生动和接地气，受到学生和家长的欢迎，也得到了国内外教育界同行的高度赞赏。《白沙·我的家乡》第一、二册被评为云南省优秀校本教材一等奖。

白沙完小积极开展双语教学，在传授和学习好国家开设的各门功课的同时，还开设了纳西拼音文字课、纳西东巴象形文字课、传统文化知识课、民间美术课、纳西古乐“白沙细乐”课。多年来，白沙完小把民族文化教育作为学校常规教育的一部分，在认真完成义务教育传统教学的同时，大力做好传承、弘扬民族文化教育工作，促进了学生的全面发展。学生既学好了正常课程知识，也学到了乡土知识，“小升初”的考试成绩在玉龙县名列前茅。有些在丽江工作的外省人和外国人，慕名把自己的子女送到白沙完小来读书，他们认为这个学校学习氛围好，能寓教于乐地学到不少孩子们感兴趣的知识。这些其他民族的孩子和纳西族的学生每天朝夕相处，也逐渐学会了纳西语。我2017年7月再去学校时，深刻感受到丽江城区以及坝区很多纳西族小学生已经不会讲母语的情况相比，白沙完小成功地走出了一条母语和母族文化的学习可以与国家统编教材同时都能兼顾学好的路径。

白沙历来被称之为“足球之乡”，孩子们从小就喜欢踢足球。白沙完小形成了“足球从娃娃抓起”的共识，把它作为学校特色教育的一项重要内容来抓，学校分别在每年的夏季和冬季都要举行两届运动会，足球作为运动会的主要比赛项目，各班都要组织一支足球队参加比赛，作为白沙乡的代表队，白沙完小都能保持全县前二的优异成绩。在历年的“萌芽杯”及“贝贝杯”足球联赛中，白沙完小代表队均获得了双冠军的好成绩。2015年4月，白沙完小球队参加了“与世界有约”斯凯孚杯全国足球邀请赛，获得第二名的战绩。白沙完小先后有6名队员被选送至国安足球俱乐部青少年梯队，3名队员被送至云南省队，2名队员被送至山东鲁能足球俱乐部，4名队员送至上海申花队，1名送至广州恒大俱乐部，2名队员进入上海幸运星队。代表队2016年获“友邦中国青少年足球发展项目2016快乐足球冠军杯赛”冠军。

四、与邻县各族人民团结携手共同发展

玉龙县与迪庆州、大理州的多个县接壤，搞好与邻县各民族的团结协作至关重要，邻居相处得好，才能并肩携手谋发展。所以，推进和邻县各族人民的互助协作，加深友谊，这也是玉龙县建设示范县的特色之一。比如塔城乡地处“鸡鸣四县市”的中心地带，与维西县塔城镇其宗村、香格里拉市上江乡木高村、德钦县拖顶乡毗邻，都是多民族、多宗教、多元文化共存的地区。

塔城乡有纳西族、藏族、傈僳族等族杂居和聚居，各民族的关系十分融洽，是著名的“万里长江第一桥”（塔城铁桥）所在之地，从唐代以来就是纳西族和藏族等多民族进行文化经济交流的历史重地，也是东巴文化的重地，历来产生很多闻名遐迩的大东巴，藏传佛教和民间艺术也比较发达，出过好几个知名的纳西族歌手，纳西族和藏族艺术相互交融产生的“勒巴舞”“朵翀”等歌舞也很有名。2016年，塔城乡还拥有了省里批准的“塔城乡署明村纳西族传统文化保护区”。塔城乡是我长期的田野调查点，常常有机会参与各民族的民间文化活动，也深入研究过塔城乡纳西族、藏族之间长期的交往和

融合。

长期以来，生活在这“鸡鸣四县市”区域的各族民众和谐共处，荣辱与共，共创家园。最近，玉龙县塔城乡还创新推进开展了“鸡鸣四县市”七乡镇“村村联建”活动，即促进跨县各乡镇的团结共进，共建制度，团结联动，有纠纷一起解决，山水资源共同保护，节日一起欢庆，促进了“四县七乡镇”的团结和谐的氛围。

在2017年6月25日至26日，第二届“鸡鸣四县”七乡镇“村村联建”暨联谊活动在玉龙县塔城乡塔城村举行。来自玉龙县、香格里拉市、维西县、德钦县4个县市、7个乡镇及12个友邻乡镇的村“三委”负责人和各民族民众参加了这个活动，活动分两天进行。25日下午召开“民族大团结、党建促和谐”座谈会暨四县市村村联建“互联网+党建”塔城之窗APP学习观摩会。

6月26日上午，在塔城乡文化广场隆重举行了歌咏比赛活动，来自四县市的各族群众7000多人参加了此次活动。这个“村村联建”活动充分利用地域相近、村情相似等特点，用制度做保障、以文化为血脉，打破地域限制，优势互补、整合资源，一起发展。塔城乡通过“村村联建”工作，推进并实现村组之间资源共享、优势互补、和谐共处、互利共赢的好局面，共同维护和巩固和谐稳定发展的好环境，相帮互扶，过上脱贫致富的日子。

在这个活动中，塔城村委会和其他毗邻乡镇还现场签署了“村村联建”协议。塔城村与毗邻村签订了《联建协议》，不仅明确了联建双方的权利和义务，而且还就提升基层党建工作水平、生态环境保护、护林防火、产业链接、旅游开发、信息互通、矛盾纠纷排查、法律知识宣传、民族团结互助和促进民族文化的保护和发展等多项重点工作，达成了共识，形成了可操作实施的交流合作机制。可称为建设民族团结进步示范区的典范。

五、示范县建设中共产党员的承诺与先锋作用

抓好党组织的建设，充分发挥共产党员的模范带头作用，这也是玉龙县在推进民族团结进步示范县建设中的一条行之有效的做法。玉龙县建立了科学合理的基层党建评价体系；研究出台了提高村干部补贴递增制度，16个乡镇和103个行政村均建立了“便民服务站”。我在金普村调研时获悉，金普村“三委”班子结合金普村实际，牵头成立了种养殖农民专业合作社，在金普村84户建档立卡户自愿加入的基础上，按照建档立卡贫困户产业扶持资金全额入股或部分入股的形式加入到合作社，在2015年，有8户建档立卡贫困户和10名党员参与山葵种植，每户平均年收益近4万元。

在白沙镇，镇党委书记和志强介绍说，白沙镇实行“共产党员集体承诺”的方式，根据他所提到的内容，我走访了玉湖村，看到了在全村党员大会上表决通过后张榜公布的“党员集体承诺”，其中有这样根据本村实际定出的内容：带头做到不偷采一篓金矿，不乱挖一车砂石，不乱砍一棵树木，不乱占一块荒地。带头做到亮出党员身份，提高旅游服务质量，让游客高高兴兴地来，平平安安地走，维护好玉湖纳西古村落旅游品牌，争做创业致富带头人。

在每个党员活动日，玉龙村所有党员都参与义务环境清扫活

动，定期不定期发动群众做好村庄环境保洁、青龙河上游垃圾清运等活动。

白沙村委会位于白沙壁画、白沙古街等核心旅游区域，由于游客多，垃圾污染问题比较突出，有的村民在处理垃圾打扫卫生方面也不太自觉。村委会采取了让每个党员联系具体几家农户，对清扫垃圾等进行监督。如果他负责的村民有乱倒垃圾或不打扫家门前卫生的情况，首先善意提醒，如果再犯，就由村委会进行批评教育，还犯，党员就会亲自去协助他家清理垃圾，打扫门前的卫生等。大家都讲面子，做到这一步，一般就会自觉地处理好垃圾，清扫好门前的街面，保证了旅游景区的干净整洁。在每个党员活动日，白沙镇玉龙村所有党员都参与义务环境清扫活动，定期不定期发动群众做好村庄环境保洁、青龙河上游垃圾清运等活动。

九河乡金普村委会还推进“党员示范路”。村“两委”班子党员带头把村主干道作为“党员示范路”，由村“两委”班子党员包干负责村主干道的环境卫生清扫工作，确保村主干道的畅通。各村党支部也积极响应，全村的环境整治工作成效显著。

走在玉龙县这个全国唯一的纳西族自治县，感受到了这个作为首批民族团结进步示范县的大变化，不仅满目青山、绿水依旧、景点游人如织。让我感到更欣慰的是除了旅游之外，各乡镇都在因地制宜推进各种产业的发展，民众的生活在不断改善之中，各民族在发展的过程中也不断形成互助互爱，相濡相沫的民风，玉龙县多年来没有发生过民族之间大的矛盾和纷争，一种和睦祥和的社会氛围正在不断地形成。玉龙县当然还面临很多挑战和问题，但民族团结进步示范区建设这条路，会更多地促进各民族的精诚团结，促成更为安宁祥和的社会风气。

我深深地为我国唯一的纳西族自治县玉龙县祝福！

第五章　民族团结谱华章　三七之乡换新貌

文山，三七花开的地方，这里居住着汉族、壮族、苗族、彝族、瑶族、回族、傣族、布依族、蒙古族、白族、仡佬族等11个民族，民族团结、共同进步，从来都是三七之乡发展的主旋律。

文山州地处云南省东南部，全州辖8个县（市），面积31456平方公里，常住人口360.7万人，其中少数民族人口占57.9%。作为地处边疆、民族众多、宗教多元的少数民族自治州，州委、州政府高度重视民族团结进步示范区创建活动（以下简称创建活动），把贯彻落实习近平总书记视察云南重要讲话为总任务，高举各民族“共同团结奋斗，共同繁荣发展”的旗帜，树立“各民族都是一家人，一家人都要过上好日子”的理念，围绕“决不让一个民族掉队，决不让一个民族地区落伍”的目标，以“科学发展、开放和谐、穷则思变、无私奉献”为核心的“文山精神”，以决战脱贫攻坚、决胜建成小康的信心和决心，带领全州各族人民打基础、谋发展、保稳定，创建活动发挥了经济发展、民族团结、宗教和谐、社会稳定的示范效应、带动效应、辐射效应，在积极争创全国边疆民族团结进步模范自治州的进程中取得了显著成绩。

在创建活动中，文山州大力实施示范工程，加快创建步伐。在实施第一轮“十县百乡千村万户示范点创建工程”共争取资金12020万元，实施民族团结进步示范县1个（砚山县），民族团结进步示范乡（镇）10个，民族团结进步示范村65个，少数民族特色村寨30个，民族团结进步示范社区5个，民族团结示范户1800户，扩大了创建活动覆盖面。着力实施第二轮“十县百乡千村万户示范点创建工程”，投入资金4180万元，实施民族团结进步示范乡（镇）2个，民族特色乡镇1个，民族团结进步示范村22个，民族团结进步示范社区1个，少数民族特色村寨10个。

通过创建活动，文山州少数民族和民族地区发展步伐不断加快，各民族平等、团结、互助、和谐的社会主义新型民族关系得到了进一步巩固和发展，示范区建设已成为引领文山各族人民团结进步的一面旗帜。示范区树立了标杆，打造了样板，发挥了示范引领作用，其意义、做法、成效和经验，其先进事迹和模范典型，必将为全省加快示范区建设、决胜全面小康、促进跨越发展凝聚强大正能量、提供典范借鉴。

在文山州民族团结进步示范创建的动人画卷中，砚山县无疑是硕果累累、风光无限，值得大书特书的一页。

长期以来，砚山县委、县政府认真贯彻落实习近平总书记视察云南重要讲话精神和省委、省政府关于创建活动的决策部署，坚持把民族工作作为永恒的主题，持续完善民族工作机制，不断创新民族工作载体，重点抓好“民族经济发展、民族文化繁荣、民族关系和谐”三项工作，全力打造新时期创建活动“升级版”，“像爱护眼睛一样爱护民族团结”成为全县各族干部群众的共识。2009年，砚山县被表彰为“全国民族团结进步示范创建先进集体”，2013年，砚山县被省民宗委列为全省10个民族团结进步示范创建县，2015年被命名为“全省民族团结进步示范县”，2016年被命名为“第四批全国民族团结进步示范县”，国务院第三次大督查充分肯定砚山经验并通报表扬。

砚山县的主要创建经验是：

注重发展民族经济。实施“基石工程、福祉工程、主体工程、共融工程、平安工程、聚核工程”六大工程，夯实创建活动“领导基础、发展基础、群众基础、思想基础、和谐基础、组织基础”。全力以赴稳增长、促改革、调结构、惠民生、保稳定，以砚山国家现代农业示范区、省级工业园区建设等为载体，重点发展三七、烤烟、辣椒、蔬菜、畜牧、制种业等富民强县产业，促进经济发展不断迈上新台阶。

以民族文化凝聚民心。打造以“共同的节日共同的梦”为主题的少数民族系列节日活动、以“一家人的盛会”为主题的少数民族传统体育运动会，每年安排专项资金开展壮族“三月三”、苗族花山节、彝族火把节、回族开斋节等传统节日活动，构建民族文化交流平台，党政干部开展民族团结“结对子”活动，参与民族节庆、走访慰问少数民族群众成为常态。出台《加快建设民族文化强县实施意见》，每年安排500万元发展民族文化产业，投资近10亿元建设民族文化中心、民族团结文化旅游园区、文化传承示范村等项目，推出土陶、弦子、玛瑙、刺绣四张民族文化名片。促进民族关系融合，全面贯彻党的民族宗教政策，依法管理民族宗教事务。整合投入7806万元实施“和谐砚山”行动计划，各民族团结和谐基础有效夯实。注重加强少数民族干部队伍建设，全县科级以上领导干部中少数民族占49.1%。切实加强基层基础工作，全县乡镇民族工作站、105个村（社区）民族服务网点全覆盖。

“砚山特色”全国首创之创建经验是：“六用民族工作法”“九进”活动“六个一”活动，以及社会主义核心价值观、法治教育和科普活动进清真寺。

“六用民族工作法”也就是在创建活动中“用民族教育提升民族素质、用民族语言宣讲民族政策、用民族文化融合民族感情、用民族节日密切民族关系、用民族干部化解民族矛盾、用民族经济提振民族自信”；“九进”即创建活动进机关、进乡（镇）、进村（社）、进园区、进企业、进学校、进宗教活动场所、进居民小区、进部队；“六个一”即在中小学开展“交一个少数民族朋友、上一堂民族知识课、讲一个少数民族故事、帮助一名少数民族贫困生、邀请一个民族朋友跟自己过节、会跳一个少数民族舞蹈”创建活动。

一、平远：往昔社会矛盾尖锐，当今民族团结进步示范镇

在平远镇人民政府，蒙蒙细雨把一棵枝繁叶茂的大柳树浸润得绿意盎然，街道两旁的一系列展板，展现了各民族发展新貌。

在砚山县，这样的展板随处可见，各民族的相互了解，带来了相

互理解，各民族的相互尊重，带来了相互融合。

平远镇位于砚山县西部，是滇东南重要的交通枢纽，素有“文山西大门”之称。全镇面积589.9平方公里，2016年末土地确权耕地面积490459亩，是云南省八大坝子之一。平远镇辖12个村委会和5个社区，共有117个自然村155个村民小组，居住着汉族、壮族、苗族、彝族、回族等民族。2016年末共有住户18638户90710人（不含两个农场、厂矿及流动人口）。

平远地区创建工作走在全省前列，早在2009年，平远地区就是文山州确定的第一批民族团结进步示范区创建工作点，经过各族干部职工和人民群众的团结奋战，平远地区创建成果卓著，获得了很多创建荣誉：全州民族团结进步示范创建先进集体、全州民族团结进步模范集体、全州文明小城镇、全县民族团结进步示范创建模范集体、全县民族团结进步模范集体。

2013年以来，平远镇在2009—2012年创建成果的基础上，把发展经济、缩小差距作为创建活动的着力点，把宣传教育、典型培养作为创建活动的切入点，把民生改善、素质提升、民族团结作为创建活动的总体目标，在实践中大胆探索，形成了“云南经验”“文山特色”的“平远模式”，在全州乃至全省起到了典型示范作用，这个“平远模式”就是前面提到的“六用民族工作法”和“六个一”活动。此外，平远地区还在创建活动中摸索出军民、警民、城乡、村企、村寨“五共建”创建方式，进一步开创了民族团结进步新局面。

当前的平远地区，处处可以感受到“人人参与，自建自创”“人人都讲民族团结的情，人人都说民族团结的话，人人都做民族团结的事”的浓厚氛围，各族群众互敬互爱，亲如一家。

在平远回族地区工作近20年、曾经获得“文山州优秀村干部”荣誉称号的平远镇民族宗教专职干部郑兴明（汉族）亲身经历了平远地区历史性的巨大变迁，见证了各民族群众之间的关系从剑拔弩张到水乳交融的不平凡历程：“今非昔比，令人感慨，现在的平远变化之大，如果不是亲身经历，将会很难想象。来到平远，你可以从每一个普通老百姓的脸上，从他们的举止言谈中实实在在、真真切切地感受到创建活动的显著成效。”

郑兴明带我们参观了尚未完工的平远镇民族团结展室、回族文化走廊，他告诉我：“平远镇的创建活动工作做得很细，诉讼服务点当初定制桌子时选的是圆桌，就是考虑到不让老百姓坐在那里有主次之分、有压力。在民族地区，只要你用心做事，言出必行，老百姓就会认可你，民心就会凝聚，工作就好开展。”

我们本是要去田心清真寺采访的，但因恰逢回族群众把斋，未遂。郑兴明告诉我们，爱国爱教工作在田心清真寺开展得非常好，符合本地实际，没有照搬照抄。

走在被细雨濡湿的水泥路上，田心清真寺广播里高亢悠扬的诵经声常会让我走神，让我的心随着那悠悠吟唱飞向平远镇广阔、祥和的天宇，虽然我听不懂那位陌生的回族男子诵的是什么，但我明显从他的诵经声中听到了当地回民对新时代、新生活的赞美和感恩。

平远镇田心社区在创建活动中成就斐然，荣获“文山州民族团结进步模范单位”“全州民族团结进步示范创建先进集体”“全县民族团结进步模范集体”等光荣称号。

田心民族学校：首创“六个一”

田心社区被称为“民族教育与民族经济共同发展的社区”，民族教育与民族经济，其中田心民族学校可谓先进代表。

田心民族学校成立于1993年8月，是砚山县唯一一所九年一贯制学校，现有教职工64名，回族、汉族、壮族、苗族、彝族、哈尼族等民族在校学生（包括初中6个班、小学11个班、幼儿园4个班）726人，少数民族学生占76.8%。在这里，各民族师生团结友爱，互帮互学，心手相连，共同进步。

校门两侧的大幅标语正是办校宗旨：“弘扬民族文化，提高国民素质”，校园内，民族文化墙、传统文化墙、文化活动墙、校史墙，洋溢着浓浓的传统文化、民族文化气息。

最有特色的一道校园景观就是“手抄报”：教学楼走廊上、楼梯走道旁，张贴着一份份孩子们亲笔书写的小报，内容有国家法律法规、党的民族政策、民族团结故事、民族风俗习惯、英语园地、防火防电、食品安全、原创文学、原创美术作品等，手抄报有专人负责选稿、审稿、评选，极大地激发了同学们学习、创作的积极性，放飞了他们的想象力。从一页页端端正正而又有些稚嫩的字里行间，我仿佛看到了孩子们一张张纯真可爱的笑脸。

学校首创了全省有名的“六个一”：交一个少数民族朋友、上一堂民族知识课、讲一个少数民族故事、帮助一名少数民族贫困生、邀请一个民族朋友和自己过节、会跳一个少数民族舞蹈。目前，“六个一”已在砚山全县及全省范围推广。

首创“六个一”的初衷和目的，就是促进民族团结进步。学校始终把民族团结教育工作当作重中之重，制定了相关措施并一以贯之狠抓落实。学校充分利用班队会、宣传栏、黑板报、红领巾广播站等各种宣传工具，广泛宣传党的民族宗教政策及民族团结教育的重要意义，介绍各民族历史、节日、语言文字、饮食、禁忌、服饰、文化与艺术等基本常识，让各族师生更多地了解各民族的文化特色、风俗习惯、风土人情，有力推动了创建工作向纵深开展。利用家长会、致家长的一封信等形式向家长宣传民族政策法规，增强家长的政治意识和大局意识，拓宽创建范围，使党的民族政策和民族团结进步教育更加深入人心。

值得一提的是，早在2006年，全县还没有开展创建活动时，田心民族学校就开设了民族团结课，自己制定教材，确定理论与实际相结合的讲课内容，3年后的2009年，全县中小学才有了民族团结课的固定教材。在教学过程中，学校着重把民族团结进步的意义讲充分，把“团结稳定是福、分裂动乱是祸”的道理讲透彻，引导各民族师生进一步增强稳定压倒一切意识、民族团结意识、遵纪守法意识和社会责任意识，成为民族团结的维护者、促进者。

2014年，学校开始举办一年一度的“书香满校园”班级朗诵比赛活动，主题就是民族团结进步。

田心民族学校还有一个民族团结活动做得很有成效，那就是“大手拉小手”。来自阿猛的八年级初中生吴玉蕊（苗族）和来自田心的六年级小学生马巨鸥（回族）被公认是“大手拉小手”活动的典范。品学兼优的她俩在一次活动中一见如故，结对拉手。在校园里，吴玉蕊为马巨鸥辅导功课，回族过节，马巨鸥邀请吴玉蕊去家里共度佳节，她俩就像校园池塘里的并蹄莲，沐浴着民族团结的春风，绽放着青春的风采。

汉族学生冯明仙患心脏病需要手术，全校师生捐款近万元，术后恢复健康的她，一改过去郁郁寡欢的性格，变得活泼开朗，融入学校温暖的民族大家庭。

与回族校长马妮娜、壮族副校长何云忠在校园中漫步。路边，大片的三角梅鲜艳夺目；枝头，小鸟的鸣唱悠扬动听；池中，娇嫩的莲花正在吐露幽幽香气。

马妮娜为我讲解了传统文化墙上居中的大大的“和”字含义：“‘和’是民族学校的办学理念，它的含义是：首先，全校各民族师生互相关心，和睦相处；其次，各民族多元一体，和而不同，各美其美。”

文化活动墙“恰青春少年”的结语很有诗意：使青春灿若朝霞，让生命之根深扎大地！

田心民族学校，这里不仅有作业和课堂，还有诗和远方，教师们在这里播撒希望的种子，倾听花开的声音，守望成长的麦田，孩子们在这里开启智慧的心扉，绽放友谊的花朵，奔向美好的未来。

二、稼依镇辣椒城清真寺：飘扬着五星红旗的清真寺

在砚山，荣获“全国和谐寺观教堂”荣誉称号的稼依辣椒城清真寺既是多元化的民族团结活动场所，也是集多种学校职能于一身的教

育培训基地，这在全国都不多见。

稼依镇辣椒城清真寺以“飘扬着五星红旗的清真寺”著称，它同时还是昆明伊斯兰教经学院文山分院、辣椒城经文学校、辣椒城女校、稼依镇民族实用技术培训中心。

在清真寺里挂国旗，辣椒城清真寺算得上是文山州第一家。走进清真寺，眼前豁然开朗，在这里，紫荆花与三角梅竞相盛放，教学楼、教师公寓楼、学生宿舍楼、学生食堂、塑胶灯光篮球场、足球场、体育健身器材等设施设备齐全，宣传栏更是吸引了我的注意力：

办学理念：打造具有鲜明的宗教性、国民性、职业性的人才培养基地。校训：在五星红旗下成长、在伊斯兰旗帜下做人。办学方针：进得来、留得住、出得去、回得来、用得上。办学目标：自食其力显尊严，养家糊口敬父母，努力拼搏多纳税。辣椒城清真寺管委会主任、昆明伊斯兰教经学院副院长兼文山分院院长、辣椒城经文学校校长马锦坤（阿訇）向我介绍，上述文字都是学校原创，来自多年教学实践。

“以前的清真寺是从事宗教活动的场所，现在是宣传党的民族宗教政策的平台；以前的经文学校培养的是宗教人才，现在培养的是复合型人才。”开展创建活动以来，管委会秉承“高举爱国爱教旗帜、打造开明开放寺观”的理念，重新定位清真寺，把它办成了集“宗教活动、学习教育、文化交流”为一体、兼顾“宗教性、国民性、职业性”和“开放型、花园型、服务型、学习型”的全民活动场所。辣椒城清真寺长年敞开大门，当地各族群众、外地打工者皆可自由进入，在这里散步、健身、休闲、会友，与回民一道过节、吃饭……辣椒城清真寺真正成为稼依镇各民族大团结、大联欢、大融合的大花园。

昆明伊斯兰教经学院目前只有文山、大理、红河三家分院。文山分院创办于2009年，目前有7个教学班，23名教师，360个学生。教师并不局限于阿訇或回族，教学内容也不局限于伊斯兰教文化，体现了包容、开放的教学方针。

经文学校探索办学方式，拓宽办学渠道，扩大招生范围，形成了自身办学特色，辣椒城女校在全省更是独一无二。经文学校的教学与国民教育接轨，与社会接轨，注重把伊斯兰教教规教义与党的民族宗教政策、法治教育、社会主义核心价值观、科普活动有机结合，强化民族团结进步和爱国主义思想，让学生在不做法盲、教盲的同时，还能学到一技之长。经文学校还与砚山县民族职业高级中学联合办学，成绩合格者可领“五证”：经文学校毕业证、砚山县民族职业高级中学毕业证、计算机技术等级资格证、阿訇证、机动车驾驶证。

培训中心每年举办三至四次各族群众参与的政策法规、科技文化、技能知识等课程的免费培训。

清真寺乐善好施、济贫扶困，每年提取收入的20%作为专项资金用于关注弱势群体，帮扶老弱病残，资助贫困学生，援建希望小学等。

辣椒城清真寺功能的多元化、社会化、公益化，赢得了当地政府和社会各界的一致好评。

2016年5月，马锦坤到北京参加全国伊斯兰宗教界人士学习贯彻全国宗教工作会议精神培训班，他在题为《认清形势、立足本土、遏制极端、抵制渗透》的发言中旗帜鲜明地表态，“穆斯林是一个懂得感恩的民族，《古兰经》《圣训》教导我们：不会感恩的人就不会感谢安拉，我们要感谢政府对穆斯林的关心照顾，要支持政府的工作。”

由于清真寺的工作过于繁杂，马锦坤把房地产公司、房地产经纪公司、贸易公司等交给儿子打理，自己一心一意投身于管委会的工作，因为他深深认为，这份工作虽然很辛苦，很操心，但却远比自己做买卖挣大钱重要。

马锦坤有一段广为人知的名言：“56个民族56朵花，不同的花朵有着不同的香味，各民族之间要懂得互相理解、包容、爱护、尊重，我们要像珍惜眼睛和生命一样珍惜各民族之间的团结。”

三、项廷强：民族文化守护人

盘龙彝族乡三合村委会响水龙村，寨门前的3个大葫芦笙仿佛正在吹奏砚山各族人民团结进步的号角。

响水龙村有444户2246人，人均纯收入7325元，是文山州最大的苗族聚居村。寨门右侧，投资400余万元建成的砚山苗族传统文化传承保护馆（以下简称传承馆）格外引人瞩目。

传承馆2014年5月建馆，2015年12月19日开馆，占地1500个平方米，展品300多件，馆内设有表演大厅、作坊室、餐饮室、电教室、器乐室等10余个展厅，已有来自国内及美国、泰国、越南、老挝等国4万余人到此参观学习。

项廷强，苗族，传承馆馆长，省级非遗传承人，堪称文山苗族文化传承第一人，从搜集第一件藏品至今，20多年时光从他足尖悄然逝去……

20多年前，项廷强先后在麻栗坡县委宣传部、土地管理局做过公职人员，有着令人羡慕的工作。1993年，为了拥有更多时间、更方便搜集苗族文化物品，项廷强主动要求调回了家乡——猛洞瑶族乡昆老村委会，在母校昆老小学做了一名甘于清贫、寂寞的小学老师。2000年，项廷强被文山州教育局评为州级教育先进个人、民族团结进步示范先进个人。

“历史使我们铭记祖先的功绩，文化是我们走向文明的根基。建馆的目的，就是为了让本民族人民更多地认识自己的文化，让各民族人民更多地了解苗族，各民族之间只有互相学习、沟通，才能达到共同进步。”

传承馆属个人投资、国家扶持的公益事业，该项目得到砚山县政府批准后，项廷强便卖掉了家里的两套房子，筹款150万元，争取到省州县各级部门投入120万元，目前个人仍欠贷款40万元。

20多年收集展品，个中艰辛冷暖自知。有一次，项廷强到红河州屏边县半坡村收集展品，路遇暴雨，车子无法前行，项廷强冒雨步行两个多小时走到半坡村，然后扛着两麻袋麻线、衣服，举步维艰地走回停车处。

最令项廷强感怀的是：从丘北县树皮乡树皮村远嫁到麻栗坡县猛洞乡下阳坡村的苗族妇女李桂英多年来珍藏着一份陪嫁礼物——母亲亲手缝制的绣花鞋，李桂英把这份至爱之物赠给项廷强，分文不取……“这件事让我非常感动，给我很大激励。”年逾八旬的李桂英老人还为项廷强手工缝制了两套苗族老式男子服装。

在传承馆，我看到了那双珍贵的绣花鞋，手工缝制的白色棉线一针一线清晰可辨，脚踝位置的白色麻布颜色发黄，还有一些小破洞……我在绣花鞋前伫立良久不愿离去，那密密麻麻的针线，分明是千言万语的叮咛、牵挂与祝福，当年我的母亲，也曾戴着老花镜为我缝补衣角……

还有难忘的一幕：2016年6月14日上午，传承馆来了10位华裔美籍苗族同胞，一位白发苍苍的老人参观完走出馆门失声痛哭："我们在国外就像无家可归的流浪儿，现在，找到了祖宗，找到了自己文化的根脉，有了归属感。我们看到祖国的强大，看到苗族同胞在共产党的领导下幸福安定地生活，不用再像我们的祖先，到处迁徙、流浪、逃亡，过着艰难困苦的生活。今天，我们真的很自豪、很激动……"

项廷强说："听了这番话，20多年来我为建馆经受的种种辛苦和委屈全都烟消云散，感到自己所有的付出都是值得的、有意义的，民族文化的展示，也是爱国教育的最好方式。"

开馆日，一位老板出价1000万元欲购全部展品。2016年3月，来自美国密西西比州的苗族同胞出价1万美元欲购老式女子服装，都被项廷强婉言谢绝。有人问这些东西又不能当饭吃，你花这么多钱，有意思吗？项廷强回答："很多东西无法用金钱衡量，我从中获得的快乐，你不会懂！"

2016年8月，受文山州政府委托，项廷强接待了越南河江省李副省长，传承馆已经成为文山州、砚山县传承民族文化、搞好对外宣传的重要窗口。

一个普通的中国老百姓，如果他拥有崇高的理想、坚定的信仰、百折不挠的苦干精神，他也能够成就不平凡的事业，项廷强就是一个最好的例证。然而，如果没有国家财政拨款120万元的大力支持，项廷强的梦想也许终究只能是搁浅在画纸上的美好愿景图。

四、民族团结进步之花怒放红土地——文山市红甸回族乡

红甸，一个诗情画意的名字，可以想象，蓝天白云下，青山如黛，圈起一片鲜艳的红土地，秧苗、玉米、烟叶、蔬菜，就像红土地怀中身着绿衣的婴儿，尽情地吮吸着阳光雨露、天地精华茁壮成长。

红甸乡以地理位置在红土草坝而得名，是文山州唯一的回族乡，位于文山市北部，距文山城55公里，土地面积90.87平方公里。全乡居住着汉族、壮族、回族、彝族、苗族、傣族、白族7个民族，截至2017年一季度，共有3448户，常住人口14521人。其中汉族3161人，占21.77%；回族3902人，占26.87%。2016年，全乡实现农村经济总收入17965万元，农业总产值13133万元，粮食总产量7605吨，农民人均纯收入8559.92元。

2009年12月，红甸回族乡被文山州人民政府授予“全州民族团结进步模范集体”荣誉称号；2009年12月，被文山州委、州人民政府授予“平远地区民族团结进步示范创建乡”荣誉称号；2013年12月，被文山市委、市人民政府授予“文山市民族团结进步示范创建活动先进集体”荣誉称号。

这些荣誉，对于红甸回族乡来说当之无愧、实至名归，这些荣誉，凝聚了全乡干部职工、人民群众的心血和汗水。

多民族聚居地区，民族团结进步既是做好一切工作的前提和保证，也是一项长期的民生工程，这项工程，红甸回族乡做得实实在在，干得漂漂亮亮。

为主动融入和服务云南省创建民族团结进步示范区的战略目标，红甸乡立足民族多样性、发展不均衡的现状，牢牢抓住民族团结进步示范创建活动核心，紧紧围绕“共同团结奋斗、共同繁荣发展”主题，抓产业发展亮点、抓群众收入增点、抓平安创建重点、抓基层党建支点。截至2017年5月，表彰命名3个“平安村寨”、686户平安家庭；提升打造1个村级廉政文化“六进”示范点，创建2个带头党员致富专业合作社。

在创建活动中，乡党委、政府抓了两个重点：一是加强民族地区矛盾纠纷排查调处，最大限度地团结广大群众，防止问题复杂化、事态扩大化。二是搞活红甸、平坝寨、茂克、小六寨4个村委会的义务普法队伍、巡防队伍，健全和完善4个村调解委员会制度，开展业务培训，维护社会稳定，保障全乡经济社会持续健康发展。

同时，依托民族团结活动阵地，借助回族的圣纪节、开斋节、古尔邦节等重大民族节日，广泛开展群众性文体活动，通过活动的有效举办，各族群众的广泛参与，丰富了各族群众精神文化生活，增进了团结合作。

红甸乡的主要创建成果是项目建设。一是大力实施危房改造项目；二是投入970余万元资金建成茂克回民敬老院；三是投入457万元在八家寨村组织实施了美丽乡村、“3121”工程、农业开发等项目，组织实施了“一事一议”财政奖补项目、自建村等项目工程，改善了民族村寨的道路基础设施、绿化亮化、人畜饮水等问题。

招商引资、发展本土非国营经济体、建立项目库是创建活动的三大亮点。2014年，引进文山市润杰农业科技有限公司和伊兴奶牛养殖专业合作社，总投资近2.2亿元，提供固定就业岗位100余个（建档立卡贫困人口2人），带动周边2000余户农户（建档立卡贫困户174户）种植优质牧草1万余亩，每年向农户收购青玉米、青草料约3万余吨，促农增收1200余万元。以花小公路为轴线，着力打造以茂克、小红甸、席草寨、八家寨、康家、熊家、母鲁白等村寨为重点的商品牛养殖基地。截至2017年5月，全乡共成立农民专业合作社21个，注册资金1000余万元，有社员1000余人，带动非社员农户800余户，实现销售收入1.8亿余元，助农增收3500万元。结合红甸乡资源优势，将牛肉、山药、辣椒等农产品深加工项目进行包装并纳入项目库，积极向外推介，确保招商引资取得实效。

在创建活动中，最具有代表性、最有成就的就是八家寨。

八家寨——人人都是民族团结进步示范创建标兵

八家寨，不足百户，寨子很小，却是远近闻名的文山州、文山市民族团结进步示范村。

八家寨自然村位于红甸回族乡南部，系平坝寨村委会所在地，距乡人民政府驻地3公里，全村居住着汉族、回族、壮族三种民族66户285人，其中回族57户237人，占全村总人口的83.16%。2016年，该村农民人均纯收入6575元，主要经济来源为蔬菜种植和肉牛养殖，年出栏肉牛158头，种植牧草43亩。平坝寨村委会，14个自然村，16个村民小组，是全乡四个村委会中自然村和村民小组最多的村委会，全乡7种民族，平坝寨就占了5种，民族关系比较复杂，但是在这里，以八家寨为代表的民族团结进步示范创建活动又是全乡做得最出色的。

创建活动，使八家寨发生了日新月异的变化。

首先，特色产业得到培育。在种植业上，马铃薯、生姜、白菜等蔬菜产业成为农民增收的主渠道，带动了周边小红甸、平坝上寨、平坝下寨、茅草冲等4个村蔬菜产业发展。稳增稳产的优质玉米和优质稻连续获得丰收。在养殖业上，扶持农户发展肉牛养殖，采取集中建盖养殖小区和利用养殖户房前屋后空地分散建盖牛舍的方式，新建养殖小区标准化厩舍，推行种草养牛。其次，基础建设扎实推进。示范村建设开展以来，红甸乡、文山市多方筹措资金，实施了一批基础设施、产业发展、民生改善项目建设：危房改造、民族团结活动广场、民族团结培训室、清真寺、清真寺厨房、道路硬化、村卫生室、党支部活动室、老年人活动室、凉亭、标志碑、沟渠、水源点保护设施、围栏、宣传栏、文化墙、公厕、监控安装、太阳能路灯安装、篮球架及健身器材安装、蔬菜基地输电线路架设、村巡防队等项目建设，村容村貌焕然一新。再次，文明村风逐渐形成。通过开展创建民族团结进步“示范户”活动，加大了对农民群众的教育宣传力度。开展了形式多样的群众健身娱乐活动，寓教于乐，收效显著。

据当地公安机关介绍，长期以来，八家寨没有因民族宗教因素引发的群众纠纷，没有邪教传播，没有刑事案件，没有集体上访事件，没有重大安全事故。

八家寨，阳光灿烂，鸟语花香，路边墙上，“加强民族团结、建设美丽乡村”的大幅标语让人眼前一亮。

八家寨民族团结进步示范创建活动核心人物——文山市民族团结进步示范创建活动优秀个人、平坝寨村党委书记、平坝寨村委会主任、八家寨清真寺管委会主任、八家寨村民族宗教工作领导小组组长纳绍祥（阿訇），浓眉大眼，声音洪亮，采访一开始他就再三强调，不要突出他个人。

创建活动开展以来，八家寨清真寺管委会、八家寨村民族宗教工作领导小组为当地各族群众办了一批好事、实事，解决了一批群众反映强烈的热点、难点问题，在服务群众的同时也得到了群众支持。

实际上，在创建活动开展之前，八家寨就走在了民族团结的前列，2008年5月八家寨回民救援队奔赴汶川抗震救灾的壮举，至今仍被广为传颂。

地震当日，八家寨清真寺管委会（以下简称管委会）迅速召集本村5人（灾区情况不明，不便召集多人）、茂克1人、松毛坡1人，组成“八家寨回民救援队”，次日下午5点左右即驾驶一辆微型车、一辆桑塔纳，携带5万多元善款心急如焚直奔灾区，成为文山州到达灾区最早、最快的农民志愿者队伍。救援队帮助灾民安葬死者、救助伤员，给予他们精神上的鼓励和经济上的援助，一待就是9天。5月22日，救援队返回昆明，遇到携带8万元善款、出动两辆车的茂克回民救援队，纳绍祥和2名八家寨救援队队员带领茂克救援队奔赴灾区，同心协力奋战一周。红甸回民千里携手抗震救灾，传为佳话。

八家寨各族群众的心中始终装着祖国，每次在民族团结活动广场举行活动之前，都要升国旗、奏国歌。

纳绍祥说："《古兰经》教导我们，一个人最宝贵的，就是做好事不嫌小，而且一直做下去，有始有终。"的确，八家寨最令人尊敬、赞叹的，不是远赴灾区抗震救灾这一义举，而是十几年如一日，积极投身公益事业，大力促进民族团结。

扶贫济困，义不容辞。民族团结进步示范创建活动如果只是停留在宣传上、口头上，就成了不服人、不服众的纸上谈兵。每当各族群众遇到天灾人祸、重大疾病等实际困难，管委会都会及时伸出援手，不仅登门探望慰问，而且给予经济支助，受到广大群众的一致好评。

2011年夏，壮族寨子茅草冲3户村民家中失火，火势凶猛，道路狭窄，救护车无法进入，情况十分危急，八家寨管委会敲响清真寺大钟，召集村民30余人赶去茅草冲救火，持续扑火5小时，帮助灾民挽回部分损失。

2011年秋，壮族村牛腊冲苗民熊占高家发生火灾，捐款5000元。

2015年，彝族村小耳朵彝民赵西德家发生火灾，捐款8000元。

2016年春节，红甸汉民王学兵家发生火灾，捐款5000元。

2017年5月，彝族村土戈寨彝民余松宝家发生火灾，捐款4800元。

据不完全统计，近年来，八家寨看望慰问附近村寨各族受灾、困难群众多达30余户。

"受灾的回族群众如果不是特别贫困，我们往往只是拿些水果糕点前去看望，并不给钱……我认为，我们回族最高的思想境界就是帮助其他民族的群众胜过帮助自己。"

八家寨回民热心助人，有两件事尤其让我感叹不已：八家寨四川上门女婿谭相忠去世时天降大雨，道路泥泞，回民帮忙抬棺材，一时被热议："回族抬棺材，从来没见过。"山后旧寨某村民患麻风病不治而亡，一些亲戚怕被传染，避之唯恐不及，八家寨多名回民主动上门帮助料理后事，协助死者家属把棺材抬上山去安葬。

我听到这里也被深深感动："你们有大爱、大胸怀！"

纳绍祥说："回民抬棺材，情况很特殊，面对困难群众，不能袖手旁观。"

管委会没有经济来源，所有公益事业开支，都是当地回民从自己的辛勤劳动所得中自愿捐献。

情系公益，心怀大爱。除了关爱救助各族困难百姓，八家寨积极投入公益事业的例子更是不胜枚举。

壮族村牛腊冲安路灯，八家寨捐款安装3盏路灯，每盏5600元。

彝族村土戈寨修路，八家寨捐款2000元。

其他民族逢年过节（如六月节、红饭节、重阳节、端午节、敬老节），八家寨都会派人携带水果、糕点、现金前去祝贺。

回民重大节日如开斋节、古尔邦节、圣纪节、宰牲节期间，八家寨都会热情主动邀请各民族百姓共度佳节。届时，各村寨举行体育比赛、表演民间歌舞，场面欢乐、和谐，开斋节的狂欢活动一般要举行两天，这样的活动已经持续了五六年。

"回族过节，菜饭特别不好整，因为各族群众都会不请自来，人数很难确定。""礼金随缘，过节时，清真寺门口会放一个纸箱用来装礼金，无人记账，来宾给不给礼金无所谓。"

修路也是大事，八家寨筹资修路，把田地间狭窄泥泞的土路拓宽修成水泥路，主要受益者，是路两边其他村寨其他民族田地的主人，八家寨没有向受益者收取任何费用。

八家寨各族群众普遍有着很高的思想境界，政府修路占到田地，没人索要补贴。如八家寨村民小组组长、巡防队队长马慈兵，家中部分田地因修路被占用，不要分文赔偿，起到了模范带头作用。

2009年，云南大旱，八家寨慷慨无私与各族群众共用水源，邻近乡镇如秉烈、德厚、稼依、马塘的村寨都会过来拉水。

为预防大旱天灾再次出现，红甸乡在坝心（属红甸村委会）修筑了200多平方米的水池，国家财政拨给部分款项，不足部分自筹，八家寨发动村民捐款，以回族为主的村民捐款5万多元。

有一个诱人遐想的场景就是鱼塘放鱼，鱼苗由八家寨每年集资三四千元购买饲养，鱼儿长大后八家寨组织放鱼，届时八家寨及周边村寨的各族群众皆可前去“抢鱼”（除了抢鱼，还可免费采摘莲藕）。场面极为生动感人。

八家寨龙潭水质清澈，碧波荡漾，漫步在龙潭边，我不由得想起南宋思想家、诗人朱熹的两句诗：“问渠那得清如许，为有源头活水来”，八家寨这个小小的村寨如果没有各民族群众心往一处想、劲往一处使，怎会有这希望的田野上生机勃勃的丰收景象？

*创新形式，发动群众。*八家寨周边村寨有回族、壮族、彝族、苗族、汉族5个民族，紧密团结各族群众，努力提高他们维护民族团结、促进民族进步的自觉性，是搞好民族团结进步示范创建活动的首要因素。八家寨把贯彻落实党的大政方针和民族政策作为工作重心，在实践中特别注意创新方式方法。

6月7日晚8点，我随纳绍祥到清真寺吃斋饭，澄澈的天空，皎洁的圆月，庄严肃穆的清真寺大殿，面色宁静祥和的回民，让我恍如置身于一个一尘不染的神话世界。

据纳绍祥介绍，连续8年每年无偿在斋月期间为100多人供应豆腐的一户回民，只有管委会个别负责人知道他们家的名字。无私奉献，做好事不留名，在八家寨蔚然成风。

我与年轻的“80后”回族乡长何跃坚相遇在清真寺，何乡长沉着稳重，没有官气，初见他时，我只把他当作是乡政府里一个初出茅庐的小办事员，多次交谈后发现，他有着很高的回族文化修养。他说：“我们回民因为身受法律法规和《古兰经》《圣训》双重约束，大多会自觉规范自己的言行，二者不仅不矛盾，反而相辅相成。”

谈到创建活动，何乡长说：“创建活动把各民族的优良传统充分融合在一起，扬长避短，各民族之间的互敬、互爱、互助得到了充分体现，真正实现了民族团结稳定，社会和谐发展的总体目标，为实现‘两个一百年’奋斗目标、打赢扶贫攻坚战提供了有力保障。”

到清真寺吃斋饭，我意外地获得一个重大发现，那就是八家寨清真寺创新开展“廉政文化进宗教场所”，这称得上是文山清真寺的一大创举。

在民族团结活动广场两侧墙上，贴着《古兰经》《圣训》与国家法律法规、党的廉政准则、党章相对照的20多则条文——

“任何先知，都不至于侵蚀公物。谁侵蚀公物，在复活日，谁要把他所侵蚀的公物拿出来。然后，人人都得享受自己行为的完全的报酬。”——《古兰经》

“坚持崇廉拒腐，清白做人，干净做事。”——《中国共产党廉

洁自律准则》第二条

“国家工作人员利用职务上的便利，侵吞、窃取、骗取或者以其他手段非法占有公共财物的，是贪污罪。”——《刑法》第三百八十二条

“廉洁用权，自觉维护人民根本利益。”——《中国共产党廉洁自律准则》第六条

纳绍祥介绍：“八家寨近年来着重抓树立新风尚、繁荣新文化、打造新村容三个重点，力求在民族团结进步示范创建活动中创新形式、创新内容、创新载体，廉政文化进宗教场所，是八家寨积极探索乡风文明建设的一个新尝试。”

群防群治，确保平安。如前所述，平坝寨村委会辖区面积较大，平坝寨巡防队（也叫八家寨巡防队）的12个队员（9个回族、2个壮族、1个汉族）工作量不轻。巡防队成立三四年，队员不仅没有工资，还经常私车公用巡逻防控，多次协助当地公安机关抓获犯罪嫌疑人，破获刑事案件。

6月9日上午10点，骄阳似火，天气炎热，蝉儿躲在树荫里叫个不停。我在土戈寨采访时巧遇八家寨巡防队员纳绍贵（回族）和“后备队员”冯子传（回族），他们正站在一辆货车上（私车），举着手中特制的长杆，费力地清理一面墙上的大幅广告。

纳绍贵说：“我们8点钟就出来了，已经干了2个小时，2个人一组，我和冯子传负责土戈寨、母鲁白，今天是第三天。每村每寨都有小广告，我们今天撕，他们明天贴，很麻烦。16个村民小组，要求巡防队一个礼拜干完，时间紧任务重。”

我问：“有报酬吗？”纳绍贵憨厚地笑笑，摇摇头。陪同我采访的红甸乡纪委书记纳伟介绍：“巡防队人不多，工作范围不小，主要是配合派出所搞好治安方面的巡逻防控，矛盾纠纷的调节化解，森林防火和各种突发事件的应急处置，各类公益活动的开展，重大节日的安保工作，等等。巡防队的口号是：我为村民站岗，确保一方平安。”

八家寨自然村，中国行政级别最低的村寨，一个值得尊敬的少数民族村寨，像纳绍贵这样质朴无华、恪尽职守的巡防队员、普通村民。遇见他，既是偶然，也是必然，正是因为有了这样的村民积极参与创建活动，红甸回族乡的民族团结之花才会长开不败。

民族团结，互敬互爱。20世纪中期，平坝寨村委会争田霸地抢水、打架斗殴闹事等现象并不鲜见，治安问题、民族问题不容乐观。今天的平坝寨，各民族群众团结进步、互助互爱成为新的风尚。

文山市文联主席何源梅曾经多次深入八家寨、土戈寨等地采访，对这一带的情况比较了解，她在一旁补充：“大旱之年土戈寨缺水，无法撒秧，八家寨就让出部分田地给土戈寨撒秧。”

土戈寨74岁的彝族土锅手艺人赵安明告诉我们：“彝族和回族就像亲戚，八家寨那边有我们彝族的五六十亩田地，我们经常去那边做活计，渴了回族会给水喝，饿了会留我们吃晌午（午饭）。同样，他们过来办事，我们会用家里的新碗、新筷招呼他们，炒菜锅要洗好几遍。旁边的寨子，独家、平坝寨下寨、母鲁白，都是少数民族寨子，大家都很团结，有事都会互相帮忙，有些人没有喊到也会自动上门帮忙。”

回族帮其他民族，其他民族也帮回族。2012年6月，各族群众自发筹资协助政府修建八家寨清真寺，捐款4万多元。平时，回族过节、搞活动，各族群众也会主动捐款捐物。

八家寨民风淳朴，路不拾遗，清真寺暨民族团结活动广场于2016年7月30日建成后，不上锁，不设门卫，本地群众自由出入，至今，寺中未曾丢失一针一线。

民族团结进步示范创建活动在八家寨结出了累累果实，美丽乡村八家寨越来越成为人们向往的地方，近年来，不断有人家迁移到这里定居。

当我和纳绍祥行走在红甸回族乡郁郁葱葱的田野上，我常被大步流星向前赶路的他甩在身后，五十刚出头的他，双鬓斑白，满面风霜，以至于刚采访时他让我们猜年龄，有人猜他已过花甲之年……

凝望着纳绍祥的背影，我的心中涌动无限感慨，这个有情有义有担当的回族汉子，全身心投入八家寨自然村、平坝寨村委会的民族团结进步事业，不计得失，淡泊名利，中国梦的实现，需要更多这样的基层干部！

在文山州，像辣椒城清真寺、八家寨清真寺这样的清真寺，像马锦坤、纳绍祥这样的阿訇、管委会主任，还有很多，正是这些爱国爱教的回民领路人，殚精竭虑，无私奉献，带头谱写了文山回族地区的民族团结进步之歌。

采访的最后，纳绍祥一再叮嘱我要写上这么一段话：

“感谢共产党让回民安居乐业。感谢《古兰经》及《圣训》教导、指引、鼓舞、激励着信教群众做了这些善事。同时，党委、政府培养了我十余年，我不能辜负党和人民对我的培养和期望。”

一花独放不是春，百花齐放春满园。在红甸乡，民族团结一家亲的现象不只是出现在八家寨一个村寨。

茂克，文山市民族团结进步示范村，文山州最大的回族聚居村，位于红甸回族乡西北部，有汉族、回族、壮族、彝族、苗族5种民族共1159户4823人，其中回民895户3665人，占全村总人口的75.99%，人均纯收入4193元。

民族团结进步与警民群防群治密不可分，近年来，红甸派出所通过“民族团结推进警民和谐建设”活动，增进了警民感情，维护了一方平安。

2017年6月8日下午4点半，茂克村委会广场，炎炎烈日下，红甸派出所所长龙世江、民警汪升船正在对茂克巡防队的5名队员进行专业培训。在文山市公安局、红甸乡政府的关心下，巡防队员们配备了系列警务装备：防刺服、盾牌、防暴棍、防暴头盔、专用电筒。

茂克巡防队1996年成立之初只有3个人，当时治安形势复杂严峻，吸毒、抢劫案件频发，巡防队员曾与吸毒人员短兵相接，协助公安机关截获40多克毒品、9万元现金。当前，交通方便带来盗牛案件上升，2017年4月，巡防队协助平远刑侦大队破获一起盗牛案，为群众挽回损失20多万元。

多年前的红甸乡，回汉矛盾很深，茂克村与红甸街的回族、汉族年轻人经常打架斗殴，还发生过严重的流血冲突事件……“90后”茂克村委会主任马瑞招深有感触地说：“民族团结进步创建活动带来了良好的风气，最近几年，茂克村委会没有发生过一起打架斗殴事件。

农忙季节，茂克回民会到红甸街上帮助汉民种烟、种玉米、盖薄膜。我们回族干部下乡去到汉族老百姓家，即使不是吃饭时间，他们也会主动擦锅擦碗煮鸡蛋给我们吃，很尊重我们，让我们很感动。在这里，各族群众互敬互爱、互相信任，举一个很有说服力、在文山都很有名的例子：我们本地的牛交易，2万元左右一头的牛，不同民族的买卖双方，如果当时一方拿不出钱，可以部分或全额赊账。”

“国家做出创建民族团结进步示范区的决策非常英明，各族群众正在享受党的政策带来的种种实惠，我们遇到了好时候，现在的红甸乡、茂克村，从经济建设到人的精神面貌，改观、变化太大了！”

牛腊冲（壮族聚居）与康家寨、熊家寨（苗族聚居）山水相连，隔河而居。政府修建德厚水库，牛腊冲村民要迁居至康家寨、熊家寨一带，涉及这两个寨子的20多亩土地，康、熊二村大力支持移民搬迁工作。同样，几年前，康、熊二村未通自来水，到牛腊冲拉水，牛腊冲慷慨供应，完全免费。

席草寨是红甸乡唯一的傣族寨子，2002年被省委、省政府授予“文明村”荣誉称号。多年来，村民自发成立护村护寨队，10人轮流值班巡逻，工作扎实，得到了红甸派出所所长龙世江的称赞。开展得如火如荼的民间文艺活动更是促进了当地及周边村寨的民族团结，每逢傣族锦库节，附近村寨甚至砚山县邻近村寨的各族群众都会前来一起过节，节庆现场人头攒动，水泄不通，来晚了车子都没有地方停放。

母鲁白是一个比较贫困的壮族村子，这里的壮族信仰的是伊斯兰教，教徒与非教徒之间相处融洽，教徒去世，非教徒帮忙挖坟，非教徒去世，教徒帮忙拉碑。

如果说红甸乡是民族团结之花盛放的大花园，红甸民族幼儿园就是这个大花园的苗圃。幼儿园的口号是：民族团结进校园从娃娃抓起。

红甸民族幼儿园成立于2010年，目前在园幼儿406人，其中留守儿童292人，残疾儿童4人，教师8人。

步入校园，心旷神怡，宽敞整洁的校园，高大的教学楼，设备齐全的多媒体教室，各具民族特色的课堂……乡镇一级，这样的幼儿园并不多见。

民族特色是幼儿园的一大亮点。党支部书记马丽叶是回族，园长黄正艳是壮族，她们是志同道合、风雨同舟的少数民族好姐妹。8名教师，分属汉族、回族、彝族、苗族、壮族等民族，孩子们则囊括了红甸乡的7个民族。幼儿园的教学也很有民族特色：师生们采用双语交流。黄正艳介绍："很多幼儿刚入园时听不懂汉话，我们配备了少数民族教师，方便师生沟通。"

令人尊敬的是，幼儿园虽是民办，自负盈亏，但从成立之初就兼顾社会效益与经济效益，以较低的收费办园，单亲、家长残疾幼儿费用免半，孤儿全免，几年来，一共为各民族幼儿家庭减免各种费用3万多元。

小小的幼儿园，大大的民族大家庭，这个大家庭具有超凡的吸引力，德厚、秉烈等乡镇的村寨都有各民族幼儿"舍近求远"到此求学，仅秉烈镇送来的幼儿就有40多个。

六一儿童节是幼儿园最热闹的时节，孩子们穿上五彩缤纷的民族服装，表演文艺节目和时装秀。家长们也会邀请师生们一同欢度回族开斋节、苗族踩花山、傣族泼水节、彝族火把节，体现了民族大团结。

马丽叶、黄正艳个人获得过很多荣誉，幼儿园也多次接受文山电视台等媒体的采访报道，红甸民族幼儿园是红甸回族乡民族团结进步示范创建活动的典范之一。

在红甸中学、红甸小学，民族团结的事例也不鲜见，如红甸中学科任老师就曾捐款为患白血病的学生李春正过生日。

红甸回族乡各族人民非常珍惜党和政府的关怀，创建活动开展以来，他们与党和政府同心同德，发扬民族团结、共同进步的优良传统和作风，以实际行动为促进全市民族团结、维护社会稳定、推动经济发展做出了积极贡献，在文山市乃至文山州民族团结进步示范创建活动中树立了榜样。

在砚山县、红甸乡调研期间，我的心中充满了由衷的敬意和感动，当我回到昆明，忠实记录那些平凡而又伟大的中国少数民族普通老百姓的故事，当我写到红甸乡八家寨、茂克回民救援队千里救灾、砚山县苗族农村妇女无私捐赠母亲留下的绣花鞋……我依然会为主人公们博大的人生襟怀、崇高的思想境界而动容，面对他们，我发现，怎样华丽的辞藻都会显得苍白……民族团结进步示范区创建活动调研之旅，本身也是调研者灵魂的一次洗礼，精神品质的一次提升，正能量的一次补给。感谢所有给予我本次调研大力支持的集体及个人，这次调研，也可说是文山少数民族同胞团结协作的一个成功案例。

第六章　罗婺大地盛开民族团结进步之花

武定，在中国西南彝族发展史上占有重要的位置。这里曾是宋大理国时期雄冠“三十七部东爨乌蛮”的罗婺部腹地。

武定地处滇中北部，东连禄劝县，南接富民、禄丰县，西接元谋县，北与四川凉山州会理县隔金沙江相望。在地理上位于四川凉山州、云南昆明市和楚雄州两省三地交界处，距省会昆明60公里，历来有“省会之藩篱，滇西之右臂”的称号。

武定地处藏羌彝文化走廊南端，自古就是连接川滇的重要通道之一，也是历史上氐羌、苗瑶、壮傣系统民族迁徙廊道重要交汇区。县境内居住有汉族、彝族、傈僳族、苗族、傣族、回族、哈尼族等多个世居民族。少数民族人口占全县总人口的55.17%。佛教、伊斯兰教、基督教并存，信教群众22905人，占全县总人口的8.38%，少数民族信教群众15412人，占信教人数的67.29%。除了常规的宗教外，非常规宗教不同程度存在，邪教干扰和境外宗教渗透时有发生。2012年全县有贫困人口近11万人，是云南15个乌蒙山片区集中连片特困县之一。长期以来，民族问题、宗教问题、贫困问题交织在一起，特别是宗教问题和贫困问题互为影响，是云南省28个协调民族关系任务较重和63个宗教工作重点县之一。

武定作为一个集山区、贫困、民族、宗教四位一体的国家重点扶持特困县，历届县委、县政府高度重视民族团结进步事业，始终把民族宗教工作当作一项基础性工作来抓。2009年，武定县按照习近平同志2008年11月在云南调研时指出的围绕“共同团结奋斗，共同繁荣发展”主题，率先在全国提出创建民族团结进步示范县，围绕“基础设施明显改善、经济社会快速发展、民族团结、宗教和顺、社会稳定、生态良好”的总体创建目标，扎扎实实开展创建工作，使武定县各族人民实现了“和睦相处、和衷共济、和谐发展”的良好局面。2013年，根据《中共云南省委　云南省人民政府关于建设民族团结进步边疆繁荣稳定示范区的意见》，武定县被列入云南省民族团结进步示范区建设“十县百乡千村万户示范点创建工程”，成为当时确定的全省创建的十个示范县之一。2015年1月19日至21日，中共中央总书记习近平同志深入云南考察指导工作，他要求，“云南要主动服务和融入国家发展战略，闯出一条跨越式发展的路子来，努力成为我国民族团结进步示范区、生态文明建设排头兵、面向南亚东南亚辐射中心，谱写好中国梦云南篇章”。习近平总书记提出的三大发展定位有力地推动和促进了云南建设民族团结进步示范区的工作。

武定县被列为全省十个示范县之一后，县委、县政府围绕省委、省政府提出的十大示范创建目标，坚持“全面统筹，重点突破”的创建原则，结合武定县情实际，确立“县域民族经济跨越发展、民族文化繁荣发展和民族团结宗教和顺”三大示范为创建目标，紧扣“共同团结奋斗、共同繁荣发展”的主题，以县城及城郊接合部片区为龙头，沿新108国道、老108国道、插（甸）万（德）己（衣）公路、田（心）东（坡）环（州）公路四条轴线规划布局，以民族乡、山区民族村和贫困村为示范建设重点，坚持“示范带动，连片推进；发展产业，突出特色；重点倾斜，兼顾均衡；整合资源，加大投入；政策拉动，项目推进”的原则，以示范村、示范乡（镇）、示范带、示范片区建设为切入点，把示范县创建与脱贫攻坚、新农村建设、美丽乡村建设、基层组织建设、生态文明建设相结合，协同推进。2013年至2016年，争取中央、省、州专项资金4410万元，整合各种项目资金50多亿元，通过实施基础设施建设、特色产业发展、民族文化繁荣、民族团结宗教和顺“四大工程”，创建了大石房、古普、下长冲、岔河、猫街、滑坡6个民族团结示范片区，以及民族团结示范乡（镇）8个、行政村22个、社区7个、自然村156个、企业3个、学校24所、和谐寺观教堂68个，民族特色产业示范基地5个、产业协会4个。示范县创建3年多来，县内少数民族地区基础设施建设明显增强，县域经济跨越发展、民族文化繁荣发展、民族团结、宗教和顺、社会稳定、环境优美的良好局面得到了进一步巩固和发展。使全县各族人民迎来了“和睦相处、和衷共济、和谐发展”的大好局面。探索出了符合武定县情实际，具有武定特色的示范县创建之路。2013年、2014年在省级的考核验收中获得优秀等次，2014年武定县委被国务院授予“全国民族团结进步模范集体”荣誉称号，民族团结示范县建设取得了明显成效，为云南民族团结进步示范区建设贡献出了具有武定特色的分类推进民族团结示范县建设实践。

一、加强组织领导，坚持高位推动

加强组织领导。武定县被列入全省十个示范县后，县委、县政府根据《中共云南省委　云南省人民政府关于建设民族团结进步边疆繁荣稳定示范区的意见》精神，强化领导机构，成立了由县委书记任组长、县长任常务副组长，县委、人大、政府、政协分管或联系民族宗教工作的领导任副组长，县委办、政府办、县民宗局等52个县级部门、省州驻武单位负责人和11个乡（镇）党委书记为成员的创建示范县工作领导小组及办公室。各乡镇、各部门也分别成立了工作机构，明确责任领导和具体责任人。县乡两级明确分管民族工作专（兼）职领导干部45名，民族工作联络员174名，为推进民族团结进步示范县创建提供了强有力的组织保障。

健全政策体系。制定针对性政策措施，指导示范县建设。先后编制、出台了《云南省楚雄州武定民族团结示范县建设规划（2013—2015）》《武定民族团结示范县2013年建设项目实施方案》《武定县关于创建民族团结示范县实施意见》和《武定县民族团结示范乡、示范行政村、示范自然村考核命名办法》等一系列配套政策文件，做到有规划、有方案、有目标、有责任、有考核，确保示范县创建目标责任制逐级落实到位。

创新工作机制。在示范县创建行动中，武定县建立了部门联席会议、“四级”联创、考核评比、督导检查、挂钩联系等“五项机制”。县委常委会每年召开二次以上示范县建设工作专题会议，示范县建设工作领导小组定期召开领导小组成员单位联席会议、工作推进会、专题办公会、调研座谈会等，及时解决创建工作推进中遇到的问题和实际困难。推行县、乡（镇）、村（居）委会、组（自然村）“四级”联创，建立“党委领导、政府主导、村民主体、整合资源、县乡村组四级联创”的工作机制。建立完善的督导检查机制，创建办、民宗、纪委、财政、审计等多部门联合，定期、不定期对建设工作进行检查督导。同时建立县级领导和县级部门挂钩联系制度，形成领导到位、部门协调扶持到位、上下一心、群策群力、密切配合共建示范县的工作格局。

二、着力改善基础设施

武定县山区占全县土地面积的97%，是一个典型的山区县，大部分少数民族村寨散落在高寒山区和金沙江干热河谷地区，居住分散，自然条件恶劣，水利、电力、道路、能源等基础设施严重滞后，成为制约县域各民族经济发展的“瓶颈”。实施示范县建设前，县内基础设施特别是乡村道路建设十分落后，大部分乡村公路通达条件差，个别少数民族聚居村委会所在地甚至还不通公路，乡村道路硬化率不到30%，晴通雨阻。很多20户以上的山区少数民族自然村不通公路，通了路也是土路，晴通雨阻，群众的生产生活仍靠“人背马驮”。乡村种养殖业发展不起来，形不成产业规模，一个重要的原因就是外地客商进不来，本地农产品拉不出去。实施示范县创建三年行动计划以来，武定县把“基础设施明显改善”作为实现“县域经济跨越发展”的基础性工程来抓，通过3年多的建设，到2016年底，完成通乡公路硬化532.6公里，11个乡（镇）县乡公路、126个村委会乡村公路已全部硬化，866个20户以上的自然村通了路，其中不少通村路实现了硬化。交通基础设施建设的发展，近几年我在武定的调研深有感触。2014年6月我到武定万德镇调研，本打算到彝族支系“阿罗颇”聚居的胜德村委会调查，终因道路泥泞湿滑，车子无法通行而不能成行。2015年1月到彝族、苗族聚居的发窝乡乍基村委会调研，那时到乍基村委会的公路也还在硬化改造中。2017年3月，我到猫街镇麦地冲村委会松老山调研，一路上，猫街镇的乡村道路改善状况给人印象深刻。从猫街镇到麦地冲村委会的道路很宽敞，且已完全硬化。离村委会所在地较远的小米地、哈达务、松老山几个自然村的公路也正在如火如荼的硬化改造中。道路交通的改善为山区少数民族地区实现经济跨越发展奠定了坚实的基础。除了交通道路建设，创建示范县3年多来，武定县完成水利固定资产投资73301万元，渠道工程61件、旱地水浇工程1267件、坝塘13座、人畜饮水工程3229件，新增灌溉面积6848亩，恢复和改善灌溉面积6.36万亩，解决了45584人、13143头大牲畜的饮水困难问题。完成中低产田地改造和土地开发整理23.3万亩。通过实施农田、水利、电力、交通、能源、通信等基础设施建设工程，武定县基础设施得到了跨越发展。山区少数民族地区生产生活条件已今非昔比。

三、分类指导，发展特色产业

没有产业就没有发展，没有发展就没有进步。武定县把“县域经济跨越发展”作为最重要的示范目标，在3年创建行动中，坚持“统一规划、分类指导、试点带动”的原则，紧紧围绕冶金建材、高原特色农业、文化旅游、烟草“四大产业板块”，因地制宜，千方百计发展特色产业。形成了南部（狮山镇、猫街镇、高桥镇、插甸镇）、中部（白路镇、高桥镇、田心乡）、北部（己衣镇、万德镇、发窝乡、东坡乡、环州乡）三大特色产业区。南部产业区依托坝区、狮子山风景名胜区，离省会城市近且交通便捷的资源和区位优势，重点发展冶金建材、物流、文化旅游、特色经济（高山反季蔬菜、食用玫瑰、山药、魔芋、草莓）、高效林业（核桃、板栗、樱桃、杨梅）、山地牧业（肉牛、黑山羊、生猪）；中部产业区依靠丰富的山地、山林资源重点打造中药材和高山反季蔬菜特色产业基地、山地畜牧、农产品加工和烤烟产业；北部产业区借助高原山地森林、山地资源和金沙江及其支流勐果河河谷热区资源，发展高原特色生态经济和低热河谷特色经济（高山反季蔬菜、中药材、热带林果）、山地畜牧（肉牛、黑山羊、武定壮鸡）、罗婺民族风情、金沙江峡谷和己衣大裂谷风光旅游。用经济发展为民族团结进步事业奠定坚实的物质基础。通过扶持建设民族特色产业示范基地、民族特色产业示范协会，带动边远山区、民族聚居贫困地区的发展，取得了显著成效。

2014年6月、2015年1月、2017年3月我先后在白路镇、发窝乡和猫街镇三个示范乡（镇）做了一些调研。白路镇位于武定县中部，下辖10个村委会、97个自然村，106个村民小组。全乡总人口14566人，其中少数民族10981人，占总人口的75%，是一个汉族、彝族、苗族、傈僳族等多民族杂居的高寒乡（镇）。全乡土地面积228平方公里，最高海拔2646米，最低海拔1460米，耕地总面积18013亩（水田1511亩、旱地16502亩），林地面积207.76公顷（10616.4亩），森林覆盖率60%。镇政府所在地距武定县城64公里，距元谋县城34公里。

2014年6月我到白路镇调研，了解到白路镇在发展特色产业上，主要依靠地处山区、气候温凉的特点，重点打造以青豌豆和甘蓝为主打的高山反季无公害蔬菜特色经济，以黑山羊为龙头的山地畜牧业，以核桃为代表的高效林业，以重楼、黄草乌、附子为重头的中药材种植和烤烟“五大”特色产业。云南白药集团建在白路镇的关坡重楼繁育基地就位于108国道边上。在去白路镇的路上，沿途随处可见农民种植的黄草乌、附子、重楼和挂满青果的核桃。据镇政府的同志介绍，2013年，白路镇依托云南白药集团发展黄草乌、重楼、附子3120亩，种植高山反季无公害蔬菜青豌豆23850亩、甘蓝3125亩，累计种植核桃5.7万亩。烤烟、高山反季无公害蔬菜、核桃种植面积均位列全县第一。据镇政府提供的材料，仅烤烟、高山反季无公害蔬菜两项，全镇农村居民人均收入就超过了8100元。以培植特色产业促进经济跨越发展，以经济跨越发展推动民族团结进步示范乡建设是白路镇的亮点。白路镇已成为武定县知名的烟草大乡、白药之乡、核桃之乡和高山反季无公害蔬菜之乡。2017年3月再次回到武定调研时，获悉白路镇已实现整体脱贫摘帽。

白路镇在武定还是一个民族传统文化气息浓厚，特色鲜明的乡（镇）。尤以彝族火把节、彝族服饰、彝族酒歌、彝族毕摩文化的保持为突出，是远近闻名的文化部命名的“中国民间文化艺术之乡”。白路镇也是国家级非物质文化遗产项目“武定彝族酒歌”的主要传承地，在当地一直有“武定酒歌出白路”的说法。在武定，白路还是有名的毕摩文献名邦。目前，武定唯一一名州级毕摩文化传承人就出在白路镇的平地村。白路还以一年一度盛况空前的火把节而声名远扬。白路自2002年起举办大型的火把节已连续举办15年，每年来参加火把节的人，规模都在4万人以上。我在白路镇还看到了一个由楚雄州非遗中心和武定县非遗中心联合挂牌的火把节文化传习所，里面陈列了很多民俗老物件，有木制纺织机、竹编器皿、陶器、乐器、猎具、响草编的蓑衣等，所陈列的许多生产生活用具，在今天的彝乡农家也很难见到了。陈列室里还悬挂了很多记录历届火把节盛况的图片。

猫街镇位于武定县西南部，地处金沙江支流勐果河上游，东邻狮山镇，南界禄丰县中村乡，西接元谋县羊街镇，北与高桥镇和白路镇毗连。辖区面积447平方公里，下辖15个村委会，160个村民小组。境内居住有汉族、彝族、苗族、回族、傈僳族、傣族、哈尼族、拉祜族、白族9个民族。有农户6472户2.63万人，其中少数民族占总人口的64.5%。镇政府所在地距离县城29公里，京昆高速穿境而过，交通便捷。2017年3月我到猫街镇做了短暂的调研，据镇政府提供的材料，猫街镇根据本镇的地形地貌、土壤、气候、物产特征，将全镇产业布局为三个片区。一是坝区片区：由猫街、汤郎、百子、仓房四个村委会构成，按照“龙头企业+合作社+基地+农户”的产业发展模式，发展以蔬菜为主打的高原特色现代农业；二是半山区片区：由永泉、白云庵、大麦地、龙庆关四个村委会构成，以新村湖景区旅游开发为龙头，发展观光休闲生态农业，在做大传统优势产业烤烟的基础上，重点发展山药、三七、重楼、蔬菜等新兴产业；三是山区片区：由七排、秧草地、大厂、麦地冲、半山、五拃甸、三家村七个村委会构成，重点发展中草药、核桃、花椒、畜禽养殖、胡蜂繁育等产业，逐步提升规模化、专业化水平。此外，还积极开展招商引资，引进南华河山科技有限公司等，采取订单农业、共建产业基地、土地入股等方式，发展胡蜂养殖和食用菌、蔬菜、中药材种植等高原特色产业，壮大村集体经济，带动贫困农户增收。以现代烟草、畜牧、高原特色农业、生态文化旅游业等4大产业建设为载体，支持鼓励发展各类农副产品加工工业，延伸产业链，带动各民族发展进步。至2016年，全镇共发展肉牛规模养殖户15户、黑山羊存栏100只以上养殖户30户、肉猪存栏100头以上规模养殖户4户。种植烤烟10310亩、山药260亩、魔芋550亩、青豌豆600多亩、种植核桃5.58万亩。

发窝乡地处武定县北部，是县城通往田心、东坡、己衣、万德四乡（镇）的必经之地。乡政府驻地距离县城68公里。全乡面积264平方公里，平均海拔2285米。发窝乡下辖11个村民委员会，124个村民小组。乡内居住有汉族、彝族、苗族、傈僳族等8个民族，少数民族人口10614人，占总人口的73%。发窝乡的乡情特点可以用一句话概括，就是“三多一大”。三多就是少数民族人口多、贫困人口多、信教群众多，一大就是山区面积大，占总面积的99%。全乡有基督教信教群众2400多人，占全乡总人口的17%。发窝乡的优势也很明显，地处武定北部四乡（镇）的交通枢纽，红砂石、水能资源储量丰富，森林植被好，环境优美，民族文化丰富，底蕴深厚等。

发窝乡在民族团结进步示范乡建设中，充分发挥区位优势和资源优势，大力发展畜禽、林果、芸豆、高山反季蔬菜、中药材等特色产业，年均种植芸豆2万亩、高山反季蔬菜1万亩、核桃1万亩，山猪、武定壮鸡、肉牛、黑山羊等畜禽养殖出栏率大幅提高，农民家庭现金收入一年比一年多。发窝乡还依托种养殖业的规模发展，扶持发展了彝山火腿、汇龙农特产品营销专业合作社等龙头企业、农民专业合作组织，做到种得出、养得出、卖得出，解除了农户的后顾之忧。发窝乡极力要打造成的“万亩白芸豆之乡”“高原无公害蔬菜之乡”“彝山火腿之乡”“民族文化之乡”的目标初步达成。发窝乡还成为武定县第一个国家级生态乡。

四、民族文化繁荣发展

武定县在实施民族文化繁荣发展示范建设中，以多元深厚的民族文化为基础，以彝族酒歌、彝族服饰、彝族刺绣、民族节庆的传承和弘扬为突破口，打造、建设了武定彝族酒歌、白路镇中国民间文化艺术之乡、彝族火把节、彝族服饰、罗婺彝寨等一批有广泛影响力的民族文化艺术精品。

近几年来，武定县通过抓保护、抓传承、抓培训、抓展示，在以非物质文化遗产为代表的传统文化保护和传承上取得了不俗的成绩。主要体现在：抢救性拍摄记录了《武定酒歌》《武定情歌专辑》《武定彝族火把节》等多部专题纪录片和《武定阉母鸡技艺》《武定银器制作技艺》等非遗申报片。建立了非物质文化遗产保护名录及传承人数据库，累计调查、搜集整理了52项非遗项目，调查了74位非遗传承人。在县文化馆建立了彝族服饰传习所，作为全县非物质文化遗产宣传、展示、培训、教育基地。分别在白路镇、环州乡、狮山镇成立了1个火把节传习所、2个彝族酒歌传习所和2个彝族酒歌传习点。先后举办了4期“非遗”传承人培训班、8期彝族酒歌培训班、3期彝绣培训班、3期彝文培训班。扶持发展刺绣专业村10个、刺绣协会6个。扶持成立“罗婺彝绣”展销部16个。截至2017年3月，武定县有各类非物质文化遗产名录29项，其中国家级非物质文化遗产1项，省级非物质文化遗产2项，州级7项，县级19项。有省、州、县三级非物质文化遗产代表性传承人51人，其中，省级4人，州级17人，县级46人。武定彝族酒歌和彝族刺绣，已成为武定响当当的两张文化名片。

酒歌是彝族文化的一种重要表现形式。彝族酒歌最大的特点就是以酒为媒介，把自己想说的、想做的用歌唱的形式表达出来。酒歌也是彝族文化的一种重要传承载体。2008年6月被列为国家级非物质文化遗产。2014年6月我与时任武定县文体广电旅游局办公室主任的李继勇和县文化馆馆长闫开明一行到白路镇调研，访问了酒歌传承人胡朝能。他介绍说，武定彝族酒歌的内容很丰富，涉及社会生活的方方面面。酒歌曲调丰富多变，歌词既有固定的，也有即兴发挥的。但什么场合该唱什么调，是有讲究和要求的，不能乱唱。他平时除了带三个徒弟外，还在镇里承担白路酒歌的传承培训和推广。每年在镇政府文化站培训两次，每次培训100人左右，每次培训时间不超过4天。前后已培训1200多人次。培训的内容主要是有时代气息的“迎客调”“祝福调”和“留客调”，由他本人搜集、谱曲后，再教给学员。

2014年，镇政府牵头注册成立了白路民族文化艺术协会，由他担任会长。协会会员有100多人，都是30至40岁年龄段已成家、有娃娃的本镇村民。会员的选择，之所以做这样的限制，是考虑到要以协会会员为骨干，打造一支稳定的白路酒歌传唱队。太年轻的、没有家室的到处打工，流动性大，队伍的稳定性得不到保证。只有这个年龄段、有家有室、有娃娃的才会在家，组建的酒歌传唱队才有可能做到相对稳定、持久。协会运作前两年由镇政府扶持，两年后要完全自养。2017年3月，我再到武定县文体广电旅游局、县文化馆调研，获知胡朝能组建的这支白路彝族酒歌传唱队，队伍稳定，运作良好，多次参加省、州、县文化部门举办的非遗传承展演活动，受到社会各界好评。

扶持和鼓励非物质文化遗产代表性传承人创新发展，主动融入市场，走传承保护与创新发展之路，是武定在彝族服饰和彝族刺绣技艺传承、保护上的重要举措。2017年3月，我到罗婺彝寨雄冠彝绣展销厅走访了云南省第四批非物质文化遗产代表性传承人普玉珍。那里是她创办的“雄冠彝绣厂”设在罗婺彝寨的展销厅。普玉珍出生于猫街镇咪三咱村，爷爷是当地十里八乡有名望的大毕摩，画得一手好画，奶奶也是远近闻名的刺绣能手。普玉珍四五岁时，爷爷就一笔一笔地教她作画，奶奶和母亲则手把手地教她刺绣。十来岁时，她的刺绣技艺已到炉火纯青的程度。她在12岁时绣的一幅中国古代四大美女图，后来被一位德国收藏者以4万元人民币的高价买走。为了使彝族刺绣这门古老的技艺和自己的毕生所学能够得到更好的传承，她先是给自己的儿媳、女儿传授刺绣技艺，后来又向更多的彝族妇女传授刺绣技艺。

2005年，在当地党委、政府的关心下，猫街镇文化站专门腾出一间屋子，给她做工作室，也兼做她教学徒的教室。猫街镇党委、镇政府还支持她办起了“小花猫彝绣工艺品厂”。在打开市场销路后，她便成立了雄冠彝绣协会，采取“协会+农妇”的经营模式，扩大培训规模和培训范围。这些学员学成后，她们既是普玉珍的学徒，也是她的合作伙伴。普玉珍将作品样图设计绣好后，再把绣片和丝线分发到已学成的学徒手中，让她们利用农闲和空闲时间绣好后，再统一回收、统一销售。参与刺绣的农村妇女，每年最低能增收1万多元，最高的年收入甚至达15万元以上。彝族刺绣产业的发展已成为带动农村妇女增收的一个新亮点。

普玉珍还先后应邀到禄劝、元谋、南华、香格里拉等十几个县举办了近百场（次）培训班，受训人员达上万人（次）。她把祖传下来的几十个种类、上百种绣法，毫无保留地传授给受训的学员。既提高了这些妇女的生计技能，也传承和弘扬了彝族的这项古老技艺。2009年，她被武定县非物质文化遗产保护中心命名为县级彝族服饰传承人；2010年5月她被命名为云南省第四批非物质文化遗产彝族服饰代表性传承人。近年来，她为了满足外地客商的需求，也为了帮助更多各族妇女同胞参与到这项事业中来，共同发展致富。她成立了“雄冠彝绣厂”，并在罗婺彝寨设立了展销厅，常年招收学徒，免费教学。同时积极配合武定县非遗中心举办彝族刺绣培训班，让更多的妇女参与到传承、保护和创新发展民族传统文化行动中来，并从中受益。2016年，按照“德艺双馨、水平拔尖、有产品、工艺精，与旅游产业结合、与文化产业结合，经济效益和社会效益好”的评选条件，普玉珍被云南省民族宗教事务委员会评为“云南省百名民族民间传统文化突出人才”。她的刺绣作品《龙凤聚会》荣获云南省工艺美术第十五届“工美杯”精品评选金奖。从创办“雄冠彝绣协会”以来，共举办培训班30期，培训妇女学员600多人次，培养彝族刺绣女能手50多名，彝族刺绣致富能手带头人31名，带动发展刺绣专业村12个。为传承、保护和创新发展武定彝族传统刺绣工艺和传统服饰，弘扬民族文化做出了显著的贡献。

通过举办具有示范性、导向性的大型民族民间文化活动，促进民族交往交流交融是武定县在创建示范县中坚持的一条行之有效的办法。武定依托丰富的民族民间传统节日和历史上形成的一些具有浓郁地域特色的节日，建设节庆文化，形成了白路镇、猫街镇、狮山镇、环州乡的彝族和傈僳族火把节，高桥镇的苗族花山节，万德镇的“二月八”，田心乡的“三月十三”，东坡乡的“四月八”傣族泼水节、发窝乡的“六月六”民族文化节等“一乡有一节、城乡互动”的民族文化活动格局。通过这些能够展现丰富的民族文化和浓郁地域特色的民俗文化活动，即使乡镇各族群众的文化生活充满生机和活力，也促进了各族群众的文化互信。武定还通过举办一年一届的牡丹文化旅游节、两年一届的罗婺国际民歌节，进一步提升了武定罗婺民族文化的影响力。

武定县还大力实施文化惠民工程。积极推进基层公共文化设施建设，使各族群众共享发展成果，建成了11个乡镇综合文化站、11个农民文化素质教育网络培训学校、56个村级文化室、133个农家书屋、

117个文化信息资源共享工程站点。投资676万元建设了集宣传文化中心、青少年校外活动中心、多功能报告厅为一体的功能齐全的武定县宣传文化活动中心。成立了武定县非物质文化遗产保护中心。申报重点文物保护单位37项。成功举办了中国楚雄2013彝族火把节武定分场系列活动暨中国彝族第二届非物质文化遗产传承展演。

五、民族团结宗教和顺

重视民族宗教工作。立足集山区、贫困、民族、宗教四位一体，民族问题、宗教问题、贫困问题交织在一起，维护民族团结、宗教和谐、社会稳定的工作任务艰巨繁重，位列云南28个协调民族关系任务较重和63个宗教工作重点县的县情特点。武定县委、县政府始终把宗教政策的落实和宗教事务的管理放在“县域民族经济跨越发展、民族文化繁荣发展和民族团结宗教和顺”目标建设的重要地位，积极推进佛教、伊斯兰教、基督教三教寺观教堂的规范化管理。坚持把维护三大宗教正常秩序作为确保当地宗教和谐、社会稳定的重要内容常抓不懈；坚持把宗教工作的形势任务、对待宗教问题的方针政策、处理宗教问题的法律法规列入各级党委的学习内容，列入党校学习培训计划，做到常学常讲；坚持把宗教管理工作纳入社会治安综合治理目标责任书，建立以督促、检查、指导评估为目标的绩效考核责任制，建立健全了县级领导分片包干责任制，经常性地与3个宗教团体和2个寺管会成员联系沟通，了解各宗教团体、寺管会情况及宗教教职人员的思想动态，帮助解决实际困难；坚持实行佛教、伊斯兰教、基督教活动场所目标管理责任制，指导各乡镇和村委会与寺观教堂签订《宗教活动场所目标管理责任书》，建立了县、乡、村（居）委会和宗教活动场所四级民族宗教工作目标管理责任制网络，强化督导检查，并对工作目标管理责任制实行绩效考核。

坚定不移地贯彻党的宗教信仰自由政策，引导广大教牧人员正确宣讲《圣经》和基督教的教规教义。以“宣传宗教法规、普及宗教常识、共建和谐社会”为主题，以开展“综治宣传月”“民族宗教政策法规宣传月”“送法进宗教活动场所月”等主题宣传月活动为载体，宣传党的宗教信仰政策，做到家喻户晓、深入人心，依法制止一切干涉宗教信仰自由、伤害信教群众宗教感情的言行。同时，对受非正常宗教影响，造成贫困的73个村推行干部进入、政策导入、感情贴入、文化融入和重点帮扶“五入一帮扶”的做法，开展基础设施、文化事业、医疗卫生、科技培训、危房改造、乡村文明、产业发展建设，使受非正常宗教影响的特殊贫困地区的经济教育科技文化卫生事业得到了大的发展和改变。群众生活水平明显提高，思想观念明显转变，党群、干群关系明显好转，逐渐缓解消除了以往的对立紧张情绪，进而促成了非正常宗教向正常方向发展。

创建和谐寺观教堂。根据《宗教事务条例》和国家宗教局出台的各项配套政策，按照省、州民族宗教部门的统一部署，深入全县180个宗教活动场所，开展“和谐寺观教堂”创建，引导不同宗教间相互包容、相互尊重，开展积极正面的交流，促进民族团结宗教和顺。切实尊重信教群众的宗教信仰，合理安排宗教活动场所，让信教群众能够过上正常的宗教生活。

加强信教群众的思想政治工作，在宗教教职人员、信教群众中进行中国特色社会主义共同理想教育，使之在拥护党的领导和社会主义制度、维护民族团结和祖国统一、促进社会稳定和谐方面形成共识，并身体力行。提高信教群众的法制观念。经常性在宗教活动场所、宗教教职人员和信教群众中开展民族宗教政策和法律法规的宣传，深入少数民族聚居村（组）和宗教活动场所宣讲民族宗教政策，组织教职人员和信教群众学习《宪法》《民族区域自治法》《宗教事务条例》等法律法规，引导他们正确看待教法和国法的关系，增强国家意识、法律意识和公民意识，在法律政策范围内参加宗教活动，依法维护自身权益，自觉抵制各种利用宗教进行的违法犯罪活动，维护宗教领域正常秩序，促进民族团结宗教和顺。

依法登记，规范宗教活动。按照《宗教事务条例》和国家宗教局配套出台的各项规章的规定和要求，按照省、州民族宗教部门的统一部署，组织对县内佛教寺院、清真寺、基督教堂及固定处所依法进行了换发登记证和补充登记。对全县范围内的基督教活动场所进行了全面调查，审批28所为固定处所，对符合条件的99所活动场所和4所私设聚会点向州民宗局申报待批为固定处所，解决了全县基督教宗教活动场所“以堂带点”所带来的管理弊端，进一步规范了管理。为符合条件的宗教活动场所统一办理了土地使用证、房产证和登记证，完成了3个县级宗教团体、180个宗教活动场所、165名教职人员、23460名信教群众和35名宗教界代表人士基本信息采集，建立了县内三大宗教活动场所和教职人员管理档案和电子数据库，做到了持证住寺、持证上岗。

加强教育培训，确实做好“三支队伍”的建设工作。依托中央、省、州教育资源，继续加强党政领导干部、民族宗教工作干部、民族宗教界人士“三支队伍”的政策法规培训，重视后备人才队伍建设，积极稳妥地做好选拔培养工作。结合开展宗教政策法规学习活动，把少数民族干部培训纳入全县干部培训的总体规划，采取调训、轮训、送州县委党校培训等方式，使在职的副科级以上少数民族干部都得到培训，2013年以来，安排1名领导干部参加了中央民族干部学院举办的培训，7名领导干部参加了省委党校举办的培训，7名民族聚居乡（镇）干部参加了大连国家民委培训中心举办的民族政策、法律法规和民族事务管理工作培训，4名科级领导干部参加了全州少数民族中青年干部培训班学习，还组织民族宗教工作干部和信教群众67人参加了全州宗教政策法规培训。先后举办党政干部、民族宗教工作干部和宗教教职人员培训8期，有633名党政干部和教职教牧人员参加了培训。

妥善解决宗教活动场所和教职人员的各种实际问题，扶持受特殊宗教问题影响的贫困村发展。武定县民宗局、县人大、县政协每年组织人员深入宗教场所和少数民族信教群众集中的乡（镇）、村（居）委会、村小组开展专题调研，及时排除各类矛盾纠纷，推进解决宗教场所基本公共服务均等化和宗教教职人员的民生问题。加强宗教活动场所基础设施建设，督促各乡（镇）人民政府切实履行综治维稳及安全工作属地管理职责，做好宗教活动场所危房修缮和地质灾害隐患排查。加强宗教活动场所安全管理及信教群众应急疏散演练。新建或改建维修城区宗教活动场所，解决城区信教少数民族群众过宗教生活问题。落实和帮助解决民族宗教界代表人士反映的困难及问题，每年拨给县基督教“两会”驻会及退养人员、县佛教协会驻会人员和全县宗教教职人员生活补助8.7万元。

通过以上政策措施的落实，武定县实现了“民族团结宗教和顺”的示范创建目标，各族人民实现了“和睦相处、和衷共济、和谐发展”的大好局面。

马豆沟村：村企共建的典范

马豆沟村，位于狮山镇东南，距县城4公里，是一个彝族、苗族、汉族3个民族杂居的自然村。有农户47户182人，其中，彝族30户116人，苗族6户20人，汉族12户46人。全村有耕地面积137亩，有林地1760亩，经济林果30亩（板栗、核桃）。水田、旱地差不多各占一半。村民的生计主要依靠种植水稻、玉米、马铃薯、蔬菜、蚕豆等农作物。

在地理上，马豆沟村距离县城不过4公里；但因地处半山区，从县城到村口的公路，有2公里是土路，晴通雨阻。正是这短短2公里的土路，成为横亘在马豆沟村发展道路上的“拦路虎”。马豆沟村也因此成为县城周围方圆5公里范围内道路、水利基础设施最落后，发展最缓慢的贫困村。

马豆沟村被列为武定县民族团结进步示范村建设后，2012年3月，县人民政府常务副县长阳庆富召集狮山镇党委政府、民宗局、财政局、水利局、林业局、扶贫办、农业局、文体广电旅游局、德昌矿业有限公司等有关部门，在马豆沟村主持召开了“马豆沟村民族团结进步示范村建设现场办公会议”，确定了政府为主导，村民为主体，企业为助推，县级各相关部门积极参与，把马豆沟村建成绿色循环经济示范园区的建设思路。整合民宗、林业、文体广电旅游、财政、水利、农业口项目资金219万元，缺口261万元由德昌矿业有限公司垫资。共建成长2000米、宽6米、厚0.3米的水泥路面进村主道1条，长2500米、宽4米、厚0.2米混凝土路面进村支道1条，民族文化活动广场一块及周边绿化，扩建6万立方小坝塘一座，以及50亩蔬菜大棚。马豆沟村的基础设施和经济都实现了跨越式发展。德昌矿业有限公司还立志把马豆沟民族团结示范村按“公司化”“企业化”建设，优先为该村村民提供就业机会。如今，马豆沟村村民年人均收入都超过了5位数，谱写了村企共建民族团结进步示范村的典范。

云岭苗族第一村：移民致富新典范

云岭苗族第一村，位于武定县城西南角，行政上隶属于狮山镇中马社区，主体居民由武定县高桥镇唐家村委会狮子口村小组因开采铁矿整体搬迁而来，属于开发移民性质。全村51户175人，全部都是苗族。

云岭苗族第一村原先居住的地方属于高寒山区，交通闭塞，生计基础脆弱，主要以种植玉米、小麦为业。农民家庭经济收入则依靠小规模的家庭畜禽养殖，是远近闻名的贫困村。后来，狮子口村小组被发现埋藏有高品质的铁矿。为了开采利用那里的铁矿，由武定县人民政府在狮山镇中马社区调节153亩，通过整体规划建设后，进行统一安置。村民的身份也由农民整体转为城市社区居民。

被整村移民安置后，狮子口村小组的苗族群众，迎来的不仅仅是简单的身份转变和居住空间的改变，而是意味着原有的生产生活方式、社会结构和社会关系都将随之发生改变。如何迅速适应和融入全新的城市生活，是移民们要面对的难题，也是县、镇、社区各级政府必须重视的问题。实施示范县建设后，中马社区的移民新村被列为创建城市社区民族关系和谐示范村。

狮山镇党委、政府把就业安置作为移民适应城市、融入城市、构建社区和谐民族关系的关键来抓，有计划分步骤地组织搬迁户参加各类就业技能培训，广开门路做好就业安置和就业推介工作，引导移民群众从事商品经营、客货运输、餐饮服务业，真正做到搬迁户居住有房、经营有门面、就业有技能。花大力气组织劳务输出，转移和输出部分在本地找不到合适就业门路的剩余劳动力。鼓励和引导移民搬迁户自主创业，并给予相应的优惠政策。发挥苗族群众能歌善舞的特长，通过办节日、搞活动，增进搬迁群众与原住居民的交往交流。镇、村（社区）干部还主动下沉，体察民情、倾听民声、了解民意，及时协调处理矛盾，化解纠纷，疏导群众情绪，营造了良好的团结氛围。如今，苗族移民新村已成为集居住、商贸、旅游为一体的具有苗族特色的小康村，成为政府主导、企业出资、群众搬迁的移民新村致富典范，被誉为云岭苗族第一村。

西和：从“水火不容”到“回汉一家亲”

狮山镇西和村委会，距县城1.5公里，辖9个自然村、17个村民小组，有乡村人口1100户，4654人，分属于回族、汉族、彝族、苗族、傈僳族、傣族6个民族。其中，清真寺自然村（2个村民小组）居住有回族114户530人，占全县回族总人口的60%。今天的西河村，民族团结，民族关系融洽。全村一半以上的回族与其他民族通婚，有的一个母子家庭就有回族、汉族、苗族3种民族，是实至名归的“民族大家庭”。然而，在1999年前的西河村，却是另一番景象。清真寺和大西村两个村因山林、土地、宅基地纠纷，导致回汉两个民族矛盾尖锐，水火不容，民族关系对立紧张。两个村的群众多次集体上访，甚至围堵县政府大门，冲击法庭和公安局，成为当时影响全县安定团结的最大热点问题。即使在两村的山林、土地权属纠纷得到合理解决后的很长一段时间，两村的回汉群众还是互不往来，关系依然紧张对立。

1997年，经狮山镇党委反复做工作，34岁的回族青年聂开“临危受命”，抛下县城的生意，回村担任西和村委会主任（当时叫“西和办事处”）。2000年被推选为村委会书记。“民族和谐稳定是经济发展的基础”，聂开走马上任后，把化解矛盾、稳定人心作为首要工作，走村入户，耐心疏导，努力让回汉群众明白民族团结的重要性，认识到民族对立的危害。郁结在回汉两族群众心中的“坚冰”开始融化。心结打开后，聂开率领村组干部、老党员外出考察，规划设计发展蓝图，带领群众扎扎实实建设“和谐回乡”。通过实施：党总支创先，有民族团结、宗教领域稳定的目标；党员争优，有维护民族团结的承诺；党员教育，有民族团结宗教和顺的内容；制定全村经济发展规划，有回汉两族知名人士的参与；水、电、路等基础设施建设，有回汉两族党员干部、群众的鼎力支持；伊斯兰教传统节日，有汉族群众的热情祝贺；涉及回汉两族的矛盾纠纷，有两族干部的及时调解；老年文艺队的演出，有维护民族团结、宗教与社会主义社会相适应的节目；新农村建设，有展示回族传统风格的建筑；农村经济社会发展，有彰显伊斯兰文化特色的项目“十有”措施和进村道路提升、村容村貌整治、“回村”特色打造、车辆停放有序、民族和谐稳定、素质教育兴村、互助关爱共富、特色产业富村、群众文化活村、农田水利灌溉等“十项民心”工程，绵绵用力，久久为功，使全村人民充分享受到了基础设施改善、经济发展、民族团结、宗教和顺带来的发展成果，回汉两族群众真正过上了幸福美满的生活。回汉民族关系由“水火不容”变为了“回汉一家亲”。西和村被武定县委授以“和谐回乡”的称号。聂开本人也先后获得了楚雄州“优秀村官”、云南省“践行‘三个一’优秀村党组书记”、“全国先进党务工作者”等多项荣誉称号，并于2010年3月转为国家公务员，任狮山镇副镇长兼西和村委会书记。

六、党建扶贫双推动

把基层党建与扶贫相结合，充分发挥基层党组织的战斗堡垒作用和党员的先锋模范带头作用，推动民族团结进步示范区建设。这也是武定县在示范县建设中坚持不懈的一条做法。

前述提到的猫街镇，在扶贫工作中始终坚持一手抓党建，一手抓扶贫，把镇党委班子、村党总支书记、农村致富带头人“三支队伍”建设，作为党建扶贫双推动工作的重要环节，积极探索“党建+”工作模式，以党建带动扶贫，以扶贫促党建，全力以赴推进精准扶贫、精准脱贫进程，以确保全镇贫困群众如期脱贫。

党建+致富能人，引领脱贫。猫街镇党委将扶贫攻坚作为最大责任，坚持首要任务扛在肩上、抓在手上，配齐配强村“两委”班子和村民小组党支部班子。通过采取思想引导、知识培训、政策扶持等措施，把各村的致富能手培养成党员，把党员培养成致富能手，把党员致富能手培养为村民小组党支部书记（小组长）。有力地提升了党组织的影响力、凝聚力和战斗力，打造了一支强有力的扶贫工作队伍。目前猫街镇有党员致富能手100名，进入村“两委”班子的有19名。有32名党员创办了16个养殖专业合作社，积极吸收贫困户加入合作社。

党建+产业，助推脱贫。充分发挥党组织战斗堡垒作用和党员先锋模范作用。积极开展支部与企业共建，探索出“支部+企业+产业+贫困户”的产业扶贫模式。依托云南胤泽农业科技公司、新民合作社等企业（合作社基地）采取独建、联合建、挂靠建等方式，在种植、养殖产业链上组建了9个党支部，实现党支部在农村各领域的有效覆盖，把党支部建成产业基地的“主心骨”。

党建+双联帮扶，齐心脱贫。在省、州、县派驻16个挂包帮单位和39名挂包干部的基础上，从镇直单位选派镇村党员干部和致富带头人共103名组成帮扶人员，组建15个扶贫工作队，结对帮扶2207户，实行干部联户帮扶全覆盖；还成立了16支党员志愿服务脱贫攻坚突击队，帮助和支持贫困村扶贫攻坚。村党总支（支部）积极牵线搭桥，动员组织精准脱贫户与各级干部、党员产业带头人等社会帮扶力量结成帮扶对子，将社会帮扶力量凝聚在精准脱贫链上，实现了党建与扶贫双联行动、社会帮扶深度融合，形成了各级党组织带头、单位牵手、干群联合、社会助力的脱贫攻坚新格局。

西和村委会，曾经是一个民族矛盾尖锐、民族关系对立紧张的“问题”村。西和“村两委”把村小组的党组织建设与民族工作相结合，作为化解民族矛盾、巩固发展民族关系的关键，通过选好配强村民小组党组织，选拔培养组织协调能力强、工作能力强、致富能力强、带富能力强的党员干部，团结带领村民干实事。村委会推出的“十有”措施中，就把明确规定：党总支创先，要把民族团结作为目标；党员争优，要承诺维护民族团结；党员教育，要有民族团结内容。把民族团结贯穿基层党组织建设及党员教育中。

发窝乡把建设基层党组织，发挥党组织战斗堡垒作用，作为推动民族团结进步示范村建设，带动特殊贫困群体脱贫致富的重要抓手，在非正常宗教发源地小石桥村建立了村小组党支部，并采取乡村联建的方式，从乡党政机关、站所和自期村委会选派7名党员充实到小石桥村民小组党支部，为小石桥非正常宗教的转化，以及稳步推进民族团结进步示范村创建和扶贫综合开发工作奠定了坚实的基础。

行走在武定这个罗婺故地的乡村，给人印象深刻的不仅只是满目的绿水青山，而且能真真切切感受到这个作为首批民族团结进步示范县的大变化。除了传统的乡村支柱产业烤烟得道巩固发展外，各乡镇都在因地制宜的发展特色产业经济，各族人民的收入不断提高，文化更加自信，生产生活条件得到了前所未有的改善。道路交通的改善、经济的发展，进一步促进了各民族的交往交流交融，民族和睦相处，关系融洽。“县域民族经济跨越发展、民族文化繁荣发展和民族团结宗教和顺”的示范目标基本达成。

第七章　洱海之源的“民族团结一家亲”

洱源——高原明珠洱海的发源地，即洱海之源。贯穿大理、丽江、香格里拉黄金旅游线，214国道、大丽高速公路、平甸公路穿境而过。洱源2875平方公里的土地，养育着汉族、白族、回族、彝族、傣族、纳西族、藏族、傈僳族、哈尼族等24个世居民族，白族占主体。洱源人杰地灵、资源丰富、景色秀丽，县境内江河溪流纵横交错、湖泊星罗棋布，被赞誉为“高原水乡”“温泉之乡”，又盛产梅子、善养乳牛，也被誉为“梅果之乡”“乳牛之乡”。

首次了解洱源的民族团结进步示范区建设是2014年1月，云南省人民政府与中国社会科学院合作课题“云南省民族团结进步边疆繁荣稳定示范区建设研究”调研组在大理调研的第一站设在洱源县三营镇郑家庄民族团结示范村，给我印象特别深刻。之后，我一直关注洱源的民族团结进步示范区建设。时隔3年有余，2017年7月多雨的季节，我又一次来到洱源县，向洱源县民宗局杨局长了解了洱源县民族团结进步示范县的开展情况，在县委宣传部所属单位文联副主席李江梅的陪同下，走访了郑家庄、士庞村、西湖等民族团结示范村，与村两委负责人和村民的交谈中，深深感受到洱源多个民族聚居村庄的浓浓亲情，正在书写着“民族团结一家亲”的感人篇章。

一、民族工作主旋律：民族团结进步创建活动奏响和谐乐章

洱源虽非民族自治县，但其民族工作的复杂性犹如其境内民族的多样性一样，错综交织。洱源少数民族人口比重大，呈多样性分布，世居民族以白族居多，其次为汉族、回族、彝族、傈僳族、纳西族、傣族、藏族等世居民族，各民族相对聚居、交错杂居。全县12个乡镇无一单一民族乡镇，白族与汉族、白族与回族、汉族等其他民族杂居，多个民族杂居的情况也比较普遍，如郑家庄7个民族杂居，士庞村回族、白族、汉族杂居。除白族、汉族、彝族、回族、藏族等民族居住相对集中外，其他各民族的人口居住均比较分散，形成了大分散少聚居或小杂居的状况。同时，伴随各民族迁徙历史长河和婚姻家庭习俗变迁，形成了民族掺杂交错的地域分布状况。在洱源，“不谋民族工作，不足以谋全局”的现实最为明显。

2012年12月，中共大理州委、州政府《关于建设民族团结进步、繁荣稳定幸福示范区的意见》，明确了民族团结进步创建活动目标、任务和措施。洱源县积极贯彻落实《意见》精神，县委、县政府把民族团结进步创建活动作为首要任务，把加强民族团结、推动科学发展、促进社会和谐始终当作全县最大的政治，也作为开展民族团结进步创建活动的根本目的。2013年，洱源开启“开展民族团结进步、和

谐幸福示范区建设”创建工作，4年多以来，取得的成效有目共睹，形成的经验有哪些值得借鉴呢？据洱源县民族宗教局提供的经验交流材料和调研走访，洱源县委、县政府始终把民族工作置于全县工作的突出位置，提出“生态立县、农业稳县、工业富县、旅游活县、和谐兴县”发展理念，坚持“一手抓保护、一手抓发展，两手抓、两手都要硬”的科学方法，扎实推进生态文明试点县建设，开展民族团结进步生态和谐幸福示范区创建。

为使创建活动扎实、持久地开展下去，在全县形成平等、团结、互助的社会主义民族关系的良好氛围，洱源县形成以县主要领导任组长的领导核心，以县相关部门任领导小组成员的组织保障，由政府制定的政策措施，形成县、乡、镇联创的工作机制，并创建活动考核监督制度，各方面齐抓共管的创建工作格局，确保创建工作卓有成效。洱源县第一轮“十县百乡千村万户示范点创建工程”项目，获得省级补县资金530万元，实施了包括士庞村、西山胜利水井村、茈碧湖梨园、西湖南登和凤羽官路特色村寨项目，为创建工作奠定了基础；实施“样板村”“强帮扶村”工程，投入资金7814.49万元，创建了15个民族团结进步示范村、2个民族特色村寨、1个民族特色旅游村寨、6个“样板村”、15个“强帮扶村”；推动完成全省示范区建设“3121”示范点西山乡胜利村水井小组创建工程和“十县百乡千村万户示范点创建工程”茈碧湖镇海口村梨园工程建设等，硬化了道路、完善了水利设施、美化了墙体、新建了活动中心、点亮了路灯……洱源系列的“民族团结进步生态和谐幸福示范区”创建活动，使全县呈现出经济发展、生态改善、民族团结、文化繁荣、社会稳定的良好局面。2015

年4月，洱源被环保部等11个部委列为首批全国生态保护与建设示范区。生态保护在洱源家喻户晓、深入人心，人人自觉维护，据说洱源居民只要看到有人乱丢垃圾、乱捕鱼虾，就会出面干涉，所以，当我走进洱源的大街小巷，整洁干净的街道、居民家中探出的红花绿叶，给我留下深刻的印象。但洱源的美景不在县城，在村寨、在湖边；洱源的民族一家亲在多民族聚居村寨，涌现出了一批类型多样、亮点突出、特色鲜明的典型，尤以郑家庄最著名。

二、特色鲜明的郑家庄与相容相生的士庞村

和谐包容：郑家庄谱写“七个民族一家亲”

2014年初到郑家庄调研时，郑家庄创建民族团结进步示范村刚刚开始，整个村庄显得空旷整洁，参观一圈下来，我对高大牌楼“郑家庄”、村寨中心湿地、本主庙和传统民居有较深印象。时隔3年6个月，当我再一次踏上这片土地时，映入眼帘的是青瓦白墙错落有致、整洁的村道绿树环绕、村内河渠清泉淙淙、湿地公园鸟语花香、彩绘和宣传标语相得益彰……惊叹郑家庄翻天覆地的变化，带着疑惑去寻找答案。

源远流长的民族包容精神。郑家庄坐落于茈碧湖畔，隶属于三营镇共和行政村。据村中老人介绍，三营镇是南诏时期施浪诏的故地，760多年以前，宋末时忽必烈率领蒙古军入大理，为扼吐蕃襟喉，两名郑氏将军郑指挥、郑冠军率300蒙古军镇守于此，亦军亦农、繁衍生息，后形成村落，村民以郑姓者居多，故名郑家庄，土著居民以汉族

和白族为主。民国后期，德钦、盐井、昌都、德荣、芒康等地藏族农奴为逃避奴隶主压迫，向南方逃亡，历经逃亡、卖艺，再到游牧。同时，奔走于滇藏茶马古道南北的藏族，与傣族等民族交往，带领西双版纳部分傣族参与游牧。到1959年，国家对多年游牧的藏族、傣族群众进行安置，7户藏族、2户傣族被安置到郑家庄。尔后，历经民族之间的交往、交流、联姻通婚、民族迁徙，到今天，这里生活着汉族、白族、藏族、傣族、纳西族、傈僳族、彝族7个民族。目前，全村共有125户525人，是一个典型的多民族聚居村。“相互尊重、相互包容是我们村的传统。”在河边钓鱼准备招待来客的村民小组藏族组长杨秀弟如是说，“1959年，我父亲他们刚入村时，汉族、白族敲锣打鼓地欢迎，我们藏族经常跑运输，不会种地，其他民族帮助我们，不仅分田地，还教耕地、养牛等。20世纪80年代，我们藏族买卖药材，为了感恩，我们就把其他民族兄弟带着去经商，到迪庆等地买卖药材，这些民族就一代一代地带出去。当时，他们（汉族、白族）没有排挤我们，我们就互相尊重、互相帮助，是一种传统。”正是当年郑家庄老一辈的这种包容精神，让郑家庄传承了一种相扶相携的团结精神。

坚强有力的基础党组织。郑家庄2003年成立党支部，有党员40名。村党支部以“建强班子、建强阵地、提升素质、激发活力”为抓手，充分发挥支部核心领导作用和战斗堡垒作用。推选致富能手担任支部书记和村民小组长，选拔积极性高、工作能力强的致富能手担任支部委员和党小组长，支部委员和党小组长中都有各民族党员代表，组建了一个多民族的班子。支部书记何国祥（藏族）是共和村总支委员，有30年的基层党组织工作经验，担任村支书17年，早年出寨做药材生意，成为致富能手，选为村支部书记成为全村的“主心骨”；汉族小组长王庆荣、藏族小组长杨秀弟也带领各族村民外出做药材生意。“共同富裕”理念是支部班子的愿望，村民小组党支部书记、委员、小组长和党员代表，见多识广，致富能力强，他们带头捐款、投工投劳、热心公益，与村民一道谋划产业发展路子。党支部班子处事公道、工作能力强，以身作则、吃苦在前，带领大家奔小康，在村民中树立了威望和口碑。

党员挂钩扶贫走在全国前列。20世纪90年代开始，全村24个党员每一个党员挂钩负责3户，采取个人资助、帮助贷款、争取烤烟面积、帮助调整农业结构等方式，帮助贫困户直到他们脱贫。各民族党员交叉包户结对帮扶不同民族群众的方式，不仅帮助村民找到了赚钱的门路，增加了收入，而且从根源上化解村民因收入低而滋生发酵的矛盾纠纷，推动了民族团结和村集体事务良性发展。

开展党支部科学化阵地建设。通过“三会一课”制度、党员目标责任管理制度、党支部党员联系群众制度、党员群众性教育制度等制度建设，保证党支部依法依规有序运行；通过支委和党员代表设岗定责，设置勤劳致富岗、政策法规监督岗、社会治安维护岗、文明新风岗、计划生育监督岗、村规民约监督岗、科技示范岗、土地管理监督岗、生态环境保护岗、村务财务监督岗，将权力关进制度笼子的同时，各方面起到示范带头作用，带出一个好村庄。郑家庄党支部获得群众一致好评，被选为“三营镇党建示范点”“大理州干部教育培训现场教学示范基地”。2015年8月被云南省委宣传部授予“云岭楷模”光荣称号；2016年6月，被评为全省先进基层党组织，同年7月被评为全国先进基层党组织。

传帮带共筑各民族致富路。“以集体为核心、共同致富”“各民族都是一家人，一家人都要过上好日子”是郑家庄村支部班子的理念。都说“一人富不算富，全村富才算富，只有全村富了，村民才有能力出钱做公益”。如何让全村人都致富呢？除村民自身勤奋努力外，还得益于被群众视为主心骨的领头人和村民小组党支部一班人。去郑家庄调研的日子，恰巧是7月18日（农历六月二十五日）白族的火把节，在欢乐祥和的气氛中与村支部班子进行了交谈。共和村总支支委、郑家庄村支部书记何国祥谦虚真诚地向我做了介绍。为摆脱郑家庄人多地少、经济收入低的贫困状况，他于20世纪80年代外出经商，看准民族特色中药材销售市场，便走南闯北做了中草药材生意，凭着对藏药的熟悉，很快成为“药材大王”，成为村里首先富起来的人。他富了以后，不忘村里其他民族兄弟，主动带领大家做药材生意。村民王洪康跟着他学会做药材生意后，何书记掏腰包让其自立门户，7年闯荡获得可观经济收入，在2008年就盖起了30万元的楼房，成为全村致富榜样。最重要的是，王洪康传承了何书记帮助他人的精神，如今，跟着王洪康出去做药材生意的人达到10多人。村民小组的藏族小组长杨秀弟讲到生意经激动地说：“做生意团结和信息很重要，父辈做生意，通信不发达，知道哪种药材好卖时，大老远地要亲自跑回村子告诉大家。现在不一样了，有了信息第一时间传给村里人，大家出去赚到钱，就会感恩，有利于树立威信，村里的事就好办了。”目前，村里人在藏族村民带动下，其他民族的村民都学着做起了药材生意，遍布全国各地，远近闻名，并带动三营镇建成一条药材市场。访谈当日，偶遇了成都中医大学的几名学生，慕名前来郑家庄了解民族特色中草药的种植、销售等相关情况。

郑家庄人的经济收入除中草药材营销外，还依靠生态种植水稻、蚕豆、大麦等农作物，发展烤烟、乳畜养殖等。目前，全村形成了烤烟种植、乳畜养殖、中草药营销为主的三项产业，走出了一条“产业兴村、共同富裕”的发展路子。2015年全村经济总收入1050万元，人均纯收入10060元，至2016年，村民人均纯收入11066元，人均占有粮500公斤。村党支部对全村经济的发展有着更宏大的规划，并在2016年做了两件具有“里程碑”意义的大事。

第一件大事：改革土地流转方式，调整田地归属。村支部班子商议打破原有村民承包的土地的方式，将全村520多亩土地重新收归村民小组，重新调整分配承包。通过召开党支部会议—村民小组会—125户户长会—村民大会，层层表决一致通过拿出120亩土地作为药材基地集体经营，剩余400多亩土地全部收归村民小组，统一调整承包地，按好中差搭配土地、人均8分地，分类分组抓阄方式调整了田地归属，实现了新时代下的“居者有其田”。

第二件大事：成立了“郑家庄农业合作社”，全村525人均为合作社成员，人人参股，家家有股份。合作社下设理事会，3个党支部成员再加上每个民族选一个代表共同组成理事会成员，实行统一规划、统一管理。合作社经营项目包括：第一，中药材种植基地，该基地目前规划为120亩，均分到每户，村民以土地入股，所产生利益525人均分。第二，打造特色旅游村寨，将充分发挥村民种药、懂药、用药养生的特长，改造25家民居为家庭养生馆、15家为民宿小客栈。第三，

7个民族农家乐餐饮文化，现有藏族、彝族、纳西族3个民族特色农家乐已建成投入运营。第四，生态农业观光体验园，规划150亩用于种植体验，120亩中草药种植基地观光园。第五，7个民族文化展示园。第六，8个生态养殖加工体验园。村民小组的汉族小组长王庆荣在介绍合作社规划时信心满满，因为该项目前期已筹措并投入经费500多万元，另有村民义务投工已完成部分前期工程。目前，村民小组多方申请筹措经费，包括政府重点投入的示范创建项目、文化展示厅项目等资金1000多万元和个人捐资300多万元。据测算，包括土地、公共设施等，合作社总投资将达到4000多万元。理事会带领村民干劲十足，拟用3年时间推动合作社走上正轨，实现盈利。

对于合作社人才培养，汉族小组长王庆荣如是说：会养牛的就扶持养牛，会种地就让其种地，会经商就让其经商，会做饭的就让其做餐饮，“人尽其才、才尽其用”，“人人有事做、户户有收入”，“全村一盘棋、全部活起来”。同时，党员中的致富能手在行业协会中发挥领导和带头作用，中药材种植销售、农家乐开发和乳畜养殖等产业快速发展，全村逐步形成了“宜商则商、宜工则工、宜农则农，以商养农、以农供商，忙时为农、闲时为商”的良性发展格局。

团结一心共建美丽家园。郑家庄人说“集体的事再小都是大事，个人的事再大都是小事”。建设美好家园是郑家庄的大事，是郑家庄人的共同心声。从2006年10月至2014年12月，各级各部门共投入资金760多万元项目支持下，在村支部班子的带领下，郑家庄完成了一桩桩的大事，把自己的家园建成了全国闻名的美丽乡村。第一，建平坦大道。2006年，郑家庄被列为云南省第一批民族团结进步示范村，省民族事务委员会拨给郑家庄25万元项目资金，以用于硬化进村道路，可25万元仅够支付买砂石水泥的费用，如何修路？党支部决定带领村民自己修，有钱出钱、有力出力，全村共投入70多万元，村民义务投工7000多个，从2006年12月26日至2007年1月31日，耗时仅一个多月就完成了全村2.4公里长的主干道路面硬化。道路的改善为村民出行和发展创造了良好的条件。第二，建生态湿地。村中心有一个长满芦苇的小型湿地公园，这是一个污水收集处理项目，环保部门投资30万元。2012年，村民议事小组和村民大会讨论决定修建生态湿地，2013年10月动工，3个月即建成。村民们对湿地公园项目很支持，建湿地要占用田地20亩，被占用田地的农户不要一分补偿。第三，建公共活动场所。作为省级示范村，郑家庄得到了省州县乡及企业项目资金支持，投入近100万元建成了村民活动场（室）、篮球场、综合文化活动室、民族团结广场、村民议事中心等。村民齐心协力干大事，受到周边村社广泛的称赞，何国祥书记自豪地说："我们做得好，有人就愿意资助我们，如凤羽一企业总经理就资助10万元，让我们建了党员活动室。"在郑家庄，不论是建湿地、修路、建学校，只要是村里的公益项目，凡是需占用土地村民们都会无偿让地，富裕了的村民热心村庄公益建设，不断以捐资捐物的形式反哺村庄建设，全村的公益工程都得以快捷顺利完成。第四，村庄庭院生态化。大力开展绿化造林活动，主要入村道路种植行道树，村内宅边及村庄周围植树、种花（草），农户庭院内自行绿化，林木覆盖率和绿化面积占村落总面积的15%，农村垃圾收运体系覆盖率达100%。实施了湿地生态恢复工程，周边生态环境得到极大改善。

如今，郑家庄村内外道路实现硬化，道路两侧建有排水沟，生活废水统一流入污水管道集中净化处理，村落墙体有民族特色的彩绘，湿地公园草长莺飞，文化长廊和文化活动广场一应俱全。建设家园相对容易，要长久保持难，郑家庄积极践行“爱护环境，人人有责”，实施“清洁家园、清洁水源、清洁田园‘三清洁’”环境综合整治工程；实行党员分片分段责任区以保护环境；村民执行“门前三包”，自觉维护卫生；阳光文艺队成员利用空闲时间义务打扫公共卫生等。这些措施，创造了郑家庄干净卫生、整洁有序、优美文明的人居环境。

依法治村建安宁村庄。郑家庄治安联防队值班室侧旁的墙上赫然印着“我为全村守一周，全村为我守一年”，这句话已成为全村的共识。据村民小组长杨秀弟介绍，1991年前的郑家庄时常发生盗窃案件，农民经常丢失家中耕牛，村中时有酗酒打架，治安混乱，人心惶惶。1991年村民小组党支部决定组建“护村队”，1993年为依法管理，村党支部向当地派出所递交申请，经公安部门审定和培训指导，并配备齐眉棍、防暴靴、防刺背心、强光电筒等设备，正式挂牌成立了“三营镇郑家庄治安联防队”。联防队采用村民自我组建、自我巡逻，由每户出1名年轻劳动力，3户一组、每组十天，分成36个小组，刚好轮值一年。治安联防队3名队员从每晚7时至次日早8时，至少沿村巡逻3遍以上，及时清除治安隐患。组队以来日日坚守，24年郑家庄没有发生一起刑事案件，村民们都说：“没有联防队，就没有村子的和谐平安。”治安联防队除了维护村里的治安环境，还集“治保、调解、普法”于一体，与村里有威望的村民组成调解小组一起宣传法律法规、了解村情民意、调解矛盾纠纷、为民排忧解难。此外，阳光文艺队、老年协会等组织，也积极参与矛盾纠纷调处工作。近年来，郑家庄在全县率先实行了“网络化服务管理”和“十户联防信息平台”建设，一家发信息，十户来帮忙，这些措施形成了郑家庄完善的群防群治的体系。

古话说“不依规矩不成方圆”，立规矩、守规矩是郑家庄依法治村的重要法宝。2000年郑家庄组织召开群众大会，村民集体讨论研究决定制定村规民约，供全村人共同遵守。郑家庄的村规民约围绕遵纪守法、团结和睦、勤俭致富、爱护公物、保护环境等各个方面做出了规定，具体包括“社会治安、消防安全、村风民俗、邻里关系、婚姻家庭”5个方面25条符合本村实际的村规民约。通过展板、上墙等方式将村规民约置于村民活动中心和村内主要活动场所，加强宣传教育。同时，为确保村规民约有效执行，还聘请了7个民族代表作为监督员。村规民约成为各族村民的行为准则，规范了村民的日常生活和行为习惯，而村规民约也在工作中不断得到完善，深入人心。

依法依规民主管理村务，让权力在阳光下运行。在郑家庄，每个民族都有话语权，都有决策权。村务管理坚持“多民族议事决策、多民族当家理财”原则。村里成立了由7个民族代表为成员的村民议事小组、村务监督小组和理财小组，议定村内重大事项，定期对村务、财务进行核查。坚持“小事村民议事小组讨论决定，大事村民大会讨论决定”。村里的项目建设、集体支出完全由村民说了算，理财小组定期对村务、财务进行核查，每季度向村民公布一次财务收支情况，村务所有信息公开透明化。把村务决策权和财政权交到了每一位村民手中，让大家切实成为村庄的主人，既调动了各族村民的积极性，也在民主协商中化解了矛盾。

有规可依、有制可循使郑家庄的管理井然有序，日常处理村集体事务和矛盾纠纷时，依照村规民约和各种制度办理，不受民族身份的影响。长期以来，郑家庄从未发生过民族矛盾，没有一起群众上访，小事不出村、大事不出乡。“多民族议事决策、多民族当家理财、多民族约定村规、多民族群防群治”的依法治村、民主管理模式，植入村民的心、规范村民的行，树起了郑家庄“依法治村一面旗。”

弘扬多民族文化顺民意、结同心。在郑家庄调研到下午5点多钟时，村里人陆陆续续到湿地公园边的凉亭纳凉、玩牌娱乐、做手工活、聊天，其乐融融。凉亭高大宽敞，凉亭边的文化宣传展板，详细介绍了全村各民族群众团结一心共谋发展。郑家庄重视文化建设，“动静结合”。“静”的形态：民居墙上的壁画显示着主人的身份，印花扎染、东巴文字、藏传佛教吉祥八宝图、傣族风情、刀耕火种等彩绘，表现了丰富绚丽的民族元素；村中心新建的民族文化长廊，介绍7个民族的历史文化、风情民俗和中华传统文化忠孝礼仪等美德，增进文化认同；民族文化活动中心、文体活动综合场地、多民族文化汇集的村图书室、民族文化展厅，起到传承民族文化并满足各民族群众的精神文化需求。

“动”的组合，整合民族文化资源，发动妇女成立了44人的阳光文艺队，利用民族节日和农闲时节自编自演文艺节目，丰富文化生活联络感情；自发组建了33人的中青年联谊协会，闲时组织联谊活动，开展各种文化娱乐，忙时组织互助活动；成立了红、白事理事会，主持办理村里婚丧嫁娶事宜，崇尚移风易俗，树立良好社会风尚。

郑家庄是孝亲爱幼、民族互尊互容的典范，全村重阳节“长寿宴”“中秋节”团圆饭已延续20多年，各个民族的节日大家都一起过，一起吃团圆饭，老老少少一起在村民族文化广场跳舞唱歌，一代一代接力，形成了一个极好的风俗。全村大力开展守法之家、道德之家、节约之家、和谐之家等文明创建活动，许多家庭被评为“五好文明家庭”、模范家庭、平安家庭、民族团结示范户、生态文明示范户等，教育引导村民树立起社会主义道德风尚。在日常生活中，各个几乎每个家庭都是由多民族组成，7个民族之间自古相互通婚，共同生产生活，早已血脉相连，心灵相通。

各民族之间的尊重和包容还表现在宗教文化的和谐共存中。村里白族的本主庙供奉着白族本主和佛教的菩萨，成为共同祭祀的地方。节日祭祀时，全村7个民族都会同时祭拜，藏族祈福的经幡、傣族的宝葫芦、彝族的牛头装饰等为村里独特的风景。正是这种源于全村人内心的宗教共生共荣、文化美美与共的交汇，使民族政策深入人心，各民族相互尊重、相互了解，形成了郑家庄“合民心、顺民意、心相连、一家亲”的村风民风。

2015年2月，郑家庄被中央精神文明建设指导委员会授予第四届“全国文明村镇”荣誉称号，郑家庄成为洱海源头的幸福之村、美丽之村、团结之村、民族之村和法治之村。同年9月，中共云南省委做出《关于开展向洱源县三营镇郑家庄学习的决定》，在全省开展向郑家庄学习活动，并号召全省各级党组织和各族干部要以郑家庄为榜样，自觉做国家统一、民族团结和社会稳定的维护者，做各民族交往交流交融的促进者。

相容相生：士庞村汉白回守望相助，书写民族和睦长卷

洱源民族团结的典范，除了郑家庄，士庞村也是一个典型示范点，县文联副主席李江梅说：“士庞村汉族与回族同居一村，有着较明显的习俗差异，但从来没有发生过民族矛盾，十分团结。”为一探究竟，7月19日，我们一行前往士庞村，刚进村，稻田逶迤、河渠密布、阡陌交通，山清水秀的田园风光映入眼帘。深入村庄，宽敞的水泥路四通八达，白族建筑风格的民居显得厚重，村中的清真寺气势宏伟，文化活动中心气氛热烈，不同于郑家庄的江南清新，士庞村透着历史的沧桑感，犹如一本厚重的史书，值得细细品味。

历经磨难，筑起民族团结和睦之魂。士庞村隶属于右所镇共和行政村，是一个拥有520户2600人的大自然村。该村坐落于西湖源头、北环绿玉池、毗邻国家湿地公园西湖、西靠点苍山余脉覆钟山而居，是一个以回族为主的多民族聚居村。为深入了解士庞村的民族团结进步，共同发展，我们拜访了云南回族学会理事、大理回族学会和大理穆斯林通讯员王亮斗，他曾任士庞村委会主任（1980—1995）。王老现年70有余，精神矍铄，笔耕不辍，说起士庞村的历史、文化、经济、社会，如数家珍，娓娓道来。王老与王恒武等与村委会历经五年调查撰写了一本《洱源县士庞村志》，该志于2011年由云南科技出版社出版发行，正如大理州原常务副州长所言：该书的出版发行，是大理回族文化研究的成果，对于发展和繁荣优秀回族文化，促进民族地区社会主义新农村建设，促进各民族间互相学习、互相了解、共同进步和加强民族团结都有十分重要的意义。志书记载，元世祖忽必烈取大理后，回族军驻兵士庞，并落籍于士庞，距今已有700多年，士庞村成为大理州90多个回族村中较大的村落之一。回族军大多是男士，落籍士庞后与当地各族妇女通婚成家。在长期的日常生活中，与当地的白族、彝族、汉族交往频繁，在政治、经济、文化上均发生了密切的社会联系。

士庞各民族的团结友善在回族遭受巨大灾难时得到了最真实的体现。据王老转述，清代中后期，当时政府对回族实行歧视政策，仇回、压回，制造了“永昌惨案”和“省城屠回案”等，士庞村六次遭受屠杀。杜文秀揭竿反抗清政府，士庞村青年参加杜文秀反清起义，起义失败，士庞村村民惨遭屠杀，全村几乎被杀光。周围的汉族、白族群众，冒着生命危险，将逃出的回族村民藏于家中，更换衣装、讲汉活和白族话，才得以幸存下来。这种生死相扶的民族亲情延续至今，后代仍像亲戚一样的往来。

士庞各族相互影响，回族说白族话、穿白族服装、住白族风格的建筑，白族的文化和生活习惯深入回族生活习惯，所以士庞村的回族又称“白回”；同时，回族和白族又深受中原地区汉文化的影响，都讲汉话，三个民族间互相认可与交流，历经数百年的繁衍生息，早已血脉相连，无亲疏之分。正是这种回族、汉族、白族各民族相邻而居、婚嫁往来、言语相通，形成了以回族为主，与汉族、白族等多民族杂居的士庞村村落，形成了你中有我、我中有你，齐心协办共建民族团结美好家园的良好局面。

产业支撑共筑发展路。走进士庞村直接感受之一，就是村中主干道宽敞整洁，可供两辆大型载重汽车并排通行，多条支线已平整，小车通行无阻。回族有着善于经商的传统，回族马帮是云南各条线中的运输主力军，马帮运输业发展增加了全村的经济收入。改革开放后，士庞传承马帮精神，大力发展汽车运输，据统计士庞村有机动车300多辆，2011年就有大型运货汽车260多辆、中巴客车60多辆、微型车40多辆，这些运输车队解决了本村600多名青年的就业问题。特别值得借鉴的是，士庞村的民间融资模式：村民自发组织成立了10多个贮金会，由20—30个贮户组成，选一个贮头，贮户每月交一定数额的贮金，将这些贮金集中给一户使用，这样可以融资大笔金额购买一辆载重汽车，按户逐渐轮完。这种融资方式，解决了村民资金难题。运输车辆的管理也是一大难题，士庞村成立了“宏达汽车运输公司”，在昆明、下关、兰坪等设有货运调动办事处。运输业成为士庞村的支柱产业，全村年缴税费上千万元。

传统的农业实现升级调整。士庞村土地肥沃，有耕地面积980亩。主要种植水稻等粮食作物和优质大蒜经济作物，水稻用有机肥，亩产量可达1500—2000斤；优质大蒜亩产达1—2吨，已形成集种植、加工、销售于一体的支柱产业，此项产业户均年收入可达4万—5万元。奶牛养殖也是士庞村的传统产业，村民个个是养奶牛能手，村民充分发挥本地草质优势，改良奶牛品种，主要养杂交黑白花奶牛，全村奶农每天交售鲜奶1—2吨，年收入上百万元。除销售鲜奶外，还加工乳扇等。如今，士庞村形成了大蒜种植、奶牛养殖与乳品加工、汽车运输三大特色支柱产业，人均年收入7000—8000元，百姓生活渐入小康，全村200多户盖起了别墅。三大产业的发展，带动了周边的白族和汉族的共同发展。

民族团结示范村建设成效明显。2013年士庞村被定为大理州“民族团结示范村”、2015年被定为省级“民族团结示范村”，2013至2017年间，该村争取到3个国家项目即“百村整治”“民族团结示范村”“美丽乡村”，整合资金668万。资金有效利用，累计完成投资750万元，建成士庞文化活动中心综合楼主体工程和楼前活动广场；完成村内1325米长、8米宽的道路硬化，清真寺场地青石板铺筑980平方米，教学楼危房的拆除及平整，休闲广场建设挡墙浇筑与绿化工程，以及人畜饮水项目等基础工程；完成村内主干道、鸡鸣路110盏路灯安装点亮工程；完成士庞村内粉刷5000平方米，彩画2000平方米，士庞路绿化种植海棠、云南樱花、红花继木、红叶石楠等200余株和绿化村内景观等。各级政府和各部门的支持，使本就具有吃苦创新精神的士庞村建设家园的热情高涨，全村村容村貌日新月异。

传承优秀民族文化，互尊互爱共筑和谐路。士庞村素有滇西回族著名文化名村美誉，文化教育一直备受重视，早在1930年，举全村之力建盖了同治学堂，实行免费教育，学制不规定，教授习字，学习《三字经》、《千字文》、算术和古诗文等，直到1953年并入鸡鸣小学，办学22年，培养大量人才。1975年双多方筹措资金建成士庞完小，至2006年，国家为整合教育资源，修建了明德小学，合并了鸡鸣小学和士庞完小。士庞人家乡观念强，经商挣钱后投资教育，如马译堂2016年给明德中心学校捐资70万元，购置教学器材等。正是这种热爱教育、崇尚文化的理念，士庞村人才辈出，全村在1958年前仅有一名大学生，现已有140多名。村民也十分重视教育，送孩子到下关、洱源县城读书的家庭不在少数。此外，士庞村还十分重视经堂教育，每年寒暑假中小学生集中到清真寺学习《古兰经》等经文，同时学习法律、交通知识以及为人处事的道理，分为初级、中级、高级班，大约有学生200多人，还有来自省内其他地区的学生。士庞村体育文化也十分浓厚，经常开展适宜老中青年的体育活动，乒乓球桌、篮球场、门球场地设施俱全。村子里综合文化楼前的广场修建有一个现代化塑胶灯光篮球场，村里组建有玉峰球队，球队在村、县比赛中多次荣获冠军。乒乓球也是村民喜欢的运动，全村有20多张球桌。门球场建成以后丰富了老年人的生活，以60岁以上男性组成的门球队在迪庆州参加少数民族运动会上获得全省第3名，真正体现了“老有所为、老有所乐”。

士庞村的文化精髓在于伊斯兰教，士庞村穆斯林对伊斯兰教的信仰，在其经历落籍、发展、受难、再发展进程中，依然保护了回族的文化。1893年重修清真寺，从最初修三楹、朝真殿、登明楼至2001年重修的朝真殿落成，已有100余年历史。清真寺成为士庞村民的重要宗教活动场所。

宗教信仰不同没有影响到民族团结，在士庞村调研时，村里看似很小的生活琐事，亦体现出民族间的互尊互爱，如汉族、白族、回族共同打了一口深井，耗资80万建成管网，三个民族共用一口井；白族、汉族不养猪，不会让回族在村中看到猪，以表示对回族的尊重；各族邻里之间相互来往、互相帮助，遇有红白事，回族自带锅碗等到汉族、白族家做事等。这样团结互助、友好相处的风尚，使士庞村朝着和谐、幸福村庄迈进。

在洱源调研期间，洱源县民宗局送给我一本《洱源县民族团结示范县创建活动掠影》，其中，2015年10月16日至21日，中央主流媒体记者到郑家庄采访先进典型经验的一组简图，使我想起了2014年1月由云南省政府和中国社会科学院牵头、云南省社会科学院参与的省院合作课题“云南民族团结进步、边疆繁荣稳定建设研究”，历时1个月调研了16个州市，出版了《云南经验——云南民族团结进步、边疆繁荣稳定建设研究报告》一书，被纳入中央党校教材，创造了中国民族工作的“云南经验”，成为全国民族工作的典范。郑家庄民族团结示范村建设的成绩，士庞村民族团结建设的特色，均是云南民族工作的一个缩影，可供相同或相似民族地区借鉴和参考。当然，新形势新挑战，我们仍然要紧紧围绕“民族团结，共同繁荣”的主题，共同进步、共谋发展，洱源建成“民族团结进步生态和谐幸福示范区”必将成功，多民族声息相通，守望相助的情谊将绵延流长。

第八章　云上梯田　最美和弦

彩云之南，红河彼岸，江河源头交汇的静水流深之处，岚蔼氤氲的哀牢秘境之中，云蒸霞蔚的奇山秀水之间，蔚为壮观的万顷哈尼梯田用柔美的线条勾勒出了“山神的脸谱”。多种梯田农耕民族世代生活在这片风光旖旎的净土中，他们在漫漫历史长河中守望相助、同心同德，共同守护着先民集体经验智慧的结晶，共同呵护着象征民族团结的梯田文化符号，共同维系着世代友好的深厚情谊，在云岭大地的西南角谱下了动人的和弦。世界文化遗产地红河哈尼梯田的灵毓之姿，来源于人与自然、人与人关系的合理平衡与把握，远古氐羌和百越系统的多种后裔民族在这里和谐共生，他们被誉为“雕刻群山”的民族，在历时千年的梯田稻作农耕生计活动中共同创造出了高度发达的山地梯田农业文明奇观，今天的梯田文化景观向我们展示了一幅人与人、人与自然立体多元、和谐发展的生动图景。哈尼梯田农业垦殖方式体现了全体梯田稻作民族因地制宜的生计策略，是梯田农耕民族集体智慧的彰显。梯田景观文化因其形制独特、规模宏大、文化内蕴丰富而成为世界多样性景观文化遗产中独特的资源版块。红河哈尼梯田文化遗产的核心区位于滇南红河哈尼族彝族自治州元阳县。元阳1950年建制，始称新民县，1951年5月改称元阳县至今，1957年隶隶属红河哈尼族彝族自治州。元阳县地处红河南岸哀牢山南段，境内沟壑连横，山高谷深，世居有哈尼族、彝族、汉族、傣族、苗族、瑶族、壮族7种民族，元阳县44万总人口中有39.5万少数民族，是一个民族众多、文化多元、生态多样的多民族边疆县，自古以来就是多民族和睦共处、多文化互嵌共生、多民间宗教和谐发展的代表性区域，也是“民族团结进步”的典范。

2015年初习近平总书记在考察云南时提出“谱写好中国梦的云南篇章”的科学发展定位。“努力成为民族团结进步示范区，生态文明建设排头兵，面向南亚东南亚辐射中心”成为云南省新时期全局和长远发展的要义之一，具有云南特色的民族团结进步示范区建设活动成为当前和今后一个时期云南民族工作的主要着力点。云南省从2013年开始就围绕经济、民生、文化、教育、生态等十个方面的内容，在民族聚居区重点实施示范区“3121”工程和“十县百乡千村万户示范点创建工程”，其中元阳县有1个乡（镇）5个村被确定为示范建设点，分别为：新街示范镇、新街镇的哈尼小镇木形多哈民族特色村、新街镇的哈尼小镇箐口小寨、新街镇的哈尼小镇一村民族特色村、哈尼小镇二村民族特色村、土锅寨村委会黄草岭民族特色村。截至2015年“3121”示范点创建工程规划期末，元阳县示范建设点项目实施成果丰硕，积累了重要的示范性经验。谈到近年来创建示范乡镇的实践经验，元阳县民宗局局长陈进忠颇有感触“在世界文化遗产区核心区所在地——元阳县开展民族团结进步示范乡（镇）创建活动，既传承和发展了元阳县优秀民族工作传统，又在具体实践探索过程中提炼了新的经验。加强元阳县民族团结进步示范创建活动，有利于各梯田农耕民族之间加强联系、紧密团结、共同发展，示范创建活动应该在民族地区进一步深入开展，形成活动常态化、机制科学化的良好局面”。除“3121”示范点创建项目成果喜人外，元阳县其他乡（镇）和村落的民族团结示范区/点建设也各具特色，颇有成效。

一、新街镇：春韵律动奏和弦

四月的新街，和风微微，田景如画，人流如织。新街镇是元阳县境内梯田文化景观区的核心腹地，全镇辖2个社区居民委员会，21个村民委员会，135个自然村，183个村民小组。境内世居着哈尼族、彝族、汉族、傣族、壮族5种民族。著名的坝达景区、多依树景区和较早开发的箐口民俗村、新兴的哈尼小镇等示范村寨，以及哈尼族传统特色蘑菇房重点保护村落阿者科等，都沿着等高线错落有致地点缀在全镇境内的梯田旅游环线上。该镇是元阳县首轮“3121”建设工程的示范点，项目建设于2015年全面完成。

“林外声声啼布谷，青郊应及试春耕”，早春四月，燕雨呢喃，正是梯田饱水，春耕播种的好时节，也是当地哈尼族一年一度的“开秧门”传统节庆时间，开秧门是哈尼族的传统节日（哈尼语豪白方言区中称“卡沃棚”），每年春耕时节，哈尼族到梯田里插秧的第一天都要举行隆重的“开秧门”仪式活动。2017年4月末5月初，在新街镇土锅寨村委会上演了一出“传承千年农耕文明·展示活态文化遗产”的开秧门文化大戏，这是红河州政府和元阳县政府主导下举办的首届以少数民族传统节庆活动为主题的实景农耕文化节，活动在新街镇土锅寨村委会的哈尼小镇（“3121”工程示范建设点之一）举行，来自国内外的3600多名游客与当各族群众参与了该盛大活动，节日当天，哈尼村落举寨同庆，男女老少穿上新衣，备上美食，齐聚田塍，号角声声中，国家级非物质文化遗产代表性传承人——元阳县德高望重的哈尼族老贝玛[①]，78岁高龄的朱小和老人躬身将第一株秧苗插下，寓意祈祷风调雨顺、庄稼丰收、人畜兴旺，紧接着，青壮年男性吆喝着耕牛犁过三回地，年轻女性挽起袖子下田插秧，劳作生产过程中还伴随山歌对唱等活动相互逗趣，浓郁的生产生活气息迎面扑来。今年参加“开秧门”实景农耕文化展演的是来自新街镇土锅寨村委会黄草岭（哈尼族/彝族）、箐口（哈尼族）、大鱼塘（哈尼族）、土锅寨（彝族）等4个村寨的近260民少数民族群众，当地的哈尼族和彝族等少数民族共同向外界展示了写实而又生动并极富感染力的梯田农耕文化图景。

2017年的“开秧门”实景农耕文化展演活动除传统仪式环节外，还有一系列的文艺展演活动。元阳非物质文化遗产中心主任何志科介绍在“开秧门”活动的“国际哈尼服饰展示”环节中共计有哈尼族13个支系的260套盛装在演出中逐一亮相，成为梯田里最美的风景。

梯田农耕文化是民族的也是世界的，更是全体稻作民族集体经验智慧的结晶，“民族工作经验中最本质、最朴实、最意味深长的，就

① 在哈尼族传统民间宗教信仰体系中，贝玛是主持传统祭祀仪式的祭司。

是‘各民族都是一家人，一家人都要过上好日子’的理念。”元阳县委、县政府组织和引导“开秧门”实景农耕文化节活动目的在于充分挖掘哈尼梯田农耕文化，丰富元阳旅游文化内涵，打造民族特色旅游文化亮丽名片，提升世界遗产旅游文化品牌，使全体梯田稻作民族能够在经济发展的基础上共享旅游文化发展成果，进一步建构以经济发展为基础，以各民族传统文化内涵为底蕴的“你中有我，我中有你”各民族之间相互离不开的良性互动局面。

四月的哈尼梯田，泥土芬芳，禾苗新绿。以哈尼族为主的梯田农耕民族在群岚叠嶂的云巅之上，共同谱写着千年的农耕史话。近千年的历史发展进程中，多民族围绕相近的梯田稻作生计方式，共享着同样的自然生态资源，分别传承了自身的传统文化，共同维护着世界文化遗产梯田景观形制和梯田文化的多样性，多民族自觉践行着“尊重差异，包容多样”和“各美其美，美人之美，美美与共”的民族文化发展观。

新街镇世居五种民族的良好互动关系历史源远流长，一年到头不同民族的节庆活动就构成了族群关系良性发展的文化大观：首阳正月，辞旧迎新之际，苗族在正月初二迎来他们的“花山节”；到了阳春三月，草长莺飞，生机勃兴，壮族的“三月三”拉开帷幕，他们邀请其他民族一起，对山歌、打磨秋、射弩箭，欢畅共饮。元阳全县共有11个壮族聚居或杂居村落，政府组织一年一度的“三月三”在各个壮族寨子里轮流举行。2017年在攀枝花乡阿勐控村举行的壮族“三月三”格外热闹，2017年农历三月初三，政府在阿勐控集中举办了壮族同胞的节庆盛会，全县各个壮族寨子都派文艺队和代表来阿勐控过节。节日当天，来自壮族和各个民族的17支文艺队代表队进行了表演，除了文艺表演外，当天还举行了山歌对唱、射弩比赛、象棋比赛、扑克比赛等别开生面的益智类活动。阿勐控村村民小组长李得四（彝族）介绍道："我们阿勐控是彝族和壮族共同聚居的古老村寨，现有壮族130余户，彝族120多户，主要通用彝语，壮族的中老年人也会讲壮语，彝族壮族一家亲，两个民族间的很多节日都是不分彼此，一起过的。2017年乡政府给了阿勐控5000元的补助来举行'三月三'传统民族节日，今年参加阿勐控'三月三'的人约有400余人，我们一共摆了300余桌长街宴，杀了2头牛，8头猪，150斤鸡，200斤鱼，非常热闹。"阿勐控是云雾梯田之巅的一个彝族、壮族杂居，美丽和谐的村寨，繁星四月的春耕结束后，送走了鸣啁五月，转眼仲夏六月又悄然而至，"火山六月应更热，赤亭道口行人觉"，半山区的稻作民族又迎来了最热闹的节庆——哈尼族的"矻扎扎"节。何志科介绍说："哈尼先民认为开垦梯田违背了自然规律，破坏了生态平衡，为了生存，便在每年农历六月，梯田绿意盎然的时候，举行仪式告慰神灵（哈尼族传统宇宙观信奉万物有灵，自然崇拜，现在的仪式主要是表达各族人民希望风调雨顺的一种美好愿景）。"在哈尼族的传统农耕文化中，牛是神圣的生产工具，而在"矻扎扎"节中，哈尼族愿意用圣物牛来做祭品，犒飨神灵和祖先，并用牛肉盛情款待来参加活动、道贺祝福的彝族、傣族及其他各族同胞，通过打磨秋和其他文艺活动，举寨欢庆，在送别其他民族时还要赠予一定的牛肉作为礼物，以传递纳福祈祥的意义。2017年，新街镇的"矻扎扎"节特别热闹，爱春村委会大鱼塘村的马杰松特意从100多公里的大坪乡赶回老家过节，他说："今年'矻扎扎'，我家来了好多客人，年轻人也回来很多，村里杀了一头大牛，寨脚的磨秋场都挤满人。我一年要跑元阳的好多个乡镇，参加好几种民族的节日，我有很多彝族和傣族朋友，我还会讲一些彝族话，他们也会讲并会听一些哈尼族话，过节都是互相邀请，相互道贺，农忙时也互相帮工，建房子的话，除了哈尼族的亲戚朋友帮忙，彝族朋友也会帮忙，我家新建的那栋房子就是岩子脚（爱春村委会下辖的一个自然村）的彝族朋友过来帮忙的，交给他们我放心，我一个月才回来看一次，都是他们帮我完成的。"马杰松早年当过兵，现为元阳县大坪乡乡政府的公职人员，对村寨十数年来的变迁发展以及民族团结共进的关系有比较深入的理解。

七月似火，烹葵及椒，彝族同胞迎来他们隆重的节气——农历六月二十四的火把节（星回节），元阳彝族同胞的火把节一般由新街人民政府组织，在新街镇政府所在地的梯田广场举行，一年一度，人山人海，热闹非凡；八月在宇，一叶知秋，彝族同胞祭祀祖先的"七月半"节日到来。农历七月中旬是彝族祭祀祖先的节日，当地彝族有"七月半"接祖先回家来祭祀的传统，参加活动表示祝福的其他民族会带烟、水果、玉米等。表示祝贺，客人走的时候，主人也会回赠一些肉类。在元阳县各少数民族同胞的心中，节庆活动是没有族别之分，"来了都是客""有来有往才是兄弟"。各民族传统节日传递的深厚情谊代代相传。

春到哀牢山，在与天际相嵌的哀牢山之巅远瞰，那田畴间星星点点的嫩绿，宛如眼波流转的轻盈少女，轻启朱唇，在雨燕的音轨中浅吟低唱，向你诉说着那千年的农耕史话，民族团结进步，多民族相互嵌入式发展的和谐音韵唱响哀牢山，一曲律动和弦流传在诗意梯田间，沁人心脾。

二、南沙镇：经济助力换新颜

与中高海拔氐羌后裔民族所待的半山区不同，位于干热河谷气候区的南沙镇又别具另一番风情。南沙镇为元阳县府所在地，世居有傣族、彝族、哈尼族、壮族、瑶族、苗族、汉族7种民族，少数民族人口占全镇总人口的50%以上。全镇辖6个村民委员会，2个社区居民委员会，47个村民小组。南沙镇区位优势条件优越，矿产/物产资源丰富、盛产热带经济作物，农作物和经济作物生长周期较短，群众生产生活条件相对优渥。

南沙镇是傣民族的主要聚居区，与山区半山区各民族同胞一样，傣族也有丰富的传统节庆活动。最隆重的要数一年一度的傣历泼水节。1991年，元阳县人民政府正式确立傣族泼水节为元阳县法定民族节日之一，时间定为每年阳历4月12日，举办地点定为南沙镇。暖春四月，高山和半山区的哈尼族、彝族同胞正在田间地头热火朝天为春耕忙碌着，南沙镇却因海拔地形和气候等因素进入了均温31℃的“盛夏”，一场跨族群狂欢的文化盛宴正信步走来。2017年4月12日是傣历1379年的新年暨泼水节活动举行的日子。今年的南沙泼水节以更丰富的形式和更庞大的规模，展示了元阳一带傣民族的优秀传统文化，以南沙绚烂多姿的自然风光为基础，以傣民族多姿多彩的传统文化、习俗和民族风情为依托，展开了一场高质量的文化狂欢盛宴。除维持传统祭水仪式、泼水祝福、民族服装展演、民族歌舞表演、篝火晚会之外，还别开生面地增加了蒙面歌会环节，参加赛歌的群众除了傣族中的民间优秀歌手，范围还扩大到来自山区、半山区的苗族、壮族、哈尼族、彝族等喜爱民间歌唱文化的各族群众，泼水的规模更是空前扩大到了流经县城的排沙河中。节日当天，元阳各族人民和众多游客在井然有序的治安和安保环境下，沿着排沙河泼水狂欢，相互祈愿祝福，人山人海的河道及河堤两岸，象征吉祥如意的祝福之水在各族人民群众的欢呼雀跃声中“沸腾”起来，当地各族群众和来自全国各地的众多游客，相互泼水、互相传递吉祥的祝福之意，场面颇为壮观。

元阳县政府为充分展示并弘扬元阳各少数民族优秀传统文化，增强地方文化软实力，丰富和提升元阳旅游文化名片效应，自20世纪90年代开始，就推出和打造了一批少数民族传统节庆活动，一年一度的南沙傣族泼水节是由当地政府引导、元阳民间傣族学会承办的较具有影响力传统节庆活动之一。南沙傣族泼水节在近十余年来一直成功举办，规模屡创新高，旅游经济驱动效应也越来越明显，为构建多民族世界文化遗产核心区的民族团结进步、和谐共荣，以及当地经济社会发展起到了良好的促进作用。

元阳县在民族团结进步示范建设中，促进各民族间友好的互动关系，除了有民族风俗、节庆、传统仪式等文化因素搭台外，还有一体多级、共同发展的经济建设来助力。近年来，随着世界文化遗产名片效应的持续发酵，元阳的交通、水利等基础设施逐渐完善，互联互通的区位优势日趋凸显，在扶持发展山地“稻鱼鸭”等立体综合生态农业的同时，当地政府意识到干热河谷气候区“生物资源丰富、海拔差距大、立体气候明显、生态环境优良、区位优势明显”的总体特征及其巨大的发展潜力，为进一步促进山坝各民族经济社会平衡发展，加强各民族平等、团结、和谐发展，元阳县于2016年出台了《关于加快建设红河谷经济开发开放带现代农业示范区的意见》并编制实施《元阳县农业产业发展规划（2016—2020年）》和《红河谷经济开发开放带农业产业规划（2016—2020年）》。全县规划建设红河谷经济开发开放带农业产业区总面积30666公顷，计划总投资52.97亿元，涉及以南沙镇为主包括山区半山区的7个乡（镇）77个村民委员会的753个自然村，约辐射到全县各民族同胞中的5.9万户农户。

南沙镇下辖的赛刀村委会是一个传统傣族聚居村，地势相对开阔，是红河谷经济开发开放带规划区中的冬早蔬菜示范种植区。赛刀村委会主任罗志华介绍说：“赛刀村委会是冬早蔬菜种植‘大户’，2016年全村总种植面积有337.2公顷，全村委会可以整合的农业用地资源里，近三分之二用来发展冬早蔬菜种植规模。”谈到冬早蔬菜示范种植为当地群众带来的好处，罗志华颇为欣喜地介绍：“主要就是种植结构的改变，规划实施之前，全村大部分土地都在种植香蕉。香蕉的价格随市场波动起伏特别大，市场价格暴跌的年份，老百姓面临血本无归的风险，而且集中连片种植香蕉，对气候、土壤、生态都有较大的破坏。现在农业产业结构向冬早蔬菜转型，由单一的经济品种变成了茄子、豇豆、小米辣等多样化蔬菜菜品种植，我们傣族群众的农业生产风险降低了，积极性提高了，老百姓成了最大的受益者。”

从南沙镇沿干热河谷西北方向往前的狭长地带，郁郁葱葱的蔬菜在5月的骄阳下翠意正浓，举目四望，宛如碧绿的珠串，欣欣向荣地点缀在红河谷南岸地区。南沙镇副镇长李忠喜介绍，在元阳全县的红河谷经济开发开放带农业示范区中，冬早蔬菜种植规模规划为2666公顷，南沙镇是重点规划区，蔬菜种植“一村一品”的格局正在布局和建设中，既解决了河谷热区农产品种植结构单一化的问题，又服务了全县农业产业立体多元、山坝之间开放互补的战略需求。

除了文化和经济上的联系，山坝民族之间在共同的梯田农耕生计活动中，以及历史上“以物易物”“以工换工”的简单经济交往、劳动力交换过程中结下了深厚的情谊。历史上，半山的哈尼族亲切地称山下的傣族为“阿撮”（哈尼族口述迁徙史里称傣族的先民为竹林里的“阿撮”），哈尼族在迁徙的历史上，曾经与傣族先民建立过长期的友好互动关系，为了牢记傣族先民传授生产生活技能和经验的恩情，今天元阳哈尼族大大小小寨子的附近都会栽种一些竹子，先民们相互学习生产经验，共同开沟造田的历史至今还在老一辈傣族同胞中传唱。

经济搞上去了，钱包鼓起来了，日子渐渐富足的河谷地区各民族同胞，也不会忘了山区、半山区的“牛亲家”和“寨亲家”们。山坝民族之间的这种“亲家”关系源远流长，关系深厚。据元阳县志办主任马智强介绍，早在新中国成立前，元阳山区、半山区的哈尼族、彝族就和坝区的傣族建立了各种深厚的“亲家”关系，其中以“牛亲家”最为典型。元阳的气候因山势地形因素呈巨大的立体温层差异，冬季山区、半山区上降霜，气候冷凉，衰草离坡，耕牛难以越冬，而河谷区域则温度适宜，草肥水美，是放牧催膘的好时节；相反，当河谷区域庄稼繁茂，稻谷抽穗时，高山上水草正旺，生机盎然，且春耕未开始，放牧环境较好。加之因温差巨大，山坝之间庄稼栽种季节不同，劳动力和畜力刚好可以反季节相互交换使用，因此，山区、半山区的哈尼族和彝族常与河谷区域的傣族结成养牛的伙伴关系，两户之间结成“牛亲家”关系。马智强主任对“牛亲家”关系的历史有比较深入的了解，他说：“牛亲家一旦结成，感情十分深厚，有的两三代几十年都结成亲家，无论婚丧嫁娶，还是逢年过节，亲家之间都要相互来往，山坝之间两种民族相互赠送各自的特色农产品，互通有无。河谷地区的芒果、荔枝熟了，傣家人就叫高山的哈尼家来背；高山的蔬菜熟了，哈尼族彝族也三背两背地背给傣家牛亲家。傣族收早晚稻的繁忙时节，山上的哈尼族、彝族牛亲家主动下来帮忙。坝区傣族大丰收的时候，正值山区、半山区的五荒六月天，缺少粮食的哈尼族、彝族人家三背两背随意从傣族人家背回来度荒，亲家不走不亲，牛亲家每年相互走动几次，杀鸡宰鸭款待，别离时相互赠送土特产品，友谊代代相传。”马智强主任对元阳山坝各少数民族之间的这种“亲家”关系传达的民族团结精神有自己的解读：“农耕民族崇敬耕牛（哈尼族的传统习俗），到了栽插秧结束的时候，牛亲家相约杀鸡宰鸭给牛‘叫魂’。打归牛圈，杀生祭献，给牛喂稀饭和傣家的甜白酒。邀请双方亲友做客，席间各族谈笑风生，亲密无间，交流牛的特性，养牛的经验，展望养牛发展的前程，牛亲家真正成了民族团结、和睦的象征。”

在南沙镇沙仁沟、五邦等傣族村落，至今还能见到山坝民族之间曾经结成“牛亲家”关系的人家相互往来。此外，历史上还有山区与坝区之间两个不同民族寨子之间建立的互动往来关系，元阳县民宗局经济技术股科长白武（傣族）回忆到，在他孩提时代，他的老家南沙新寨就和胜村的阿磨寨（彝族聚居村落）结成过“寨亲家”关系，两个寨子之间的互动关系一直持续到改革开放以后。他还记得，在“人民公社”末期，农忙时节，阿磨寨的彝族同胞下来他们的寨子帮忙插秧、打谷子，双方在对方农忙时相互帮忙，都是按照山坝各自的生产耕作规律、规则来帮忙，在“人民公社”时期，这种相互的帮忙关系也十分频繁，两个寨子之间按户出力，每个劳动力挣得的工分记在原生产队中。“直到现在，我老家寨子里有几户傣族人家还和阿磨寨彝族人家的后人们保持着亲密往来互动关系。”白武说到。应该说，这种“牛马亲家”和“寨亲家”关系的出现和延续，真正体现了元阳各山坝民族之间“美美与共”的优良历史传统，从一个特别的角度为我们展示了民族团结、和谐共进的生动图景。

7月的南沙镇，丰收的号角已吹响，秋实甸甸，硕果累累。仲夏之交，河谷区域开发开放带建设项目在红河谷南岸地区如火如荼地进行着，特色经济助力共享式发展，为建设边疆少数民族地区多民族相互嵌入式和谐民族关系添砖加瓦。

第九章　多族共居土地上的团结和睦之歌

云南省新平彝族傣族自治县戛洒镇位于玉溪、普洱、楚雄三州市和新平、元江、镇沅、双柏、墨江5县接合部，全镇土地面积415.6平方公里，辖17个村（社区）、227个村民小组。境内居住着彝族、傣族、哈尼族、拉祜族等少数民族。2016年全镇常住人口6万余人，其中户籍人口3.55万人，户籍人口与外来常住人口比例达1∶0.69，少数民族占户籍人口比重达80.75%。戛洒镇是一个以傣族和彝族为主体民族的山区乡镇，是连接滇中、滇南和滇西的重要交通枢纽和物资集散地，也是各民族兄弟相互交流交融之地。戛洒是新平县的商业和旅游中心，不同地区、不同民族、不同文化背景的人在此聚散和经营，人们在交流中促进了团结，在团结中促进了发展。

戛洒镇政府成立了民族团结进步示范镇创建工作领导小组，具体负责创建工作的组织领导；制定了《戛洒镇民族团结进步示范镇创建规划》和《戛洒镇民族团结进步示范镇创建实施方案》，确保了整个创建工作有规可循和有案可依；开展了民族团结进步创建和民族政策进社区农村、进中小学、进企业、进机关站所、进公共活动场所和宗教场所的“六进”活动，采取各种形式在广大各族干部群众中广泛开展民族政策法规宣传学习和民族团结进步创建活动。在村社区，每个村社区配备了一名民族团结工作信息员，协助村社区主要领导广泛开展民族团结示范村创建活动，并印制《民族团结宣传教育手册》2000余份，制作宣传展板17块下发到各村社区，充分发挥基层组织在民族团结进步创建中的引领作用。在公共活动场所，广泛开展各级各类民族团结宣传活动，悬挂布标20余条，发放民族团结宣传资料3500余份。在中小学校，通过开设民族常识课程、少数民族语文兴趣课程，把学唱学跳少数民族歌舞、传承民族优秀传统文化纳入主题班队活动，组织师生同庆民族传统节日，在校园营造各族师生团结友爱、相互了解、相互尊重、相互包容、相互欣赏、相互学习、相互帮助的良好氛围。在企业，开展以“三个离不开”为主要内容的民族政策法规及团结教育，营造企业各族员工团结奋斗精神，开展企业同当地少数民族聚居村组互帮共建同发展活动，营造企业与驻地共同繁荣发展氛围。戛洒镇还注重创建活动的宣传普及，扩大知晓面。充分利用县电视台及“我在花街等你”、“花腰傣风情小镇——戛洒”微信公众号、政府信息平台、短信、电子屏等形式加大宣传报道，积极选树先进典型，宣传身边人的民族团结先进事迹、好的创建经验和做法，充分发挥先进典型的榜样作用。

戛洒镇面向红河，背靠哀牢山。哀牢山——这座养育了人类数千年历史的文化名山是戛洒的神圣之山，哀牢山不仅孕育了李文学、杜文秀、刀成义等各民族英雄人物，它那茫茫的原始森林还是上千种野生动植物的家园，融自然、历史和文化为一体的哀牢山使我们坚定不移地认为它不是一座山，而是一条蜿蜒行驶中的巨龙，它的岁月是用历史写成的。红河在戛洒称之为“戛洒江”，它与哀牢山的走向一致，是哀牢山区各民族的母亲河流。哀牢山的原始森林以及多样性的野生动植物体现出了人与自然的和谐，它们作为地球生物圈的重要组成部分为人类提供了新鲜的空气、干净的水资源，人类与动植物和谐而处成为戛洒镇哀牢山区的重要标志。“戛洒江”与下游的漠沙江一起是哀牢山区各民族的母亲河流，它孕育了地区的农耕和民族文化。戛洒坝有着一块块肥沃的农田，一片片美丽的热带风光。成林的荔枝树、香蕉树、芒果树、攀枝花树下是清纯秀丽的花腰傣女子，她们用勤劳的双手谱写着独特的农耕文化，种水稻，捕黄鳝，刺绣染齿，她们都得心应手。弯弯的红河岸边是像牛一样结实的花腰傣男子，他们对水的理解力是一般人无法想象的。农田、热带风光、花腰傣人和戛洒集镇，构成了一幅幅优美的画面。漫步傣乡田野，人在画中游。

道不清是文化的原因，还是社会的杰作。不管是游客、还是路过的普通人，都认为戛洒街是令人难忘的，尽管它的气候是那样炎热。地摊上摆满了各种小百货，道路边是卖水果的花腰傣女子，汤锅店里的声音南腔北调，铺面里的货物应有尽有，集市里的汽车拖拉机从南摆到北，蔬菜市场里的吆喝声从不间断。不管有事无事，成群结队的花腰傣少女和其他民族的少女总是从东街走到西街，又从南街走到北街。集市日里，卖西瓜、芒果、荔枝、甘蔗的人是傣族人，卖腌菜的人是新化乡的彝族，卖蔬菜的是哀牢山上的彝族、拉祜族、汉族等，卖牛人来自双柏、镇沅等县和本县的新化老厂等乡，而买牛者大多来自本县和玉溪方向。戛洒街集中了不同民族、不同地区和不同宗教信仰的人们，大家持着各种想法而来，有钱无钱上街去，哪个不是赶街人。看人、进货、推销、吃玩，戛洒街应有尽有。晚上，街面上喝冷饮的人悠悠然，夜市场上的饮酒者凌晨三点不散。戛洒街从古至今就是这样：白天贸易多，夜晚不夜城。

一、汤锅店、戛洒集市与槟榔园民族团结之舞

花腰傣人喜欢居住在水边和热坝，村寨边有芒果树、荔枝树、酸角树、攀枝花树等茂盛树林，林中有潺潺流水。村中土掌房最为多见，但也能看到瓦房和钢筋混凝土的平顶房，有的则是土掌房、瓦房与平顶房相混合的建筑物。花腰傣喜欢糯米饭、干黄鳝、腌鸭蛋、牛肉、狗肉、白酒及各种酸性食品，这些酸性食品包括了腌鱼、腌猪肉、腌鸭肉、腌鸡肉、腌鹅肉和各种腌菜，龙粑、扁米为节日中的上等食品。花腰傣妇女擅长捕捉泥鳅黄鳝，男子喜欢下河打鱼，所得收获主要在家中享用，很少拿到集市上出售。傣族食品中的野花绿叶有攀枝花、棠梨花、大白花、黄饭花、苦凉菜花、芭蕉花、蕨菜、细叶菜等。除此之外，还有各种蔬菜，如韭菜、白菜、辣椒、豆类、西红柿、茄子等。但如果你真到了花腰傣人家中做客，你就会发现他们的食品远不止这些，而且味道也是令人难忘的。

戛洒以集市文化而著称，戛洒街在新中国成立前就享有盛誉。据新平县城80多岁的易世达先生介绍，这里是云南省最大的草皮街，来自景东、景谷、镇沅、双柏、墨江、峨山、澄江、通海等地的商人

汇集在这里贸易。夏天之时，由于天气炎热，商人们赶完街当天就离开戛洒了。但如果是冬天，人们赶完街之后，还在戛洒过夜。夏天，商人们一般都在集市日头天来到蒿枝地住，集市当天从蒿枝地到戛洒，赶完街后又回到蒿枝地，不在戛洒住的原因是热带常常发生疟疾病，也称瘴气病，一旦得了这种病，过去大部分患者是要死亡的。但冬天就不一样了，由于气候不热，很多商人就住在戛洒，赶集之后又开始聚会。草皮街是集市贸易，各路商人汇集在那里，每个集市日都有150—160匹马驮来各种货物，起初的戛洒街除了几家傣族人之外没有什么人家，但后来李润之、李昆、李德平等人都来戛洒建盖房屋，市场越来越兴旺和繁荣，名声远扬。然而，草皮街的繁荣程度在冬天和夏天有一点差别，这是由气候决定的，但不管是夏天还是冬天，其消费都是非常可观的。夏天之时每个街子可以卖出去10条牛和10头猪的汤锅，尽管人们不住在这里，并且只吃一顿饭，但所有的汤锅必定吃完，没有人带走，从中可以看出市场的繁荣程度。而冬天就更不错了，每个街子至少要杀18条牛才够卖一天一夜的汤锅。除了草皮街之外，戛洒东关岭还有一个河边街，这个河边街在当时是除了草皮街之外最为繁华和热闹的集市，李润之曾在河边街附近开办机械织布厂、银圆（假币）铸造厂和枪械修理厂，组织“富昌隆”商号，并开办私立“润之中学”。

现在，河边街除了小河依旧之外，没有任何遗迹，河边街留给人们的只是社会记忆。今非昔比，戛洒镇的集市贸易再也不是一百年前的人们所能想象得到的，历史再一次让戛洒人创造了辉煌的成就。目前，戛洒镇有7个比较规范的市场：大牲畜市场、综合市场（卖肉和蔬菜）、集贸市场（也叫南恩批发市场）、汤锅市场、水果市场、粮食市场和夜市场。有来自13个省、区、市的本、外地私营企业和个体工商户540多户，从业人员超过1600人，仅仅个体工商户每年的交易额就超过1亿元。

现代戛洒有着滇中南地区的最大的牲畜交易市场，那些来自双柏、镇沅、墨江、澄江、江川、通海、峨山、楚雄和昆明的牲畜交易者集中在这里交易，按照交易者的话说，赚钱在戛洒，亏本也在戛洒，市场没有办法预测。戛洒牲畜市场上出售的牲畜有水牛、黄牛、山羊、猪、狗等，交易日为戛洒集市日前两天，但提前三天的下午就开始，高潮为4日、9日、14日、19日、24日和29日的早上。水牛和黄牛的价格通常在5000元上下波动，最贵的牛价超过8000元。羊的价格以500—1000元之间的最为普遍，最贵的羊价超过1500元。牲畜主要来自于双柏、镇沅等县和本县内的老厂、新化、水塘等乡镇。购买者除了本县各乡镇和县城的以外，还来自于昆明、楚雄、澄江、江川、通海、峨山、墨江等市县。牲畜交易者的民族成分包括了傣族、彝族、哈尼族、拉祜族、回族、汉族等，无论是哪个民族的交易者，都遵循着一种固定的市场规则。

人们在集市上做完生意之后，还要去品尝戛洒的特色饮食——汤锅。汤锅是戛洒的标志。由于戛洒汤锅在云南省内有很大的知名度和盛誉，很多人专门赶到戛洒吃汤锅。有人认为如果来到戛洒而不吃汤锅就等于没有来到戛洒。20世纪80年代初期，戛洒在江边赶集，汤锅市场当然也在江边，尽管天气炎热，但80多家的汤锅全卖完，没有一家有剩余。现在，由于戛洒集镇整体往上迁移，汤锅市场也迁移到集镇的中心繁华地带，汤锅市场也就显得更为热闹。人们普遍认为，在戛洒吃汤锅，除了味道之外，最主要的还是一个气氛，这里不是大雅之堂，不用彬彬有礼，而是在汤锅旁边大块称肉，大嘴吃肉，大口喝酒，大声讲话，这种感觉只有在吃汤锅时才有的。商人、干部、教师、游客、无业者、农民全都聚集在一起，你看看我，我看看你，这种吃汤锅的感觉真棒。

品尝汤锅，当然忘不了那首迷人的《戛洒汤锅》主题曲："哀牢山的黄牛肥又壮，戛洒坝的米酒醇又香；要吃汤锅们请到戛洒来，那火热时光你会永远难忘；远方的弟兄，多情的姐妹，凤尾竹下与你共饮同欢；远方的客人，亲爱的朋友，槟榔园里伴你醉入梦乡。"

戛洒镇的打槟榔园是各民族集聚的地方，感受槟榔之园与少女之舞是到戛洒的必然体验。戛洒是一个多民族常来常往的地方，典型的地点就是大槟榔园和花街，但很多人不清楚大槟榔园是一个什么样的地方，或许也没有人能告诉你它所具有的特点，因为那是一个幻想、需求和创造的人工制品。为了发展旅游，人们想出了各种各样的办法，用"民族文化生态园"这种美丽的名字来创制一个活生生的文化公园是一些学者和旅游开发者构思出来的，因为人们想在旅游和文化保护之间达到一种当然的平衡。一时之间，旅游管理者、研究者、商人和地方政府都把焦点聚集到生态园上来，人们从别的村子里搬来了那些过去曾经用过的水碓、水磨、榨糖机等，放入生态园中，如同露天博物馆一样，让游客到生态园中看过去和现在的傣族文化。但现实证明，这种方法需要更为深刻的理论思考和实践探索。

二、土陶女与山歌王：民族团结的使者

土陶女与山歌王是戛洒的民间艺术代表。戛洒土锅寨因制作土锅而得名，该村几乎所有的人家都在制作土锅。目前，该村已经有多人因为土锅工艺而被省市县的民委文化部门命名为民间艺人，中央电视台、省市县电视台曾多次到土锅寨拍摄土锅的制作过程和工艺特点，通过广泛的宣传，戛洒土锅寨已经在海内外享有一定的声誉，很多外地人到戛洒购买土锅，土锅寨的傣族人也通过出售土锅走向小康之路。土锅寨有19户96人。村中几乎所有的家庭都会制作土锅，出售土锅所得到的收入占村民经济收入的60%左右。

我第一次见到刀绍萍是在戛洒街上，那是一个普通的街子，她在当地卖土锅，那时我不知有一个土锅寨，问她是哪个村子的，她说是土锅寨老社长家的，我于是就有去她家看看的想法，因为我想看土锅的制作过程。她还允诺如果我有兴趣，可以自己制作土锅。刀绍萍40多岁，是两个孩子的母亲，如同龄的花腰傣妇女一样，刀绍萍的牙齿染得黑黑的，头上戴着傣洒人特有的布帽，布帽上还戴着傣族鸡枞斗笠，无论天气阴晴都如此。刀绍萍出生在土锅寨，从小深受傣族文化的熏陶，对于土锅的制作可以说已经到了炉火纯青的地步，除此之外，她对于傣族服饰图案的理解力也是不一般的，我对于傣族服饰图案的调查就是来自她解释的。由于对于土锅和傣族文化的深刻理解，她被省市县的民宗和文化部门命名为“民间艺人”。

刀绍萍的丈夫是本村一个很著名的傣族歌手——刀明增。刀明增

不仅会制作土锅，还是戛洒地区最著名的傣族传统歌手，我曾不止一次地听他唱山歌，他的山歌不是自己编出来的，而是通过拜师学艺从傣族老歌手那里学来的，用他的话说，他唱的是古调，现在和他同龄人已经没有像他一样能唱古调了，之所以很多人跟他一对唱就失败，就是因为现在能唱山歌的人不知道古调，因而不知道怎样对答。刀明增自豪地说："我还没有碰到过比我更厉害的歌手。"

我最初到刀绍萍家，是随着戛洒镇文化服务中心主任刀发富先生一起去的，我们没有买什么礼物，只是到集镇上买了点肉、蔬菜和酒就进村了。由于离集镇近，我在当天调查之后回到镇上住，虽然来镇上调查了很久，但从未在村里住过。我们在出发之前，都会先打电话给刀明增，因为刀明增与刀发富也是好朋友，作为戛洒镇的文化服务中心主任，刀发富在举办节日时常常需要刀明增的帮助，而刀明增也希望在节日期间展示土锅制作过程和傣族民歌，他们虽然都是傣族人，但一方代表了村民，一方代表了政府，他们相互帮助，共同发扬花腰傣文化。

到了刀明增的家里，我们看到他们全家人都在等待我们的到来，初步交流后刀明增的母亲和刀绍萍展示土陶的制作过程，而刀明增则忙于做饭菜。让我最为佩服的是刀明增的母亲，这个70多岁的老人在制作土锅时还是那样运用自如，她的工艺一点也不比年轻人差，她小心翼翼地制作了一个土锅，半个小时过去了，却丝毫没有看到她有劳累的感觉，她不会讲汉语，而用傣语告诉我们，土锅、茶杯、米缸的制作方法都差不多，工具也是相同的，但制作完成之后要晾干，或者晒在太阳底下。老人展示之后，刀绍萍也开始了她的各种技艺展示，在土锅制作方面，她的手艺达到了精湛的地步，不仅制作速度非常快，质量和美观方面都让人赞叹。在完成了土锅的制作之后，她又走到了织布机前，开始展示她的织布方法。她的手在织布机左右穿梭，脚随着织布机的节奏上下蹬动，不多时，她织的新布就出现在眼前。

毫无疑问，土锅工艺将作为花腰傣文化的代表在社会上得到大范围传播，很多地方政府部门都在办公室里放一个大土锅，装入开水，让那些喜欢喝凉开水的人饮用。傣族人每家都在进门的左手边或者右手边放一个土锅装凉开水，他们还用土锅煮肉，对于土锅喜爱的还不止这些，很多彝族人、汉族人和拉祜族人，不管他们是山头上来的还是居住在坝子里的，都喜欢将土锅当作日用品使用。城市人也喜欢土锅，但他们不一定将土锅当作生活用具，而更多的是当作工艺品摆设，表明自己到过傣乡，或表明自己拥有全手工制作的傣族民间工艺品。由此可知，花腰傣的土锅工艺有两种作用，一种是将土锅当作生活用品，这些人通常是本地人，他们看中的是实用和牢固，而不太重视土锅的花纹和造型；另一种是将土锅当作工艺品，这些人通常是外地人和游客，他们非常看中土锅的花纹和造型，看中的是从土锅上表现出的花腰傣文化和民间习俗。从价格上讲，后者当然要比前者贵得多，也更有销售前景，因为他看中的土锅还包括了装饰、造型和制作过程，对于土锅的评价也从日用品上升到了艺术品的层次。

刀明增和刀绍萍是最好的搭配，他们除了共同制作土锅外，田地里还种了水稻、甘蔗、芒果和荔枝，他们在土锅工艺上有着很深的造诣，经常被戛洒镇政府安排到大槟榔园旅游地进行土锅制作表演，在每年的“五一”黄金周期间，他们夫妇一般都会到那里进行5天的工艺演示。在一般的集市里，刀绍萍和丈夫早上同时出发，他们挑着土陶制品，到了戛洒街上，摆好土陶，等待购买的顾客。集市上的土陶出售地点换了好几次，最初在镇财政所下边的十字路口，后来到了农贸市场对面的拐角上，最后被搬入新建的农贸市场。全村人的土锅都放在一起，赶集的人看到后就来挑选。购买土陶的人中，有的是本地消费者，有的是到戛洒旅游的外地人。土锅价格一般在5—10元之间，茶杯、花瓶等每个在2—5元之间，价格取决于大小、质量和造型。米缸价格在20元左右。如果生意不错，刀绍萍家每个街子有100元左右的收入，土锅寨村其他村民的收入也基本相似，大家在刀绍萍和刀明增的带领下，走上了致富的道路。

作为新平县的旅游大镇，戛洒镇的旅游开发一开始就受到各级政府的重视，每次举办节日，戛洒土锅展示是其重要内容之一。每年的“五一”节、十月黄金周、花街节等，都会邀请土锅寨村民到节日举办地点——戛洒大槟榔园进行土陶制作展示，同时出售土陶，这样的方法受到土锅寨村民的欢迎。

刀绍萍家常常是全家出动，她和女儿展示土陶制作，丈夫展示傣族小调的演唱方法，那些电视台和报社的记者们会到活动地点采访拍照，年复一年，土锅寨村的土陶艺术就传开了，得到了市场的认同。展示方法其实很简单，人们会带着很多现成的商品到活动地点，一面制作一面出售从家里带来的成品，几天下来会有较高的收入。

然而，每逢过节都用同样的方法来销售和宣传土陶文化，无论是举办者还是村民都会感到一种节日审美疲劳，节日内容陈旧，土陶展示也没有新意。于是，在5月初沐浴节期间，戛洒镇政府推出了一种新的方法，就是举行土陶制作比赛，同时出售土陶成品，地点仍然在大槟榔园。活动早上10点30分开始，到下午5点结束，他们都穿上了崭新的傣洒服装，在龙树林里进行土陶制作比赛。刀明增和刀绍澐两人都来了，他们被编为1号选手，共有12个选手参加比赛。据介绍，土陶比赛分为两个内容：一是现场制作，就是在最短的时间内制作出最美丽的土陶；二是把在家里制作的最美丽的土陶带来，最少带来3件，让观众和评判者打分，两项的分数加起来最高者为获胜者。但带来参加比赛的土陶成品不能出售，只有在比赛结束之后才能卖给观众或者旅游者，一些游客还参加了实地制作的活动，因为他们认为自己制作的商品比购买的要有意思得多。对于自己制作的土陶，傣族人一般都不收钱。此项活动有新意，当地政府还同时举办多种比赛，如唱傣族小调比赛、傣洒纺织比赛、刺绣比赛、傣族饮食比赛等，这些比赛活动促进了花腰傣文化的传承和各民族之间的交流。

一个是土陶女，一个是山歌王，传播民族团结的使者，祝愿他们的生活更加美好。

三、戛洒镇政府的民族团结举措

戛洒镇政府的民族团结进步示范镇创建活动，采取了诸多有效措施。

第一，高度重视少数民族干部的培养使用，推荐选拔任用少数民族干部到相关岗位任职。现任镇党政领导班子13人中少数民族干部12人；机关站所干部职工队伍少数民族占55%；村（社区）“两委”班子少数民族占76%。制定了《戛洒镇村级后备干部培养“金种子”工程实施方案》，把少数民族后备干部工作纳入全镇后备干部工作的总体规划。

第二，紧紧围绕建设云南“重要经济重镇、重要特色集镇、重要旅游小镇”的战略目标，抓产业兴经济。首先，提升高原特色农业产业发展的质量和效益，以褚橙庄园、云台文化创意园等为龙头的企业已走上了规模化、集约化的现代农业之路。2016年，实现农业总产值5.3亿元。其次，牢固树立工业发展首位意识，积极支持服务好昆钢、云铜、南恩糖纸等重点骨干企业创新发展。2016年，实现工业总产值59.3亿元，增加值22.7亿元。再次，牢牢把握自然生态、民族风情资源优势，坚持“风情花腰傣、神秘哀牢山”的总体形象定位，进一步巩固花腰傣文化品牌，打造哀牢山生态旅游精品。2016年，接待游客达159万人次，实现旅游业总收入7.9亿元。2016年实现戛洒镇地区生产总值（GDP）396763万元，财政总收入64408万元，农村居民人均可支配收入10278元。

第三，突出民族文化特色，实施民族文化旅游与集镇建设产城融合发展。首先，以打造风情花腰傣、神秘哀牢山旅游品牌为重点，以国家建制镇示范试点建设和民族特色镇为契机，以易地扶贫搬迁建设及城乡人居环境综合整治为抓手，实施产城融合发展，着力加快戛洒旅游特色小镇提升改造规划建设。先后投入财政资金6824万元、吸引社会资本投资22124万元，实施了集镇大道两侧房屋立面改造，营造花腰傣民居特色，安放17座展现花腰傣民族文化和1座红山魂现代工业文化镇雕，凤凰广场花腰傣民族文化特色改造提升等工程。是积极探索旅游节庆活动市场运作模式。其次，围绕民族文化旅游举办好“花街节”“沐浴节”“汤锅节”等少数民族节庆活动，在社区村组广泛开展丰富多彩的民族文化活动，全镇共建立15支民族民间文艺队伍，民族民间文化活动实现常态化。

第四，着力民生改善，持续发展社会各项事业。其一，打好民族扶贫攻坚战。按照“一次性规划、分三期完成”的总体规划，实施了总投资14.54亿的关圣庙地质灾害搬迁安置点建设，帮助解决耀南、平田、发启、纸厂、冬瓜林5个少数民族聚居村共计49个村民小组的1604户群众真正实现脱贫。其二，推进城乡养老保险制度改革。三年来，共完成城乡居民基本养老保险续保18164人，累计发放养老金1200余万元；城乡居民基本医疗保险累计实现参保97632人次，兑付城乡居民基本医疗保险门诊费、住院费、补偿费用共2758.68万元，解决了少数民族群众看病难看病贵的问题。其三，教育优先得到保障。完成投资2700万元的“美丽100”校园行动计划暨校舍安全工程，新建教师廉租房104套，投资266万元的中心幼儿园建成投入使用，总投资6529万元的戛洒中心小学整体搬迁工程完成主体工程。其四，医疗卫生条件不断改善。完成卫生院住院楼、职工廉租房、村级卫生所及中恒戛洒医院等项目建设，创建“群众满意的乡镇卫生院”工作顺利通过国家级复审，投资32万元的中医馆改造项目及投资22万元的新寨村中医特色装修改造项目顺利推进，解决了群众看病难的问题。其五，不断完善城乡低保动态管理机制。殡葬基础设施建设不断完善，完成农村公益性公墓建设面积77.3亩，建成总墓穴数3370个，可满足辖区内17个村（社区）10年的丧葬需求。最后，做好“群众满意”服务工作，高度重视基层服务窗口、平台建设工作，投资50余万元建成镇级为民服务大厅一个，投资300万余元为17个村（社区）建设村级为民服务站。

第五，深入开展畅通群众诉求渠道工作，以保障各族群众权利、维护少数民族群众切身利益为出发点和落脚点，从少数民族群众最关心、最直接、最现实的问题入手，诚心实意为群众办实事、做好事、解难事，依法、及时、就地解决群众诉求。为畅通群众信访渠道在镇上和17个村（社区）建立了群众诉求中心，近三年，全镇共受理群众诉求2643件，办结2643件，其中群众满意的2563件，基本满意的79件，不满意的0件。

第六，依法维权，切实维护民族团结和社会稳定。首先，建立健全法律援助制度，最大限度维护弱势群体合法权益。法律援助中心建立健全法律援助各项规章制度，强化自身服务意识和工作人员法律服务业务素质。其次，深入贯彻落实党的十八大精神和习近平总书记“决不允许让普通群众打不起官司”的要求，加大法律援助案件和法律援助事项办理力度，切实解决困难群众“打官司难”和“打不起官司”的问题，基本实现法律援助“应援尽援”。近三年来，共接待法律咨询108人次，办理法律援助案件5件。再次，积极宣传城市管理规章和法律法规，为创建和谐戛洒营造良好氛围，增强广大人民群众学法、用法、守法的意识，促进全镇各项事业的依法管理，维护社会和谐稳定。共出动宣传车辆30辆次，播放广播120余次，贴出宣传标语38副，展出展板28块，发放宣传材料8000余份。最后，扎实开展矛盾纠纷排查调处工作，筑牢第一道防线。镇调委会坚持召开每月的人民调解例会，积极开展矛盾纠纷大排查大调处，按照“大事不出镇，小事不出村（社区），矛盾不上交”的工作原则，力争把矛盾纠纷化解在基层，解决在萌芽状态。通过镇、村（社区）两级人民调解员的努力工作，共调处各类矛盾150件，调处成功150件，调处成功率达100%。形成卷宗139件，口头协议11件。全镇无因民间纠纷调解不当或不及时而引发的民转刑、群体性械斗、上访事件发生。

戛洒镇的建设民族团结进步示范区工作取得了显著成就，为新平县的各项事业打下了坚实的基础，祝愿戛洒的明天更美好。

第十章 十亩之间 宾弄赛嗨

一、其乐融融的“宾弄赛嗨”

在到滇西南的一次调研中，普洱当地人说，普洱的“宾弄赛嗨”做得很好。开始不太明白“宾弄赛嗨”是什么意思，他们解释：“宾弄赛嗨”是孟连的傣语，“宾弄”意为亲戚，“赛嗨”意为朋友，特指傣族与周边其他民族在日常生活中结交的“像亲戚一样的朋友”，是孟连各族群众团结互助的典范。这样的解释让人心生向往，于是在结束了西双版纳的调研后，我们驱车前往孟连县。

“孟连”，傣语意思为“寻找到的一个好地方”。傍晚时分，抵达孟连后，接待我们的周先生自豪地说：“孟连是龙血村的故乡。”这样一个绿化很好的小城，常见到叶片像剑形一样的植物生长在屋旁街头。这就是龙血树，树干灰白色，短而粗；剑形的叶片集中生长于茎干顶端，长1尺多，宽半寸多。它的树干像棕榈树一样，有一圈一圈的环轮，是叶片脱落后留下的痕迹。据说龙血树树皮一旦被割破，便会流出殷红的汁液，像人体的鲜血一样，因此而得名。也是名贵的云南红药血竭，与云南白药齐名，李时珍在《本草纲目》中誉之为“活血圣药”，有活血化瘀、消肿止痛、收敛止血的良好功效。手扶龙血树，站在这凉风习习的小城边，看到护城河里一池荷花迎风招展。

第二天一早我们来到距孟连县30公里左右的景信乡回俄村委会。地处祖国西南边陲的孟连县景信乡一派生机盎然景象，到处是春的气息，农田里，男女老少都忙着插秧，砍甘蔗，他们不分民族、大小、男女、老少，有的十几个，有的甚至几十个聚到一起，忙着手中农活，今天插这家的秧苗，明天砍那家的甘蔗，男人哼着小曲，妇女们拉拉家常，各民族其乐融融，为来年丰收做好准备。

在漫长的社会发展进程中，“宾弄赛嗨”以家庭为基本单元，基于日常的家庭生产生活需要自发结交并代际相承，这一互助模式历史悠久，至今在孟连民间普遍沿袭。近年来，孟连傣族拉祜族佤族自治县抓住建设民族团结进步示范县的机遇，采取“政府搭台、百姓唱戏、情感联系、社会受益”的模式加以引导和助推，取得了良好的经济社会效益，构建了和谐的族群关系，促进了各族群众的大团结、大包容、大繁荣。

景信乡主要有傣族、拉祜族、佤族、哈尼族等世居民族，距县城22公里的景信乡回俄村有14个村民小组698户2796人，分别有傣族868人，拉祜族1036人，佤族507人，汉族365人，其他民族20人。其中有291户人家都有不同民族成分，很多家庭都有少则1户多则10几户的“宾弄赛嗨”。

回俄村委会整洁干净的小广场前一道非常有民族特色的村寨大门

吸引了我们的注意。具有南传上座部佛教特点的金色琉璃瓦下，一只金色的孔雀展屏开放迎送客人，屋檐下用汉语和拼音分别写上：景信傣家特色村寨。走进鹅卵石铺就的小广场，房舍井然，绿树成荫，傣家传统的屋顶在蓝天下鳞次栉比。广场右边的宣传栏上写着“共同团结进步”，有景信一、二组特色民族团结进步示范村建设基本情况，党员干部一览表，“班户联建”分布图以及服务模式图，分班的情况表等等，看来景信乡的民族团结示范村建设具有了非常良好的基础。

“这样的基础是来源于我们传统的互帮互助模式，是民间传统机制中蕴含的当代社会价值理念。”身穿白色傣族传统服装的回俄村党总支书记岩相说。这位皮肤黝黑、笑容灿烂的傣族汉子热情地把我们引到茶室，一座古色古香的竹楼，窗明几净，挂着白色的窗帘显得幽雅古朴。岩相坐在茶室里招待我们，一边喝茶一边介绍起了寨子中的情况。

景信乡回俄村委会有14个村民小组，其中有291个“宾弄”户及942个“赛嗨”户。岩相所在的景信二组有158户人家，一组加上二组共有709人。“宾弄”户占了全村总户数的42%。“这附近，你随便去哪家问，有没有‘赛嗨’，他都会告诉你‘有’，甚至还想跟你结交。”陪我们调研的孟连宣传部的喃嫩罕说：“不知情的人到这里都会很奇怪，某人向别人介绍‘这是我家亲戚’，人家问‘没听说你家谁嫁给他呀’，再解释，才知道原来是‘宾弄赛嗨’关系。”

“从爷爷辈结交的算起，我家现在有15户‘赛嗨’。”37岁的岩相说，“其中，佤族有3户，拉祜族有10户，哈尼族有1户，汉族有1户。都是从祖辈就传承下来的，有的已经传了两三辈了。”在他这代结交的4户“赛嗨”中，有2户佤族，1户汉族，1户拉祜族。2014年，他花3200元钱买了头牛犊，请佤族的“赛嗨”岩而来（人名）帮忙喂养。“养大后，卖得9000块钱，我分了一半给他。在有的地方，给200块钱就不错了。毕竟，你帮我养牛，我的牛也帮你犁了地。但我们这种关系就不一样。”他说。

在10户拉祜族“赛嗨”中，63岁的李扎努是岩相的好朋友。岩相说：“我们傣族是打谷子的时候忙一些，但只要叫到李扎努他们拉祜族都会下来帮忙。帮完忙后给他40—50斤米，到时他能还多少就还多少。因为我们交往的都是讲信用的，不讲信用的就不交往了。他们拉祜族一般种小红米，我们傣族种的是软米。我们和他们拉祜族住得很近，只有两三公里的路程，每个月都会走走亲戚。现在扎努家生活好一些了，扎努家的姑爷现在是护林员，每个月有1000元左右的工资。”

而在哈尼族“赛嗨”中，在独顾小组50岁的李松能是岩相父亲这一代结交的。当年与岩相的父亲都是队长，是在解决村子里的矛盾纠纷时认识后就结了“赛嗨”。李松能家也很富裕，原来住得比较近，有5公里左右，现在搬远了，有10多公里左右的距离。但和岩相两家过年过节都来往，互相都走动。

“宾弄赛嗨”还帮了岩相工作上的忙。该村两个相邻的村民小组，本是同一个民族，互相间有亲戚关系的还不少。但2015年9月，因为引水问题发生纠纷，两个村民小组开始闹矛盾。村上通知开会，一个小组长到了，另一个就不会来。凭借跟两个组长都是“宾弄赛嗨”关系的便利，岩相多次把双方叫到一起做思想工作，最终化解了两村人的矛盾。为此，在每年的“神鱼节”上，对在“宾弄赛嗨”传承过程中做出突出贡献的先进集体和“宾弄”户、“赛嗨”户的表彰中，岩相受到了一次县级、一次乡级表彰。

尝到这次化解纠纷的甜头后，现在岩相常常把三代结交的15户“赛嗨”约到一起聚会娱乐，让他们也互相认识交往。“今后遇到事情，发生纠纷了，会想起我这个‘亲戚的亲戚、朋友的朋友’，给个面子，事情就过去了。”

喃嫩罕说，“宾弄赛嗨”式关系的结交途径包括代际传承、朋友介绍、随机结交等，通过这种关系，把大家联系在一起，群众与群众间的关系更加密切，民族间也更加团结和谐了。

为了更清晰地勾画景信乡“宾弄赛嗨”的关系图，我们又走访了多家互助户，发现“宾弄赛嗨”族际团结互助机制实际上有着“生产互帮、生活互助、经济互通、文化互融”的缔结因素。

二、团结互助促和谐

生产上互帮

景信乡回俄村撒拉科小寨拉祜族村民扎丕，家有“宾弄赛嗨”3户，全是傣族，都是20世纪初结下的。由于扎丕家住在山区，生产生活条件较差，在改革开放前，经常向“宾弄赛嗨”借粮，“宾弄赛嗨”在农忙时节也会来扎丕家帮忙，如打稻谷、收玉米等，收好的稻谷、玉米无处晾晒，扎丕就搬到“宾弄赛嗨”家的院子里晾晒。“宾弄赛嗨”家中办喜事时，扎丕一家老小又会自发地赶来帮忙，洗碗、洗菜，忙进忙出，倾力相助。

45岁的傣族村民波岩共罕有10户“宾弄赛嗨”，其中拉祜族有5家，汉族有5家。所结交的拉祜族大多住在察拉科大寨小组，离波岩共罕家有2公里左右的路程。拉祜族张扎托是从波岩共罕父亲辈就传下来的“赛嗨”户，父亲去世后传给了姐姐，现在又传给了波岩共罕。波岩共罕说：“我们家打谷子、种玉米、收庄稼的时候张扎托家都会来帮忙。我家有22亩咖啡，他们来了就帮我们摘咖啡。我帮他们很少，他们帮我更多一些。所以我有米或有钱都送给他们，但他们都不要钱，只会收点大米或谷子。平时他们拉祜族不种谷子，所以我种了谷子后卖给他们只收1元每斤，卖给其他人就每斤收1.2—1.3元。”张扎托家也会帮波岩共罕家理理财，算算账。所以波岩共罕就跟张扎托家说，让他们不要种地了，因为他们的田也少，就在农忙的时候来我家帮忙，算算账也比他们自己种地赚得多。两家这样从父辈就传下来的关系非常亲密。张扎托家盖房子时来找波岩共罕借钱，只要波岩共罕有钱都会借给张扎托家，而且从来不会算利息。

勐马镇勐马村小寨组傣族组长波岩嫩家，生活条件相对较好，家里耕牛很多，但劳动力不足，为解决这一难题，从2010年开始，他便把自家的8头牛送到本村贺莫小组的拉祜族“宾弄赛嗨”扎体家饲养，生了牛崽卖得的钱两家人进行分配。6年来，扎体家靠养牛分成，滚动发展，至今已获利3万余元。目前，波岩嫩寄养在扎体家的牛还有10余头。

在孟连经济社会发展和脱贫攻坚进程中，随处可见这种各民族间朴素的生产互帮现象，在生产互帮中，各民族对共同摆脱贫困，共同勤劳致富，有了更深层次的认识和体会，更加坚定了“各民族都是一家人，一家人都要过上好日子”的信念，为各民族铺就了共同脱贫致富之路。

生活上互助

在孟连县推进安居工程建设过程中，互帮互助的精神得到了充分体现，群众间资金互助，劳力互帮，减轻了彼此的资金和劳力压力；同时，多数坝区傣族群众已经建有安居房，部分傣族群众可以拿出一部分积蓄，支持山区的“宾弄赛嗨”户建设安居房，共同谋求更长远的发展，从而迈向幸福之路，他们之间的互帮互助，早已成为生活中的一种习惯。

富岩镇芒冒村芒告一组有11户佤族群众，芒告二组有28户拉祜族群众，两个小组共同居住在一座山梁上，中间一条水泥路将彼此分开，但平时大家互相走访串门，有事互相帮助，亲如一家。在安居工程建设中，芒告一组11户建房户、芒告二组18户建房户，无论哪家建房，都是你帮我、我帮你，哪家没有宅基地，就相互用茶地调换，确保了安居工程建设顺利推进。现在，芒告一、二组群众已经乔迁了新居，整个寨子面貌发生了翻天覆地的变化。

家住景信乡回俄村回良新寨的佤族岩嘎，今年51岁，家有3口人，儿子在回俄村委会当主任，很少回家，帮不上家里农活，缺乏劳力，家里的农活只有靠他家的“宾弄塞嗨”们来帮完成。他家的拉祜族“宾弄塞嗨”是景信乡勐白村回良老缅的扎母（外号叫阿刁）家，他们祖辈两家就结成了亲戚，经历了3代人，依然保持着紧密联系。祖祖辈辈，两家“宾弄塞嗨”之间取长补短、互帮互助。据说岩嘎爷爷辈的时候，当时条件恶劣，家里缺粮食，岩嘎爷爷到阿刁家里借粮食，虽然，阿刁家也没有多余的粮食，还是把粮食借给了岩嘎家。在播种时节，阿刁爷爷家没有牛，就牵着岩嘎爷爷家的黄牛去犁地，就这样，你来我往，两家人一直来往到现在，还延续到现在互帮互助，到农忙时节阿刁就到岩嘎家帮忙砍甘蔗、收玉米，当然岩嘎也到阿刁家去帮摘咖啡、种玉米。经济方面，从不担心借钱不还，阿刁家经济有困难，岩嘎会主动帮忙，借钱给阿刁；岩嘎缺粮，阿刁会主动把粮食送到岩嘎家来。

孟连县各民族“宾弄赛嗨”之间，在生活互助中，互通了有无，交流了思想，沟通了心灵，整合了有限的脱贫资源，形成了“众人拾柴火焰高、齐心协力奔小康”的生动局面。据了解，全县“宾弄赛嗨”户互助筹集农村安居工程建设资金约58万元，互助建房投劳7000余人次，有效整合了资金、技术、劳力等资源。

经济上互通

孟连县紧紧围绕民族团结进步示范县建设的“4423”工作目标，采取“政府搭台，百姓唱戏”的方式，坚持以项目扶持为依托、以农户自愿参与为原则，引导“宾弄赛嗨”通过相互交流农业生产经验、相互传授先进种植技术、相互推荐新兴优势产业等方式，拓宽“宾弄赛嗨”的“造血渠道”，增强“宾弄赛嗨”的“造血功能”，全力促进民族经济发展，稳定脱贫攻坚基础，加快推进脱贫出列，保证产业扶持到村到户，加快推进“收入”脱贫。

景信乡景冒村傣族村民召保家有“宾弄赛嗨”8户，其中拉祜族3

户、傣族5户。在景信乡招商引资引进砂仁种植项目后，召保成立了孟连成盛砂仁农民专业合作社，业务包括香砂仁的初加工、销售和技术培训，按照“合作社+农户”的模式发展产业。香砂仁产量高，亩产1000公斤，价格可观，鲜果5—6元/公斤，干果50元/公斤，经济收入相对较高。召保多次与“宾弄赛嗨”们详细讲解了种植香砂仁的经济效益和生态效益后，“宾弄赛嗨”们看到了长远发展前景，提高了种植的积极性，进一步扩大了砂仁种植规模，同时，召保将砂仁定植、施肥、病虫害防治、修剪、采果等技术手把手地教给“宾弄赛嗨”们，在很大程度上提高了“宾弄赛嗨”们的砂仁种植与管护能力，提高了砂仁产量，增加了收入。

近年来，孟连县通过项目扶持，引导助推“宾弄赛嗨”族际团结互助机制，开展“四个一”主题活动。即引导帮助群众制作一张“心连心”友好联系卡，鼓励群众加强联系沟通。引导、带动群众开展“亲串亲”走亲戚活动，采取村民小组与小组、户与户、民族与民族、长辈与长辈等多渠道多方式，跟新结交的“宾弄赛嗨”串一次亲，增进彼此友谊，鼓励代代传承。组织一次“手把手”传授技术活动，结合各自村组产业发展、生产生活、民族文化等实际情况，鼓励群众间互相参观学习，并手把手教一项实用技术，不管是一项手艺，还是一道特色菜，甚至是一个好的发展建议。组织群众开展一次“情系情”互助活动，由政府搭建平台，引导群众在春耕秋收等农忙季节，开展农业生产互帮，生活互助。利用民族传统节庆活动，农闲时节，多走动，多交流。而且县里还充分利用泼水节、新米节、葫芦节等独具特色的民族传统节日，促进各民族的交流、理解和团结，让民族团结工作常态化、节日化。使“宾弄赛嗨”户不等不靠，苦干实干，累计实施咖啡园套种澳洲坚果7310亩，林下种植砂仁2300亩。

文化上互融

在实现经济互通功能的同时，“宾弄赛嗨”式关系进一步在交往中促成族际社会、文化各方面的交流。在语言上，彼此互学互通，不少中老年人甚至精通2—3种其他民族语言。年轻人以汉语作为中介语的情况则更为普遍。在日常的生活习俗上，促成了相互的了解、尊重、欣赏和包容，并相互学习，促进彼此思想观念的转变，生产生活技能的提高。景信乡糯各村芒庄村民小组共有42户群众，各民族通婚的就有21户，傣族群众会讲拉祜语，拉祜族群众会讲傣语，很好地实现了语言交流和文化交融。

过去，景信乡的傣族老人要求子女“可以找佤族、汉族结婚，但不能找拉祜族结婚”，但是现在这种情况得到了改变。景信乡糯各村芒庄村民小组共有42户群众，有一半家庭是不同民族通婚，村里的傣族和拉祜族群众互通语言，很好地实现了语言交流和文化交融。傣族村民波岩共恩感慨地说：“和拉祜族来往中，我发现他们很会照顾人，尤其是在老人生病的时候，给老人无微不至的呵护，我就接受了拉祜族，结婚以后生活得很幸福。”像这样的例子不胜枚举。

每逢春节、葫芦节、新米节等节日，“宾弄赛嗨”们都会穿上节日盛装，到对方家走走“亲戚”，串门，互相热闹，各民族兄弟，围坐成一团，吃饭，喝酒，相互唱祝酒歌，预祝来年的丰收，相互赠送民族礼物，当时祖辈、父辈们，经济条件差，只送简单的礼物（拉祜糯米粑粑，佤族水酒）。现在生活条件好了，文化生活更丰富了，逢年过节，他们都会带着自家的亲戚，到对方家拜年，跳舞，唱歌，预祝下年的生产丰收，生活宽裕，用载歌载舞的方式，庆祝各民族幸福生活的心声。

孟连县各民族间因“宾弄赛嗨”族际团结互助机制的推动和发展，加强了彼此沟通联系，促进了文化互融，逐渐形成了你中有我、我中有你的局面，各民族文化也在交往中得到了传承和升华。目前，傣族、拉祜族、佤族3大主体民族利用传统节日，分别举办了4届“宾弄赛嗨”共同欢度“泼水节”、3届我请“赛嗨”吃新米、3届欢聚拉祜山乡等系列活动，参与活动的群众突破了30万人次。同时，各族群众还利用农闲时节，开展了制弩、制傣陶、织锦等形式多样的民族民间传统手工技艺交流互促活动。

在孟连，除傣族之外的其他民族都会主动与周边民族缔结类似“宾弄赛嗨”这样的互助友好关系。拉祜族称为“亚差”，意为“朋友”；孟连佤族称为“跨婆波嘛”，意为“娘舅一样亲的朋友”。孟连傣族多居住坝区，而拉祜族、佤族则喜欢住山上，“宾弄赛嗨”关系以坝区傣族为主体进行结交，“山上缺粮、缺物找坝子，坝区缺草料、烧柴找山上”。农忙时互帮，过节和家里喜庆办大事时互请，各个民族的节日期间，满村都是其他民族的“亲戚”。同辈人男的都互称兄弟，老一辈结交的关系，小一辈也认，也继续走动，形成了山区和坝区物资互补、生产互帮、生活互助、相互依存的基本模式。在实现经济互助功能的同时，大家还彼此互学互通对方语言，互相了解、尊重、欣赏对方的生活习俗，互相学习对方的生活技能。这样传统的

“宾弄赛嗨”式族际交往模式，在一定程度上体现出了共同团结奋斗、共同繁荣发展的主题，是一笔珍贵的文化遗产和社会财富。

然而，引导助推工作也面临着不少困难，首先体现在人少、事多、面大。孟连有3乡3镇、1个国营农场、7个世居民族，国境线长130多公里。而“宾弄赛嗨”式结交又构成了多重复合的星型网络：一个家庭结交若干友好家庭，形成以该家庭为中心，联接不同地方、不同民族、甚至不同职业的多个家庭的星型网络；分别以各个民族为主体的星型网络，如“宾弄赛嗨”以傣族为中心，“亚搓”以拉祜族为中心，“跨婆波嘛”以佤族为中心；在村寨层面，又表现为中心村寨向周边村寨辐射。这种友好关系社会网，彼此关联、嵌套，它们超越村寨边界、民族边界、行政区划边界，甚至跨越国界。引导助推工作属于摸索前进，无可借鉴模式。如何准确引导助推，最大限度增加和谐因素，引导群众由自发走向自觉，而不是越俎代庖，工作的开展目前尚无现成的模式可供借鉴，扶持其健康发展的工作均在不断摸索和总结中。

其次，伴随着社会化进程，一些优良传统传承堪忧。民间“宾弄赛嗨”式团结和谐机制主要形成于传统农业社会背景下，经济因素是这种关系的最初动机和主要内容（但并非全部内涵），紧邻民族长期共同的生产劳作，为这种关系的建立提供了基本条件，不同民族在生态环境和生计模式上的差异，则是促进此类关系形成的最初起因。但随着经济发展水平的逐步接近与产业结构的趋同，使彼此间的客观互补性和需求度减弱，这一优良传统的传承，正面临严峻的考验。比较年轻的“宾弄赛嗨”户之间的结交已经从传统的互补经济结交向拥有共同的兴趣爱好结交转变。回俄村二组组长34岁的岩汉保，家里除了父母、老婆、兄弟以外，还有一个女儿一个儿子。他说："我父亲结交了3户拉祜族，我交往了3户拉祜族。而我交往的都是我初中的同班同学，平时我们在一起好玩就结交了，但结交都是以家庭为主。我们过年过节来往多些，平时也会约着一起玩，喝酒喝茶什么的。因为家里劳力多，所以叫别人来帮忙的情况比较少。"

为此，孟连县结合时代发展的特点，挖掘整理新时期"宾弄赛嗨"在民间的交往方式、传承方式。注重收集新旧结识的"宾弄赛嗨"群众在交往过程中的时间、过程、个案等细节，准确把握"政府搭台，百姓唱戏"，积极引导建立新时代下的"群群"关系，既做好优良传统的传承，又能推动经济发展。

自2012年3月15日在孟连县委、县政府在景信乡回俄村召开了孟连县引导助推民族民间"宾弄赛嗨"团结和谐机制动员大会后，举行了引导助推民族民间"宾弄赛嗨"团结和谐机制示范村挂牌仪式，将回俄村定为"宾弄赛嗨"团结和谐建设示范村。并在全县范围内调查表彰对民族团结做出杰出贡献的"宾弄赛嗨"关系户，于2012年4月第九届"神鱼节"闭幕式上表彰了一批因继承和发扬光大"宾弄赛嗨"式民族互助传统的先进个人和先进集体。

表彰所涉民族有傣族、拉祜族、哈尼族、汉族、彝族。回俄村共有17户受县级"宾弄赛嗨"的表彰。在此次试点村的表彰中，又有12户户主受到表彰，涉及群众多达81户。所表彰的奖项分别为：民族和谐奖、友谊长青奖、睦邻友好奖、突出效果奖、代际传承奖。

当主持人把受表彰的12户户主请到主席台上一字排开，颁发给他们证书和作为奖品的电饭锅时，台下的群众喝彩声起，掌声雷动。

回俄村班艾村民小组的佤族岩百勒，抱着奖品电饭锅走到他的宾弄赛嗨回俄二组的拉祜族扎发身边坐下，用拉祜语对扎发说："想不到我们做亲戚朋友这种事政府都会奖励。"扎发说："我们要叫孩子们把亲戚一直做下去，是不是啊亚搓爸！"

表彰仪式结束，来自景信乡撒拉科大赛的拉祜族扎约还久久地看着手中的荣誉证书，别提有多高兴了。后来被他的"赛嗨"波岩相旺拉着到家里喝酒，说起两家几代人"你有时你帮我，我有时我帮你"度过的艰难时光，都感慨万分，直至泪流满面。饭菜一轮轮地上，粑粑一个个剥开，直到日头西沉，扎约在"赛嗨"家酒足饭饱，也喝醉了，就在波岩相旺家的长椅上酣睡起来……历来仅仅作为民间习俗而深藏于草根生活中的族际互助传统，得到来自地方党委政府的荣誉和奖励，怎不叫他们高兴呢？佤族干部岩佳说："我们世代亲如兄弟，如今得到政府认可，让我们把这种亲密互助的关系发扬光大，是群众最开心的事了。"

在离开回俄村的时候，回俄村支部书记岩相握着我们的手说："你们的调研虽然结束了，但我们期待着又一个全新的开始。因为，我们都是'宾弄赛嗨'。"

第十一章 怒江大峡谷里的吉祥之音

一、话说丙中洛

从怒江州贡山县城出发，沿着怒江西岸北上就到达景色如画的丙中洛，丙中洛位于怒江傈僳族自治州贡山独龙族怒族自治县的东北部，东经98º 23′—98º 42′，北纬27º 51′—28º 31′之间。离贡山县城42公里，距昆明934公里，东接迪庆州德钦县，南连本县捧当乡，北靠西藏自治区察隅县察瓦洛乡松塔村，全镇面积823平方公里。丙中洛原名“丙中”，藏语，箐沟边的藏族寨子。丙中洛镇是中国最美村镇，全国唯一的怒族传统文化保护区，云南十大旅游新地标之一。

丙中洛镇地势北高南低，东为碧罗雪山，西为高黎贡山，怒江由北向南奔流，贯穿全境，两山夹一江，形成典型的高山峡谷地貌。高山终年积雪，江边湿润温暖，从山顶至江边落差达3698米，形成典型的垂直气候，开展生态旅游提供了天然资源。

全镇辖秋那桶、甲生、丙中洛、双拉4个村委会，33个自然村，46

个村民小组，总人口2110户6468人，农村人口1728户5697人，占总人口的88%，城镇人口382户771人，全镇耕地面积为14004亩，人均2.39亩，粮食播种面积19034亩，粮食总产328万公斤，农民人均有粮513公斤，农民人均纯收入2028元。

全镇居住着怒族、傈僳族、藏族、独龙族、纳西族、白族、回族、汉族等民族，少数民族占总的人口99%，是一个多民族聚居的地方。

丙中洛镇属于大香格里拉生态旅游圈，是滇西北旅游圈的重要组成部分，处于“三江并流”世界自然遗产核心区，高黎贡山国家级风景名胜区的核心区，临近缅甸、印度，是茶马古道的必经之地。

丙中洛是一个多个宗教并存，人神共居的地方。有藏传佛教、基督教、天主教等外来宗教和原始宗教。三大外来宗教以最初的原始宗教文化渗透，已发展为三教共融共处，并已深入人心，直接影响着当地民族的生产生活，同时也成为民族文化的一个有机组成部分。我在双拉村采访时，有幸碰到四个宗教信仰共融共处的一个家庭，家庭主人叫李文汉（怒族），妻子叫阿南（傈僳族）有三个儿子，一个姑娘，家中老人信仰原始宗教，会做一些怒族传统的巫术活动治病祈福，他的妻子则信仰基督教，不喝酒不抽烟，而大儿子则信仰藏传佛教，长期住在喇嘛寺，不结婚，偶尔回家帮忙农活。二儿子也跟着大哥信仰藏传佛教，在家务农，娶了本村的傈僳族姑娘，妻子则信仰基督教。小儿子在县城工作，是中共党员。大姑娘嫁到丙中洛重丁村，信仰天主教。平时，在家里一起出工，一起干农活，到了周末，就各奔东西，各自去做礼拜。过年过节，大家都回家，热闹非凡。我问老人家："你们家人各自信仰不同的宗教，没有矛盾吗？"老人说："这有什么呢？我们这里就是这样了，个人自愿信仰，傈僳族多数信仰基督教，基督教不喝酒不抽烟，女人也都信仰基督教。怒族和藏族多数信仰藏传佛教，有的长期住在寺庙里，一生不结婚，也很少回来。有的平时则在家干活，寺庙里有事时偶尔去参加活动。天主教则没有那么多的规矩，有些人就信仰天主教了。大家在家里和睦相处，你也不说我，我也不说你，互相不谈论自己的信仰，也不会互相影响，没有什么矛盾。"从这家人可以看出丙中洛在宗教信仰方面的宽容，是多宗教共融并存的典型案例。

多宗教思想融为一体，互为补充，宗教思想主张的修身养性、行善、积德、扶困济贫、忌盗窃、忌邪淫等已成为了规范人们行为道德的准则。宗教文化中的经典故事，绘画、音乐也变成了民族文化的重要文化遗产，这些文化遗产对繁荣当地文化和旅游业起了推动作用。

这些宗教活动都依托于古色古香的宗教活动场所。位于丙中洛镇西北东风村的藏传佛教寺庙普化寺，始建于乾隆三十七年（1772），乾隆四十八年（1783）扩建。经堂平面呈方形，是滇西北噶举派十三大寺之一，也是整个贡山藏传佛教的活动中心，现有20多个僧人，其中有怒族、藏族、独龙族、傈僳族、白族等民族，每年集中两次大集会，普化寺已公布为州级文物保护单位。

位于丙中洛镇重丁村的重丁天主教教堂，始建于1931年，1935年竣工。教堂内部设施富丽堂皇，建筑材料很多用了汉白玉，教堂有两个钟楼。信教的村民都到这个教堂做礼拜。

群山怀抱的丙中洛，传说有十大神山守护，东边是横旦怒江大峡谷的碧罗雪山，北边是雄伟的石门关峡谷，西边是纵贯怒江大峡谷的高黎贡山和格瓦卡普神山，南边是贡当神山，形成了“雪山为城，江河为池”的奇特自然景观。奇美的自然景观，田野风光，宗教遗址景观相互映衬，诙谐交错，使人留恋忘怀。

丙中洛四周的高黎贡山、碧落雪山、格瓦卡普神山、贡当神山是“三江并流”国家级风景名胜区。高黎贡山和碧罗雪山呈南北走向，由西藏向南延伸进入怒江境内，纵贯怒江大峡谷。格瓦卡普神山是高黎贡山的主峰，群峰之中，挺拔直立，终年白雪皑皑，宛如卧虎长龙绵延天际，光线下金色四射，雄伟壮丽。贡当神山从丙中洛坝区拔地而起，气势磅礴，时常云层雾涌，极少露出神秘的面孔，西侧山脚下是怒族人过“仙女节”时朝拜的仙女洞。丙中洛镇西北部有座叫着“扎朵达雅初姆”的神山，山体东西走向，山尖像个仰卧熟睡的人，传说那是个喇嘛，仰卧，张开嘴，等待着天神的奇药。因此，人们称之为“睡喇嘛”。

高黎贡山主峰格瓦卡普峰附近，有北向南排列着的山岳型悬冰川，连接着广阔的冰川槽谷、雪峰、草甸、湖泊、森林，冰槽谷相连，水质清澈透亮，密林茂盛，是一个景观极佳的资源富聚区域。怒江两岸悬崖峭壁，高山夹挤，岩石直立，直冲云天，形成两岸绝壁相对峙的大石门，称之为“石门关”。此处陡壁挺立，森林茂密，怒江从峡壁中流泻，水击浪打，出现许多穿洞，水浪冲磨，平滑如水磨石。怒江流入丙中洛境内，形成弯弯曲曲几道湾，远处望去，像个“S”状奔流南泻。怒江从北向南流至丙中洛镇的坎桶寨时，因山势受阻，江水突然向西急转，形成北—西—南“U”状的大湾，称之为“怒江第一湾”，江水蔚蓝，水平如镜，松竹环抱，茅舍掩映，田园景色，引人入胜。

站在丙中洛观景台，遥望丙中洛坝子，变幻莫测的田野风光映入眼帘，坝区四面环山，农田广布，村落毗连，错落有序。田野风光随着季节的变化而变化，春季是花的世界，桃花、梨花、杜鹃花等奇花异草齐盛开，坝区装扮得美丽鲜艳，夏日便披上了绿茵茵的衣裳，秋天是丰收的金黄色，冬季则白雪皑皑。是一个让人流连忘返的“世外桃源”田园风光。坝子总面积12000多亩，海拔1750米，是怒江州水稻生产的重要基地之一，称之为贡山县的“小粮仓”。

二、丰富多彩的民族团结进步示范区创建

丙中洛镇是典型的偏远、边疆、山区、峡谷、少数民族、宗教、贫困于一体的农业小集镇。民族团结进步示范创建工作作为全镇经济社会发展的重要历史机遇，列入了重要议事日程，与全镇的经济社会发展相结合，统一安排、统一部署、统一落实。围绕各民族“共同团结奋斗、共同繁荣发展”，牢固树立“少数民族离不开汉族、汉族离不开少数民族、各少数民族之间也相互离不开”，以“民族团结、宗教和谐、社会稳定、经济发展”为核心，实施“宣传教育、基层组织建设、平安创建、基础设施建设和民生改善、产业发展”六大工程，开展“手拉手·兄弟情，心连心·鱼水情，肩并肩·爱国情”三项活动为载体，深入开展民族团结进步创建活动，有力地促进了全镇各民族团结进步、和谐发展，为全面建设小康社会、构建和谐丙中洛营造

了良好的社会氛围。

创建实施“五大工程”

宣传教育。采取会议、走访、黑板报、文艺演出、播放电影、设置宣传标语等形式，加大创建活动的宣传力度，引导群众牢固树立“三个离不开”，巩固和发展平等、团结、互助、和谐的社会主义民族关系。以会代训推进宣传。利用召开镇村干部职工会议，以会代训的形式，对镇村干部进行思想教育和科学引导，促进镇村各民族干部对民族团结知识的学习，助推全镇创建活动宣传工作。深入群众走访宣传。宣传教育工作与各项工作结合起来，镇村干部深入村寨督促指导工作，向各族群众宣传党的民族政策、宗教政策、国家民族区域自治制度以及国家法律法规等民族团结知识内容。寓教于乐深化宣传。开展丰富多彩的民族节庆活动，引导农民文艺队编排群众喜闻乐见、寓教于乐的民族歌舞节目，各族群众从活动中感受和体会到各民族团结如一家的浓厚氛围。加大爱国主义教育，杜绝外部宗教势力渗透，以普化寺为载体开展“爱国爱教”的爱国主义教育培训活动。

基层组织建设。以村“两委”换届选举为契机，在优秀村干部、大学生“村官”、致富能手、退伍军人、外出务工返乡农民党员中选拔村干部，选好村“两委”班子。通过换届选举，全镇4个村委会都实现了村党支部书记与村委会主任“一肩挑”，并配齐女村干部。推进“创先争优”“四群”（群众观点、群众路线、群众利益、群众工作）教育活动。“创先争优”、“四群”教育活动与开展民族团结进步示范创建活动有机地结合起来，基层党组织和党员将民族团结进步示范创建项目责任点作为承诺内容，积极兑现承诺，两项活动相互促进，共同推进。加强民族团结进步示范创建活动阵地建设。树立和提升丙中洛镇的整体良好形象，打造和亮化民族团结进步示范区域，突出民族团结进步示范创建成果，巩固民族团结、宗教和谐、社会稳定、经济发展的新局面，镇党委、政府结合镇实际，在甲生村建设了“和谐文化村”民族团结进步示范活动阵地，“和谐文化村”成为丙中洛镇重要的民族、文化、科技、教育等宣传培训基地，改善当地民族节庆、宗教活动场地拥挤状况，丰富了群众文化生活。

平安创建。以“团结、教育、疏导、化解”为方针，妥善处理好各种民族矛盾和民族纠纷，问题解决在萌芽状态，解决在基层。全镇实施平安创建工程，开展“三大”战役（矛盾化解、防控、基础设施）和“十项”活动（创建平安建设示范镇、预防青少年违法犯罪示范镇、消防安全示范镇、平安出行示范镇、民族团结进步示范村、流动人口管理示范区、刑释解教人员安置帮教示范基地、无毒示范村、无邪教示范村、民主法治村），平安创建目标管理责任制落实到村组，镇党政班子成员具体分片负责，坚持每年进行一次考评，考评结果与年终奖惩结合起来，确保目标责任落到实处。抓好社会治安综合治理，调解各种民间纠纷和社会矛盾。加强法律援助，依法管理宗教事务，引导宗教界人士和信教群众旗帜鲜明地反对一切分裂破坏活动，自觉维护祖国统一、民族团结和社会稳定。

基础设施建设与民生改善。多渠道筹措资金，解决群众的住房、吃饭、就学、社会保障问题，推行新型农村合作医疗。解决群众看病难、看病贵的问题。2016年末，全镇农村合作医疗参合人数5742人次，参合率达98%。易地搬迁、抗震加固、民房改造建设。全镇安居温饱210户680人，整村推进141户520人，易地搬迁99户300人，抗震加固1680户5040人，“8·18”泥石流自然灾害重建52户178人，“6·23”泥石流自然灾害重建50户156人。新建卫生通道6000多米，改厕改厩147户。东风村、嘎干塘村道路硬化4公里，甲生村石门新村的人畜饮水项目和尼大当的省级新农村建设项目有序推进。农村能源建设。推广沼气池、节能灶等节能节柴实用先进技术。建立和健全城镇和农村居民最低生活保障制度。2016年全镇享受农村低保1603户4001人，城镇低保94户184人，五保户95人，发放农村低保金373152元，城镇低保金384960元。教学基础设施建设，新建了丙中洛中学、丙中洛中心校教师廉租房，丙中洛中心校学生宿舍楼、学生餐厅和丙中洛中学勤工俭学养猪圈舍。维修两校的人畜饮水管网，保证学校的正常运转和学生安全。农村卫生医疗设施建设，不断提高镇卫生院和村卫生室的服务水平，广播电视户户通工程建设，解决了偏远村寨群众听广播、看电视难的问题。农业人口独生子女家庭“奖优免补”政策落实，2016年办理独生子女证24户，农村独生子女奖励15人，保健费及在校生奖学金11020元。

产业培育。培育优势特色产业，促进群众增收。立足区位优势、产业基础、发展潜力，以“一村一品”发展思路，调整产业和产品结构，延伸产业链。平稳推进粮食生产。2016年全镇耕地14004亩，人均耕地2.39亩。粮食播种面积19034亩。以核桃、雪桃、附子农业经济产业种植，全镇核桃种植面积达30000亩，雪桃种植面积为600亩，附子推广种植面积220亩。以生猪养殖为主发展畜牧业。全镇重点扶持生猪养殖示范户20户，以点带面，推动群众畜牧业的养殖规模。

开展“兄弟情、鱼水情、爱国情”三项活动

在全镇群众中开展了“手拉手·兄弟情，心连心·鱼水情，肩并肩·爱国情”三项活动，弘扬民族文化，倡导群众团结和谐、互助合作，促进了全镇各民族共同团结进步、共同繁荣发展，营造大团结、大繁荣、大发展的良好社会氛围。举办民族节庆活动，组织傈僳族“阔时节”、怒族“仙女节”（女神节）[1]、独龙族“卡雀娃节”等民

① 怒族的“仙女节”是怒族人纪念传说中有个名叫阿茸的美丽善良的姑娘，可以翻译为“神女节”，因为仙女是道家的概念。

族传统节庆活动，大家相互庆祝，相互帮助，共同欢乐。促进民族间的相互了解、交流与合作。组织农村文艺队进行文艺汇报演出。民族宗教政策，惠农政策编排节目进行宣传。农村文艺队自创自排，镇文化站帮助整理、加工、提炼、创作，编排出了一个个群众喜闻乐见的民族歌舞节目，为“两个文明”建设及民族团结和社会稳定起到了积极的推动作用。建立便民综合服务中心，4个村委会设立便民服务站，设立了党员、民政、计生、农业、畜牧等10个服务窗口，开展了具有丙中洛特色的便民服务。

凝聚人心同喜同乐的过节活动

每年农历三月十五日怒族研究学会组织举行的怒族“仙女节”活动，集中体现了各民族和谐共融。“仙女节”怒语叫“乃仍”，祭祀仙女洞之意，又名“乃仍节”。丙中洛镇把这一节庆活动打造成“丙中洛各民族一家亲，心连心”的喜庆而神秘标志性活动之一。怒族的“仙女节”是怒族人为了纪念美丽善良、坚贞不屈、鄙视权贵、热爱家乡的阿茸姑娘而举行盛大隆重的过节活动，传说阿茸姑娘为方便怒江两岸人民的交流往来编制了怒江上第一根竹溜索，后来阿茸姑娘被恶霸抢婚逼死，怒族人民为了纪念阿茸姑娘的坚贞不屈，就把阿茸姑娘遇害的这一天定为“仙女节”。人们来到阿茸姑娘遇害的山洞前祭奠时，发现周围山坡上开满了杜鹃花、兰花等仙花，因此又把“仙女节”叫作“鲜花节”。

怒族过仙女节，提前两个月就开始准备。准备过节时食用的野味、鸡蛋、猪肉或鸡蛋等。过节以寨子为单位，临近村寨的人都来，过节时，在县城工作的人也回来参加，节期为三天，大家一起庆祝。我的岳父是独龙族，岳母是重丁的怒族，每年“仙女节”都前去参加。怒族人从不拒绝所有前来参加过节的人，有时候，我们还带一些内地的记者朋友前去参加过节，怒族群众也十分欢迎。2015年，我有幸前往参加节日，感受颇深，至今历历在目：过节的第一天，大家要前往仙女洞接“仙奶”。去仙女洞，所有人都要穿上干净的衣服，否则不允许进入仙女洞。去时，带上最饱满的苞谷，供祭于祭台，意为给仙女看看今年的收成，同时希望仙女保佑，再获丰收。祭祀仙女的祭台设在离仙人洞不远处，祭台是固定的，不能随便移动。人们到齐之后，巫师便开始祈祷念道：“今年，仙人给我们带来了平安，保佑了全寨人，粮食丰收，家畜兴旺，希望仙人明年也给我们更多的幸福，免降灾害……”念毕，巫师便向祭台撒一把苞谷和一滴大米酒，请仙人“品尝”，然后吹螺号、摇铃。这样反复多次，只到苞谷粒和大米酒都撒完，仪式结束。巫师祭祀时，在场的人禁止讲话。供品还有炒面捏成的面人，面染成红色，周围贴着彩色酥油花。据说仙人曾给凡人三样食品：“挫确”（腊酒）、“挫辣”（白酒）和“挫仁”（苞谷花），总称为“挫东”，即“神赐之物”。巫师祭毕，供品“挫东”取下，分给所有在场的人吃。吃完祭品向祭台磕头，然后由巫师带领众人到仙人洞里，用竹筒接“仙奶”即石钟乳滴下的水。接到仙奶，人们返回祭台，取一包苞谷带回家，翌年播种。“仙奶”也要带回家里与腊酒掺在一起喝。从仙女洞归来，都要从山上带回一束杜鹃花，把花插在家中的柱子上。家人备好腊酒、煮好饭、做好菜，等待接“仙奶”的人们。接“仙奶”的人进了家门，背着“仙奶”在屋内围着柱子跳三圈舞，祝愿仙人给寨子带来平安，好收成。跳完唱完，把“仙奶”倒入腊酒里，男女老少，人人都喝一碗。然后喝“夏辣”（鸡肉焖酒）。节日期间，大家同吃供饮，唱歌、跳舞，通宵达旦。

如今，这个怒族的“仙女节”节庆活动已变成了丙中洛各民族人民全民性的民族节日盛典，每年的“仙女节”，贡山县所有的怒族、藏族、傈僳族以及其他各民族都前往丙中洛参加过节活动，大家都到仙女洞朝拜接“仙奶”，节庆活动体现了民族团结和谐之音。

丰富多样的宗教庆典活动

每年春节正月十五在丙中洛东风村藏传佛教寺庙举行的盛大的宗教庆典活动，也是全民性的宗教活动。届时兰雀活佛亲临现场，主持并做法事，为当地群众祈福。每当这个时候，贡山县和丙中洛所有信仰藏传佛教的各族信徒，都前去参加。2015年春节正月十五，我携带家属亲自参加了一次活动。我们正月十四上去，头天住宿在岳母的大姐家里，岳母的大姐家在重丁村，怒族，丈夫已去世，与儿媳一起生活，也是虔诚的佛教徒。她说：“寺庙在正月十五的活动是一年中最隆重的活动，各地的怒族、藏族、独龙族、白族、汉族都来，人数达上百人，非常热闹。法事做完，还有文艺表演节目，咱们老百姓不分你我，都是一家人，这次你们来，住在我家，我也很高兴，明天带你们去寺里参加活动……”岳母的姐姐讲了一晚上，怒族人的习俗、故事、传说，一套一套的，很晚才就寝。翌日，清早，我们喝了酥油茶，吃了石板粑粑就去参加盛大的宗教活动。到了现场，真的是人山人海，金碧辉煌的喇嘛寺被围得水泄不通，上百人静坐在喇嘛寺寺庙院坝前，活佛做法祈福摸顶，众人逐个请活佛摸顶，吃斋，然后绕寺庙三圈，逐个佛像磕头上香。活动中，我还碰见了从独龙江来的亲戚侄子李林高一家人，问他们来干什么？侄子说："我们也是来参加这个活动的，独龙江很多寨子的人也来了，给佛祖烧烧香，祈求保佑平安……"问他住在哪儿？侄子回答："也是住在怒族的亲戚家。"僧人做完法事后，就在寺院院子里表演节目，围圈跳舞，各地来的客人也融入其中，一起欢乐，一起享受喜悦，活动在融合和谐的气氛中结束。

民族团结进步示范区创建中，虽已开展了丰富多彩的创建活动，但仍然存在一些问题，如丙中洛镇地处峡谷区域，山高坡陡，受地理、自然等因素的影响，农业人口较多，有些地区特别是民族聚居区居住环境恶劣，生活条件亟待改善，群众文化基础薄弱，外来文化接受能力较弱，有些惠民政策难以落到实处。随着经济社会的不断发展，新形势下民族工作挑战仍然严峻，维护民族团结和社会稳定的任务依然艰巨。

和谐生态旅游小镇创建

丙中洛景区是国家级风景名胜区——滇西北"三江并流"风景名胜区的重要组成部分，是人神共居的地方，周围有十座有名的神山。丙中洛又是一个多种宗教并存，和睦相处的地方，喇嘛教、天主教、基督教、原始宗教以及原始宗教与藏传佛教融为一体的民间宗教共存。丙中洛自然风光秀丽，人文景观奇特，民族风情淳朴，民族间和睦相处，团结、友爱、平等、互助、正直、善良、热情好客。是幽静、和平，人与自然和谐共处的“世外桃源”。基于这样的特色，在民族团结创建过程中，丙中洛镇在努力打造“人神共居和谐家园——丙中洛”的生态人文旅游知名品牌，培育“生态旅游、特色种植、生态养殖”三大产业，努力实现“中国最佳旅游目的地，怒江北部向西藏的文旅商贸物流中心”目标。在创建特色旅游小镇上，结合民族文化资源，开展了独具特色的活动，为全镇的旅游发展奠定良好的基础。一是2012年10月丙中洛撤乡设镇之机，编撰出版了展示丙中洛优美自然风景和多元民族风情的《人神共居丙中洛》旅游宣传画册。二是举办了丙中洛撤乡设镇大型文艺庆典活动，全民同乐，集中展示了丙中洛深厚的多元民族文化。三是2013年1月，中央电视台CCTV4（远方的家系列栏目《白山百川行》），协同拍摄了《白山百川行》第2集“家在丙中洛”，第3集“峡谷情深”，并在央视集中播放，重点拍摄了“双拉村怒族文艺队”，集中展示了怒江峡谷及丙中洛的人文山水，民风民俗。四是2012年12月，争取了“怒族仙女节”保护项目资金，修建仙女洞，发展旅游工艺品。五是2013年4月20日，参加了全省第八批生态村申报，甲生村被列入全省第八批生态村。六是组织了2013年4月的中国非物质文化遗产保护项目“怒族仙女节”系列庆祝活动。活动有传统祭祀、迎接圣水、射弩比赛、民族工艺品交流展示、文艺会演，篝火晚会。七是丙中洛景区投资兴建三个观景台，即雾里怒寨观景台、秋那桶四季桶怒江峡谷观景台、那洽洛峡谷观景台。八是动员全镇各村开展环境卫生整治行动。

丙中洛镇的旅游从公务、商务、探亲、会议、教学、摄影初步转变为风情、观光、探险、摄影、科考旅游。目前，丙中洛景区分成四大片区进行开发利用：怒江第一湾景区、民俗风情接待区、宗教民俗观光景区、石门关景区。怒江第一湾景区包括怒江第一湾、孜当森林公园、巩当神山、扎那桶桃花节等四个景点；民俗风情接待区特指镇政府驻地及附近村寨。包括丙中洛镇政府驻地接待点、重丁村接待点、扎那桶村接待点、石门关接待点等；宗教民俗观光景区包括香巴拉宫遗址、普化喇嘛寺、重丁天主教堂、金矿旧址等景点；石门关景区包括石门关和石门关观景平台。

景区内分四个区域进行绿化，游憩观赏绿化区、经济林绿化区、田园风光区、山林绿化区。风景区内的环境也分级进行保护，一级保护区为2.89平方公里，二级保护区为14.06平方公里，三级保护区为二级保护区以外的所有区域。景区交通便利，修建了丙中洛至普化寺，重丁天主教堂，金矿旧址，石门关的游览线路。修建了四级道路至甲生村。

丙中洛镇居于独特的地理位置和多民族聚居，多宗教并存，长期以来形成的生产生活相同而文化、信仰各异的人文景观，以及周围的自然景观，以“人神共居·世外桃源——丙中洛”为旅游品牌，开辟了少数民族灿烂文化为主体的生态民族风情旅游，为丙中洛镇社会经济又好又快发展，各民族合作团结，共享发展成果奠定了基础。

惠农共享特色小镇创建

丙中洛镇面积0.11平方公里，建设面积0.9平方公里，镇域常住人口6304人，镇区常住人口1329人，镇内就业人口864人，镇生产总值2.2亿元，镇公共财政收入1720万元。镇所处区位优势突出，怒族、藏族、傈僳族、独龙族等民族文化丰富多彩，东西方宗教相互交融，多宗教并存，节庆、歌舞、服饰、饮食文化相互交融，形成独特的地方文化。丙中洛镇是怒族传统文化保护区，列入云南省省级非物质文化遗产保护名录。丙中洛镇以人文资源特色、自然资源特色为基础，积极编制申报中国特色小镇建设项目。目前，基本形成了对丙中洛旅游小镇精品一条街改造计划，有关部门还编制并正在送审《怒江大峡谷丙中洛旅游区总体规划（2016—2030）》等，明确了丙中洛镇的用地发展方向和定位，确立了丙中洛镇要实现“国内知名的旅游目的地，以多元共融的民族文化、宗教文化、多彩田园风光和多样自然生态景观为重点的旅游特色小镇”。并明确了丙中洛镇的农业产业和旅游业发展规划。《农业产业发展规划》规划了丙中洛镇“两轴、两区、三中心区”的农业产业结构布局，“两轴”即怒江产业发展主轴和秋那桶河产业发展次轴。“两带”即生态培育区和林下经济林种植区。“三中心区”即食用坚果种植示范区、粮油水果种植区和草果漆树种植示范区。《旅游产业发展规划》规划确定了丙中洛镇“一主、三次、四区”的旅游发展空间布局。“一主”即旅游主轴，以怒江流域、丙贡、丙察二级公路沿线为主要轴线，丙中洛风景区景点为重点，建设怒江流域沿线的旅游产业发展。“三次”即秋那桶、那恰洛、格麻洛河为次轴，确立丙中洛风景区的旅游支线。“四区”即规划了丙中洛镇的四个旅游风景区：丙中洛镇景区、秋那桶景区、雾里景区、嘎哇嘎普景区。

特色小镇建设要培育特色鲜明的产业形态：以发展绿色、有机、无公害产品为核心，重点培育“一药（中草药）、一禽（生态鸡）、一蜂

（蜂蜜）、两漆（核桃、漆树）、三畜（黄牛、犏牛、山羊）”为主的特色种植业和养殖业。培育和谐宜居的美丽环境，充分合理使用土地，着力改善生活环境、环卫设施、基础设施、商业设施等建设，极力打造生态宜居特色村寨，以怒族传统文化为核心的特色村庄风貌建设，村庄溪流、湖泊、绿植、花卉、小品等美化村寨景观建设，深入挖掘怒族、傈僳族、藏族等民族文化，打造山美水美食美的舒适宜居小镇。培育彰显特色的传统文化，以丙中洛镇怒族传统文化保护区为契机，建设了民族文化陈列室，组建了文化艺术团队，进行了非物质文化文艺会演，推进了非物质文化传承人保护工作，利用传统节庆，进行了文化宣传。培育了便捷完善的服务设施和充满活力的体制机制创新。积极推进实施边疆解“五难”工程，解决农村群众的读书难、看病难、看电影难、看电视难、学科技难等问题。初步建立和完善城镇养老、失业、医疗等社会保障体系，整合各类扶贫资金，开展山区综合开发，切实落实扶贫攻坚工作。积极开展以“送服务、采信息、解民难、聚民心”的“公安警民进万家”，法制宣传教育活动。

未来的丙中洛镇将以多民族文化交融交织、多宗教和谐并存、各民族和睦相处的示范特色生态旅游小镇展现在世人面前，“人神共居”山美水美人美食美的宜居特色小镇——丙中洛镇将成为人们向往的“世外桃源”。

第十二章　长江上游的绿色屏障

一、“元跨革囊”的历史重地

波涛汹涌的长江上游金沙江畔的崇山峻岭中，有一个地方叫拉伯，如今属于宁蒗彝族自治县。拉伯乡是云南省社会科学院的精准扶贫点，我从2015年起两次到这里来调研。

拉伯乡地处宁蒗县最北端的江边干热河谷地带，位于川滇两省四县五乡镇交界处，距宁蒗县城147公里，是距宁蒗县城最远的一个乡。拉伯乡东南同宁蒗县的永宁乡和翠玉乡山水相连，西与玉龙县奉科乡和四川省木里县的俄亚乡、香格里拉县的洛吉乡隔金沙江和冲天河相望，北与四川省木里县的依吉乡相邻。

拉伯乡下辖托甸、田坝、格瓦、加泽、拉伯5个村委会，63个自然小组。辖区总人口10574人，其中城镇常住人口439人，有汉族、普米族、纳西族（包括纳西族摩梭人）、傈僳族、苗族、壮族、藏族等7个民族，总人口中以纳西族摩梭人为主，有4199人，超过千人的少数民族有普米族，人口1972人。2016年人均纯收入5660元。

拉伯乡辖区面积为475平方公里，其中耕地面积3万亩，林地面积为41266.6公顷，森林覆盖率达79%。是宁蒗全县森林覆盖率最高的乡。

拉伯乡地势东高西低，呈南北狭长带状展布。境内平均海拔为2290米，整乡山高谷深，人口居住分散，人均耕地面积2.67亩，但耕地复种指数高，水源十分丰富，粮食产量高，主产稻谷、玉米、小麦。可套种红瓜子、荞子等经济作物，热带水果和经济作物有黄果、石榴等，境内有丰富的羊肚菌、松茸等野生菌。

拉伯乡地处两省四县五乡镇交界之地，历史上又是“元跨革囊”的一个历史重地。清代诗人孙髯翁撰写的著名大观楼长联中提到“宋挥玉斧，元跨革囊”，其中“元跨革囊”的主要渡口就在丽江市玉龙纳西族自治县的奉科乡和宁蒗彝族自治县拉伯乡之间。南宋理宗宝祐元年（1253年），蒙古皇帝蒙哥命其弟忽必烈南征大理国。忽必烈率军从甘肃临洮直下四川，过大渡河。他统率的中路军经四川盐源来到宁蒗的永宁，当地首领和宇归降。又从永宁的日月和启程，翻越牦牛山，来到与奉科隔江相望的今宁蒗县拉伯乡的拉卡西里附近渡口，进行“革囊渡江”，所谓革囊，就是将剥下的完整牛、羊皮的四肢、肛门等处扎紧，充气后作漂浮器材，纳西人称之为“次笃”。用绳索将多个这样的皮囊绑在纵横交错的木、竹架子上，就成了皮筏。蒙古军队用这种革囊和皮筏渡金沙江，史称“革囊渡江”。据当地人介绍，从奉科北面的三江口直到奉科以南的宝山石头城的金沙江沿线，共有9个渡口，而古空美渡口是最大的一个。民间相传，当年忽必烈就是从这里渡江的，据说西岸村头还有一个“渡江指挥台”遗址。

当时，统治着以今天丽江古城一带为核心的大片领地的纳西酋长麦良（阿琮阿良），面对蒙古大军压境，他审时度势，为免桑梓生灵涂炭，当机立断到渡口迎接忽必烈大军。《元史·世祖本记》记载：“冬十月丙午，过大渡河，又经行山谷二千余里，至金沙江，乘革囊及筏以渡。摩娑蛮主迎降，其地在大理北四百余里。”

而蒙古将军兀良合台所率领的西路军在进入丽江境内后，在金沙江沿线巨津州（今巨甸镇一带）等地受到当地纳西首领禾牒、禾失以及纳西民众的顽强抵抗。

忽必烈率领的蒙古军中路军从拉伯渡口渡江到奉科，翻越太子关（原名雪山门关），进入今丽江宝山乡果乐村，再翻越鸣音直下到丽江大具乡，再到丽江古城区。1253年12月攻占大理。完成对南宋的西、北包围之势。“元跨革囊”是中国历史上的重要事件，是元朝建立的先声，云南行省制度始创于元朝。

“元跨革囊”之举促进了忽必烈平大理国和元代的统一，结束了中国历史从唐末以来的分裂局面。同时也促进了丽江纳西族地区政治经济的发展。丽江纳西族结束了长期的各部落分立的局面，实现了全民族的统一；二是统一后的纳西族首领得到了中央政权的任命，土官到土司的世袭制由此开始。

二、拉伯人民保住了长江上游的一片绿色屏障

来到拉伯，使我印象最深刻的是那莽莽苍苍的森林，云雾缭绕，山高水长，一路进去，两边都是茂密的森林，我很吃惊！拉伯居然保

留了这么茂密的森林，这是我原来没想到的。因为在20世纪60至80年代，金沙江上游林区作为国家伐木的重点林区，大片大片的森林被砍伐了，当时的印象里，金沙江上游丽江境内的奉科、宝山等地的原始森林被大量砍伐，金沙江上每天都漂着水运的木材。金沙江林区的原始森林经过长年累月的砍伐，已经难得见到原始森林。后来国家实施长江上游天然林保护和退耕还林等一系列政策，砍伐森林得到控制，但元气已伤之过重，长江上游两岸的森林也只能慢慢地恢复，要恢复到原来森林茂密的状态，需要数十年乃至百年的功夫了。而在这个偏僻的拉伯乡，却有这么茂密的原始森林，森林覆盖率居然达79%，而且多是原始森林，其中有红豆杉、云杉、冷杉、云南松、高山松等上百种珍惜木本植物和山茶、杜鹃、梅、月季、兰花、青竹、黄竹等植物，林中有熊、山驴、岩羊、獐子、猴子等野生动物。这使我感到极大的惊喜，也对拉伯乡的各族人民肃然起敬。

2017年7月去拉伯的路上，拉伯乡乡长熊贵光指给我看森林中的一大片国家一级保护植物红豆杉，说拉伯乡已经对境内的3.2万棵红豆杉做了登记造册，进行了有效保护。这真是不简单，这么庞大的数量，居然一一登记造册，由此可见拉伯乡党委政府对保护森林和古树名木所下的苦功。红豆杉是世界上公认濒临灭绝的天然珍稀抗癌植物，是经过了第四纪冰川遗留下来的古老孑遗树种，在地球上已有250万年的历史。由于在自然条件下红豆杉生长速度缓慢，再生能力差，所以很长时间以来，世界范围内还没有形成大规模的红豆杉原料林基地。红豆杉因为它的药用价值，在滇西北偷砍盗伐曾经非常严重，成为濒危树种。拉伯乡保住了这么多的红豆杉，真是造福子孙后代之举。在保护好这片红豆杉的过程中，乡党委、政府以聘请管护员的方式聘请了格瓦村村民打史次丁，打史次丁家住格瓦白草坪，翻过一个山头就可以看到红豆杉核心保护区。为了更好地保护好这片珍贵的植物，打史次丁在接近红豆杉保护区将近1.5公里处搭了一个窝子，修了简单的羊圈，养了近40头山羊。每天早上赶到接近红豆杉林区的地方，带着巡山红袖套，巡山一圈，到下午黄昏的时候才回去。这样已经连续了5年，为保护好这片重点林区做了巨大贡献。不愧为拉伯乡红豆杉的保护神！

拉伯乡的干部和各族人民为何能把拉伯乡境内的原始森林保护的这么好呢？我也带着这个问题走访了乡里的干部和村民。熊贵光乡长介绍说，拉伯乡党委、政府历来非常重视生态保护工作，特别是拉伯对宁蒗全县而言，至今唯一还保存有近2.5万亩的茶布落原始森林核心区、加泽湿地保护区，还有上面提到的已经编号的近3.2万多株国家一级保护植物红豆杉，托甸、格瓦、加泽3个村委会将近有近20万亩保护完好的森林。历届党委、政府确定要把拉伯建设成生态文明乡，民族团结进步乡，产业发展重点乡，形成“长期核桃，中期青椒、花椒，短期烤烟加拉伯高脚鸡”的长、中、短结合的产业发展模式！

乡党委、政府历来非常重视森林的保护，经过多年的宣传，村民也都普遍提高了保护好森林对水源、对产业发展等的重要性，所以保护意识日益增强。乡政府采取具体分片包干，责任到人的办法，同时采取保护森林与村民的公益林补偿金挂钩的方式，形成全乡上下细致护林，上下一心护林的格局！历届党委政府历来对保护好森林绝不含糊，一任接着一任干，一代接着一代干！换来了今天这样的森林茂密好气象。我在拉伯乡看到了乡政府和村委会签订的《拉伯乡平安林区建设2017年度工作目标责任状》，实行村主要负责人负责制，层层签订责任状，其中条款订得很具体细致，比如有这样的内容：

要求开展林区纠纷排查调处（调解处理）的调处率要达到95%以上；健全护林员组织机构，确保人员、制度、责任落实，建立护林员考勤、考核制度，切实履行护林职责；涉及林业信访的办结率要达到95%以上，不发生涉林越级上访事件；强化防范管理，不发生涉林群体事件和林业生产重大责任事故。年度目标完成情况先由各村和护林员本人进行自检自查，并将检查结果上报乡“平安林区”创建活动办公室，再由乡党委、政府依照本责任书进行考核。此外还有拉伯乡林工站与每个护林员签订的责任状。显然，如果不是非常认真负责地去做，要保证做到这些责任书的条款是不容易的。从这张“责任状”中，我理解了为什么拉伯乡的森林会保护得这么好！

2017年7月，我去走访了拉伯乡拖甸村委会的格落村小组，这个小村子有26户、107人，全是普米族，村里有162亩地。格落村山清水秀，一路都看到郁郁葱葱的树林，清泉涌流，流水潺湲。满目的烤烟和核桃更使这村子显得苍翠欲滴，村里的民居也保留了普米族的传统民居的特色，看去令人赏心悦目。我随格落村村民小组长王绍军去考察村头的森林，山路两边长着很多古树，树林茂密，哗哗奔流的清澈山溪从山里一路流下去。越往前走，这条山泉的水流就越大，水花激射，清澈见底。王绍军介绍，这条溪流是从上面高山上的森林里流出来的，一直流去拖甸村下面的几个村子里，滋润着各民族的日常生活和生产，是重要的水源地。王绍军告诉我说，村民历来都知道森林保护好了，才会有充沛的水源，水流充沛，才好种庄稼和其他农作物，所以都知道要保护好森林。村里有乡规民约，大家都自觉遵守，如果要盖房子需要砍木头，都要走严格的审批程序，户主提出申请，逐级上报，根据本年度的限量指标审慎地批给适当的木料。大家相互监督，自觉护林已经成为风气。

村里有普米族的祭司韩归，逢年过节会主持祭祀森林的仪式。村里还有一个藏传佛教寺庙，信仰也制约着村民对待大自然的行为，小心翼翼地呵护森林和泉水。乡政府也为了表彰格落村保护水源和森林的功劳，也率先将云南省社会科学院扶持的太阳能路灯先安到了格落村里。

拉伯乡全乡的林地面积为62万亩。最近5年来，乡政府加强领导、强化管理、并积极完善制度，大力加强扑火队伍的建设、严格实行各项防火措施的监督检查，与各护林防火站所、各村委会层层签订护林防火责任状，让护林防火的工作深入到家家户户，做到了家喻户晓，护林防火工作得以顺利开展。到目前为止，通过全乡各级、各部门和林业干部职工、各族人民群众的共同努力，创造了连续6年来无森林火灾和林政案件的记录，多次被评为宁蒗县先进集体，为“十三五”时期的林政管理和护林防火奠定了良好的开局，为拉伯乡社会和谐稳定，推动生态文明建设做出了突出的贡献。

最近，云南省政府在官方网站公布了第二批省级重要湿地名录，经核定，同意将云南8处湿地列为第二批省级重要湿地，其中有宁蒗青龙海和宁蒗拉伯两个湿地。截至目前，丽江已有3个省级重要湿地，1个国家级重要湿地。

宁蒗拉伯湿地有海拔4326米的高山湖泊群，具有得天独厚的气候和光热资源优势，还有丰富的土地和生物资源，气候呈垂直立体分布。宁蒗拉伯省级重要湿地认定区域总面积达629.55公顷，均为国有土地。湿地面积192.52公顷，以亚高山沼泽湿地生态系统，以及东方白鹳、黄嘴白鹭、水獭等野生动植物为主要保护对象。拉伯湿地周围的山上有大面积从未砍伐过的原始森林，有海拔4326米的高山湖泊群，湖的四周有万枝山茶和杜鹃齐花怒放的原始花丛，有上百亩连片的高原草甸，还有珍禽异兽、珍稀植物和名贵中药材等。

可以说，宁蒗拉伯乡的各族人民为长江上游保护住了一大块绿洲和生态屏障，这对国家建设长江经济带的宏伟规划是非常重要的，对长江上下游今后的发展也奠定了非常好的生态基础。习近平总书记在2015年1月19日至21日在云南考察工作时提出，希望云南主动服务和融入国家发展战略，闯出一条跨越式发展的路子来，努力成为民族团结进步示范区、生态文明建设排头兵、面向南亚东南亚辐射中心，谱写好中国梦的云南篇章。民族团结进步示范区的建设和生态文明建设排头兵这两方面的工作是相辅相成的。拉伯乡各族人民在这两方面都做出了突出的贡献。

三、发展生态产业，促进各民族的共同发展

森林和良好的生态环境最终从多方面裨益于人类，为各族人民造福。拉伯乡党委、政府在保护好森林的同时，因地制宜大力发展生态产业建设。过去五年来，拉伯乡生态产业从2012年底的1.74万亩发展到了2016年底的9.75万亩，比2012年增加8.01万亩、增长5.6倍，其中核桃

产业增加了6.8万亩。

拉伯乡地处山区，有些地方不适宜人居住，乡党委、政府实施了一些必要的村民的易地搬迁。在2016年已实施77户293人的易地搬迁，2017至2018计划实施39户173人的异地搬迁。通过易地搬迁的方式，改变群众居住环境恶劣、居住分散、生产方式粗放、地质灾害隐患等问题，使易地搬迁农户搬得出、稳得住、能致富。

拉伯乡还加强基础设施建设，助力脱贫攻坚。2017年预计修通8个进村公路，7个人口较少民族村、组的道路硬化，12个村组的人畜饮水问题。

除了金融扶贫、劳动力转移等方式，拉伯乡还结合核桃、花椒、烤烟种植培训630人。2016年以来共举办烤烟种植、科技培训及劳动力转移培训21期753人次。还实施了教育扶贫，通过“金秋助学”、贫困生助学贷款、挂联单位教育扶贫资金的投入等方式，2016年拉伯乡98名贫困大学生享受了助学贷款，60名贫困学生享受了人均700元的教育专项扶贫资金。2017年云南省社科院投入10万元专项教育扶贫资金，帮助托甸村45名左右贫困学生完成学业。2017年拉伯乡将给予110名贫困大学生以助学贷款。

拉伯乡的黑尔甸村是宁蒗县的民族团结进步示范村，全村83户，436人，村民由普米族和苗族构成，以普米族为主。养殖业和种植业是这个村的传统生产方式，现在以烤烟和核桃种植为主。村民们在长期的同村生活过程中，不同民族之间建立了和睦友好、相互信任，团结互助的好民风。村里有全体村民通过的村规民约，由村里德高望重的长者、党员，村民代表组成了议事会，大事小事都通过议事会来共同商量，民主决策。议事会议定的事情要最终通过召开村民会议，达成一致的意见。举个例子，黑尔甸村村民郭胜军，居住在黑尔甸村最高处，家中有6口人，户主郭胜军是黑尔甸村的普米族，妻子和秀兰是三江口的摩梭人。郭胜军家有老母亲体弱多病，再加上房屋破旧，生活比较艰难。在2013年村民民主评议贫困户时，将他家例为精准扶贫贫困户之一，在2016年实施的扶贫政策中，享受了就地安居，重新修建了有普米特色的房屋。同时种植了8亩的烤烟，确保了家在2016年顺利退出了贫困户，过上了比较好的生活。

特别值得一提的是，郭胜军家住在村最上头，挨近山边，经常会有车辆、行人等从山边经过。他家就承担起了义务护林员的责任，在车辆、行人等经过时都会提醒要注意防火。他们为黑尔甸村的生态保护、森林防火工作做了突出的贡献。经政府扶持后郭胜军还积极带头种植核桃、烤烟，在黑尔甸村的烤烟种植中起了带头作用。现在黑尔甸村的核桃产业将近500亩，烤烟将近200亩。为黑尔甸村打造民族团结示范村起到了示范带头作用。

拉伯乡以传统农业为基础，不断调整产业结构，按照巩固传统种植业、大力发展生态林业产业，积极发展核桃、花椒、中药材、经济林果等特色经济，探索形成了“长期核桃、中期花椒、短期烤烟+拉伯高脚鸡”的长、中、短结合的生态产业发展模式，截至2016年底，核桃、烤烟、花椒产业产值打造出了“三个一千万”，发展势头良好。核桃这个生态产业也很合适在拉伯培植，村民通过核桃培植，提高了年收入，核桃林又绿化了村子，是村民喜爱的生态产业。

拉伯乡党委、政府还着力促进培育本地名优特色产品。比如“拉伯高脚鸡”就是其中之一，拉伯高脚鸡体型高大，品种优良，肉质细嫩、营养丰富、风味独特，并且具有抗逆性强、耐粗饲、适应高海拔气候等优良特性。在县内外已经受到欢迎，在旅游市场上也在产生影响。据了解，2012年在畜牧科技部门的支持下，拉伯乡成立了拉伯高脚鸡专业养殖合作社，社员248户，开展拉伯高脚鸡的遗传资源保护与开发利用，现有规模养殖户8户，存栏拉伯高脚鸡8000多只，将拉伯乡格瓦村委会划定为拉伯高脚鸡核心保护区，制定村规民约限制外来鸡种在本地饲养繁殖。

四、民族文化的保护传承

拉伯乡各民族长期以来和睦相处，各自传承着自己的文化，是典型的文化多元共存，宗教方面既有普米族的韩归教，也有本地普米和摩梭人信仰的藏传佛教，还有纳西族与纳西族摩梭人信仰的原始宗教东巴教和达巴教。都还日常生活化地保持着各自的仪式和祭祀活动。据杨亦花博士的调查，拉伯乡加泽村委会油米村现有11个纳西族汝卡人（在宁蒗县划到摩梭人中）东巴，次瓦村有6个东巴。我在加泽的3个自然村调查下来，粗略统计的经书已经超过1000册。加泽村是丽江市民间东巴经保存最多、最完整的区域。[①]根据丽江市东巴文化研究院的调查，拉伯乡这一带大约有70多个阮可东巴，东巴主持的民俗活动仍然是当地民众最重要的文化活动。油米村的东巴文化民俗活动频繁，受现代文化影响较少，基本保留了传统民俗，民俗活动除了农历

① 杨亦花：《宁蒗县拉伯乡加泽村东巴文化存活现状调查及建议》，《大理大学学报》2013年第1期。

三月十二至十三日进行的女子沐浴节外，都需要东巴主持或使用东巴经书。

油米阮可人所说的语言属于纳西语东部方言，与西部方言较难通话。油米阮可语的独特性表现在阮可人使用的《东巴经》中，不懂阮可语就无法读懂阮可《东巴经》。丽江市东巴研究院的研究人员于20世纪80年代在抢救整理翻译《东巴经》过程中接触到收集于云南省博物馆的约90多本阮可《东巴经》，由于没有阮可东巴的协助，无法释读，使得自20世纪80年代初开始的东巴古籍抢救整理翻译工作没能对阮可《东巴经》进行整理翻译，丽江市东巴文化研究院编著的《纳西东巴古籍译注全集》（100卷）中只收入一本阮可经书，是由西部方言区东巴用西部方言释读，研究人员用西部方言记音翻译的，到目前为止还没有人对阮可东巴古籍进行系统和全面的整理翻译。[①]

加泽村委会和拉伯村委会的不少传统村落还保留了古朴的民居原貌，各民族的衣食住行节庆礼俗等传统民俗还保留得比较完好。与“元跨革囊”历史人文景观和壮美的生态景观相互映衬，形成了拉伯特有的丽江市金沙江上游的民族文化，各民族一起自觉地努力保住了金沙江上游的一道至关重要的生态屏障，谱写了各民族团结互助为长江的生态安全贡献力量的动人篇章。长江上游多有一些像拉伯乡这样保住了青山绿水的社区，云南的民族团结进步示范区就有了更多当生态文明排头兵的丰富内容。

① 李德静：《宁蒗县拉伯乡油米东巴文化生态及经典应用》（未刊稿），国家哲学社会科学重点项目“纳西东巴文献搜集、释读刊布的深度开发研究”（项目号：11AZDO73）的阶段性成果（未刊稿）。

后 记

《新定位 大团结——云南建设民族团结进步示范区纪实》是在云南省社会科学院的10位学者和云南民族大学黄玲教授的共同努力下完成的。作为不同民族的学者代表，他们都有在云南各民族地区调查研究工作的经历，对民族工作颇为熟悉。为完成好这本书的写作任务，他们再次深入各州（市）、县进行了认真的调研，收集了丰富的资料，先后几易其稿，艰辛完成。

本书分为导论、上篇和下篇三个部分。导论从宏观上概述了这本书的宗旨，对云南建设民族团结进步示范区的理论和实践进行了梳理和阐述；上篇从宏观的角度讲述了云南建设民族团结进步示范区的基本情况；下篇则展现了十一个州（市）中具有特色的示范点建设情况，从一个州、一个县、一个乡（镇）乃至一个村落，都力求真实可靠。

需要重点指出的是，撰稿人到实地进行调研的过程中，得到了相关州（市）、县、乡（镇）各级领导以及相关部门，以及示范点的村民的大力支持和帮助，我谨代表本书全体作者，向给予我们工作大力支持的干部群众表示衷心的感谢！没有你们，我们作者的调研工作将困难重重，也很难在这么短的时间内完成写稿工作。为完成好本书的出版工作，云南人民出版社高度重视并给予了极大的支持，责任编辑刘诚林先生对书稿的编校工作倾注了大量的心血，在此一并表示感谢！

本书是对云南建设民族团结进步示范区进行的阶段性的调研纪实报告和讲解，选择不同民族的多个作者参与是因为他们长期在这些地区调研，熟悉当地情况，这样能使示范点的选择更具有代表性。我们力图使这本书在宣传介绍云南建设民族团结进步示范区工作方面，通过综合阐述和一些个案的记录，做到实实在在地实录和书写，为后来者的跟踪调查和深入研究起到一个奠定基础、抛砖引玉的作用。建设民族团结进步示范区这个卓有意义的事业还将不断推进，还将在实践中探索，又在实践中发展，希望云南在建设民族团结进步示范区的工作中取得更多新的成绩。

本书编写工作具体分工如下：

杨福泉（纳西族）：主编全书，设计全书的框架结构，对全书进行统稿和修订，并负责撰写导言“彩云之南的民族团结进步示范区建设之路”，下篇第四章“玉龙雪山下的和谐之音”、第十二章“长江上游的绿色屏障”。

黄玲（彝族）：上篇第一至第六章“云南民族工作的历程”“民族工作中的‘云南现象’”“‘云南模式’的内涵”“‘七个率先’看创新”“建设民族团结进步示范区”“干部队伍是民族工作的瑰宝”，下篇第三章“有一个美丽的地方”。

章忠云（藏族）：下篇第一章“民族团结之花绽放在迪庆高原”。

苏翠薇（拉祜族）：下篇第二章“澜沧江畔的多元和谐家园”。

柏桦（傣族）：下篇第五章“民族团结谱华章　三七之乡换新貌”。

郑成军（彝族）：下篇第六章“罗婺大地盛开民族团结进步之花”。

袁春生（苗族）：下篇第七章“洱海之源的‘民族团结一家亲’”。

罗丹（拉祜族）：下篇第八章“云上梯田　最美和弦”。

李永祥（彝族）：下篇第九章“多族共居土地上的团结和睦之歌”。

刘婷（汉族）：下篇第十章“十亩之间　宾弄赛嗨”。

李金明（独龙族）：下篇第十一章：“怒江大峡谷里的吉祥之音”。

稍有遗憾的是，由于作者中多数为从事社会科学研究工作者，更习惯书写学术性著作，因此在该书的写作中虽体现了资料数据等方面的严谨性，但文本语言的文学性略显不足。由于时间紧，任务重，书中难免有疏漏之处，恳请专家、学者及读者朋友们批评指正。

杨福泉

2017年9月20日